이주민은 우리의 미래,
초국가시대의 이주현상이해

신상록

데시대

이 책은 초국가시대의
다양한 이주현상에 대한 이해를 돕는다.

이주민은
우리의 미래

신상록

추천의 글

바쁘신 중에도 귀한 도서를 출판하신 것을 축하드리며, 존경의 마음을 전합니다. 많은 분들이 목사님의 본 도서를 통해, 긍정적인 생각과 행동의 변화가 일어나길 기대합니다.

저자는 이민이 우리 사회 전반에 미치는 영향과 변화에 관해 설명하며, 이민자를 미래 자원으로 활용할 수 있는 현실적인 방안을 제시하고 있다. 다문화사회를 살아가는 한국교회와 크리스천들이 맡아야 할 시대적 역할에 대한 제안들은 주목할 만합니다.

윤인진 _ 고려대 사회학과 교수, 전 한국이민학회 회장

한국의 공문서에는 '외국인 정책'이라는 용어가 사용되고 있다. 법무부에서는 '이민 정책'이라는 용어가 사용되고, 많은 곳에서도 '다문화 정책'이라는 용어가 사용된다. 용어와 관계없이 아직 정부의 이민 정책의 방향이 정립되지 않았고, 사회적 합의가 이루어지지 않았다는 것을 의미한다.

1992년 대한민국 전체 인구의 0.15%에 불과하던 등록 외국인 인구는 1997년까지 매년 평균 25%씩 증가했다. 2005년에는 전국의 23개 기초자치단체에서 국제결혼율이 30%를 넘었다. 외국인 인구의 이러한 증가추세가 시작된지 벌써 30년 이상 지났다. 2020년에는 저출산으로 인하여 사망자가 출생아보다 많아 인구가 자연감소하는 이른바 데드 크로스(dead cross)가 발생하였다. 여기에 더하여 인

구의 수도권 집중이 심화되고 있다. 대한민국 국토면적의 0.6%에 불과한 서울에 전체 인구의 약 20%가 거주하고, 국토면적의 11.8%에 불과한 수도권에 전체 인구의 50% 이상이 거주한다. 그럼에도 학계와 정치권에서는 아직 해답을 찾지 못하고 있다. 오히려 무비판적으로 선진국의 정책을 소개하거나, 일부 사례를 아전인수 격으로 해석하거나, 하나의 단면만 확대해석하는 등 혼선을 초래하기도 하였다.

이러한 현실에서 이주와 이민의 현장에 있는 실무자이면서, 이민정책으로 박사학위를 받은 학자이며, 신앙생활을 하는 목사이기도 한, 저자만의 독특한 이주와 이민에 대한 다양한 고민들을 담고 있는 책이다.

임형백 _ 한국지역개발학회장, 성결대학교 국제개발협력학과 교수

이번에 신상록 목사께서 "이주민은 우리의 미래"란 제목으로 한국의 이민(immigration) 현상과 그 정책을 다룬 귀한 책을 내신 것을 축하합니다.

신목사님은 제가 2007.7월부터 만 2년간 법무부 출입국·외국인정책본부의 초대 본부장으로 일할 때부터 이민정책위원회 위원으로서 이민 문제에 관해 자문을 구해 온 분입니다. 목사님은 2005년에 다문화 국제학교를 포천에 설립하여 지금까지 교장으로서 이주 배경을 가진 청소년들에 대한 교육과 지원 사업을 다양하게 펼쳐오고 있습니다. 또한 목사님은 이론적인 연구열도 대단하여 2016년에는 이민정책과 관련한 행정학 박사학위도 취득하였습니다.

이 책은 풍부한 현장 경험을 바탕으로 우리나라에서 진행되고 있는 이주의 현상을 다각도로 정리해 놓아 이민정책 관련 행정가 및 전문가들에게 훌륭한 안내서가 될 것입니다. 특히 신목사께서는 우리사회의 이주와 사회통합정책의 어려운 현상을 심도있게 분석하는 한편, 이상적인 사회통합을 향한 단계적 모델을 제시하고 있습니다. 이러한 내용들은 '이민청' 설립이 논의되고 있는 현 시점에서 매우 유용한 논의의 장을 제공하고 있다고 생각합니다.

추규호 _ 영국 및 교황청 대사, 전 법무부 출입국·외국인정책본부 초대 본부장

신상록 목사님이 이번에 "이주민은 우리의 미래"의 제목으로 책을 내시게 되었다. 거의 20년 전에 내가 외교부 영사국장으로서 선교회장을 맡고 있을 무렵에 하나님께서 인연을 맺어 주셔서 지금까지 믿음 가운데 하나님의 사명을 함께 해 나가고 있다.

외국에서 한국으로 이주해 오신분들은 한국 사회에 통합하는 과정이 매우 어렵게 느껴진다. 한국의 고유한 단일민족에 대한 신화 때문에 외국인들을 쉽게 받아들이지 못하는 측면이 있다. 한국으로 이주해 오신 분들의 고충이 매우 크다.

2005년 프랑스 파리에서 이민자들의 폭동이 발생하여 세계적으로 큰 충격을 주었다. 관용과 포용의 나라 프랑스에서 이런 일이 발생한 것을 믿을 수 없었다. 이 사건은 한국을 포함하여 많은 나라들에게 큰 경종을 울려 주었다. 신목사님과 내가 국내 이주자들에 대한 사회통합의 필요성을 절감하게 해 주었다. 이러한 성찰로 우리는 포천에 "함께하는 다문화 네트워크"라는 법인을 설치했고 지금까지 이주민들의 한국 사회 통합을 위하여 노력하고 있다.

포천에서 다문화 국제학교를 설립하여 중도입국 이주민 자녀들을 위한 교육을 실천하고 있다. 이러한 활동으로 2016년 대통령 표창을 비롯하여 법무부 장관 표창, 경기도 도지사 표창, 이주인권 대상 등 사회적으로 크게 인정받게 되었다.

신 목사님은 2009년 성결대 대학원에 국내 최초로 이민정책 석, 박사 과정 설치하는데 기여하였다. 법무부 이민정책 자문위원, 국무총리 외국인 정책 민간위원을 역임하고, 2024년도에 대통령 직속 국민통합위원회 이주민 특위 위원으로 활동하고 있다. 또한 상명대 대학원 한국학과 이민통합전공 교수, 포천다문화국제학교 교장으로서도 교육에도 힘쓰고 있다. 이주민들의 사회통합과 관련하여 대한민국에서 최고의 권위자라고 할 수 있다.

대한민국이 현재 처한 인구감소 현상은 매우 심각하다. 50년 뒤에는 대한민국의 인구가 3,600만명으로 축소된다고 한다. 유럽에서는 이러한 한국의 인구감소 현상을 '집단 자살' 수준으로 묘사하기도 하였다.

우리가 이민정책을 새롭게 수립해야 하는 중대한 기로에 서 있다고 할 수 있다. 신 목사님이 책에서 밝힌대로 '이민자는 우리의 미래'가 되고 있다. 그러나 이주민들에 대한 사회통합이 이루어지지 않으면 게토화 현상이 일어나고 20년전에 프랑스 파리에서 발생하였던 이주민들의 폭동이 발생할 가능성도 우려하게 된다. 그만큼 이주민들에 대한 적극적인 사회통합운동이 절실한 시점이다.

적법한 이주민들도 있지만 난민으로, 또한 경제적 요인으로 불법적인 체류 외국인들도 매우 많다. 우리가 관심을 가져야 하는 것은 적법한 이주민들만이 아니다. 난민과 불법입국 및 체류 외국인들에 대하여도 관심을 가져야 한다.

이러한 이주민들의 사회통합은 단순히 법률과 행정절차로만 가능한 것은 아니다. 우선 한국인들이 이 분들에 대하여 열린 마음, 그리고 함께 간다는 인류애를 공유해야 가능하다. 다시 말하면 사랑이 필요한 것이다. 그들은 사회적 약자이다. 약자에 대한 사랑의 마음이 없으면 진정한 통합이 이루어지지 않는다. 이 책에서 강조하는 것이 바로 이점이다. 우리가 그리스도의 사랑의 정신으로 이주민들에 대한 도움의 손길을 뻗어야 하는 것이다.

이번 신 목사님이 발간한 책을 통하여 우리 사회가 그리스도의 정신이 보다 건강하게 널리 펼쳐 나갈 수 있고, 한국 사회가 세계에서 가장 모범적인 이주민 사회통합의 모델을 제시해 줄 수 있기를 기대한다.

김봉현 _ 전 호주대사, 제주 평화연구원 원장, 함께하는 다문화네트워크 고문

한국 사회는 본격적으로 노동력의 국제적 이동이라는 새로운 길을 경험하고 있다. 인구 감소와 고령화 저출산으로 인해 이민자 유입은 여러 해법 중의 하나로 제시되고 있다. 2천년 넘게 유지되어 온 한국인의 자기 정체성에 대해 가지고 있는 일종의 훈고학적 고집이 사라질 위기이다. 위기를 슬기롭게 극복하거나 새로운 시민성 의식의 제시는 한국이 직면할 기회이기도 하다. 이러한 시점에서, "이민자는 우리의 미래다"는 길의 제시는 한국 사회가 앞으로 나아갈 방향을 제시하고 있다.

저자는 오랜 기간에 걸쳐 외길을 걸어온 드문 목회자이다. 책상 서랍 속에 갇힌 탁상공론에서 벗어나 현장을 알고 있는 현장 전문가이면서, 이민자들과의 넓은 네트워크를 지니고 있는 삶의 공유자이고, 공부도 게을리하지 않아 전문 지

식과 식견도 풍부하다. 저자가 새롭게 내놓은 이 책과 비전은 그래서 주목을 받을 만하다.

이민은 사회, 경제, 정치, 기후와 환경, 다종교, 안보, 게토, 신분의 계층, 성장 복지와 후생, 인구, 세계화, 다양성, 다민족, 다언어, 동포라는 여러 이슈에 새로운 시각을 제시한다. "이민자는 우리의 미래다"는 책은 이러한 멀티 관점을 포괄하는 보기 드문 책이다. 저자의 오랜 경험과 깊은 지식이 반영된 단순한 종이책 이상이다. 이를 바탕으로 목회자와 신학자들에게 컴컴한 길들 중 어떤 길을 선택해 가야 할지를 안내하는 나침반과 같다.

이민자는 우리의 미래이다. 이민자는 한국 사회로부터 도움을 받아야 하는 존재에서 앞으로는 한국인과 한국 사회에 도움을 주는 새로운 존재가 될 수 있다. 곧 등장할 인공지능의 시대에서 다양한 재주와 재능, 창조성을 지닌 이민자를 활용할 수 있는 한국 사회가 되길 바란다. 이러한 새로운 길에서 이민자는 우리의 미래라는 방향 제시가 반갑게 느껴진다. 독자들에게 읽을 것을 권한다.

차용호 _ 법무부 출입국외국인정책본부 출입국 정책단장

감사의 글

이 책은 기독교 언론인 크리스챤 투데이에 1년 반 동안 연재한 내용을 재정리한 것입니다. 하지만 직접적 동기는 이민정책이 어느 특정 분야뿐만 아니라 국가의 모든 정책에 영향을 미친다는 사실을 널리 알려 종합적인 이민정책으로 발전되기를 바랐기 때문입니다.

이 책은 대한민국에 이주한 이주민들을 이해하고, 도움을 주는 일에 앞장선 이주민 사역자들과 한국교회 지도자들에게 이주민 목회의 중요성을 알리고, 이주민은 사회적 목회 대상임을 강조하기 위함입니다. 따라서 이 책은 각각의 주제마다 이민정책과 이주민의 삶을 성경적 관점에서 다루려고 노력하였습니다. 이민 현상에 대해 교회가 어떤 역할을 할 수 있는지를 적용 점으로 제시하고, 글의 마지막에는 3가지 토론 주제를 제시하여 이민정책이 실생활에 도움이 되도록 하였습니다.

이 책이 나오기까지 격려와 용기를 주신 분들이 많습니다. 아내 박영신 원장(다문화 평생교육원)은 이 책을 쓰는 동안 내내 격려와 용기를 아끼지 않았고 차용호 출입국 정책 단장은 정책 멘토로서 항상 함께해 주셨습니다. 또한 함께하는다문화네트워크 법인 이사님들과 기꺼이 추천사를 써주신 추규호 전 영국대사, 교황청 대사(전 법무부 초대 출입국외국인정책본부장), 김봉현 호주 대사(전 제주평화연구원 이사장), 서평을 해주신 윤인진 교수(고려대)와 임형백 교수(성결대)님께도 감사드립니다. 격려를 아끼지 않으신 상명대 조항록 교수와 어려운 교정작업을 맡아 수고한 홍성진 목사에게도 감사드립니다. 이 모든 영광을 하나님 아버지와 주 예수그리스도께 돌려드립니다.

저자 신상록

차례

추천의 글

감사의 글

이 책을 시작하며

01	이주의 사회화 현상	23
02	이주의 경제화 현상	39
03	이주의 정치화 현상	63
04	기후위기로 인한 이주현상	75
05	이주의 다종교화 현상	93
06	이주의 다문화사회 현상	109
07	이주의 안보화 현상	133

08	이주의 게토화 현상	157
09	이주의 계층화 현상	183
10	이주의 세계화 현상	201
11	이주의 교육화 현상	217
12	이주의 사회통합 현상	231
13	이주의 다민족화 현상	257
14	이주의 다언어 현상	271
15	이주의 귀환 현상	293

글을 마치며

주

이 책을 시작하며

이주의 정의

이민정책으로서의 [이주]는 국가의 경계를 넘는 인간의 이동입니다. 성경은, 최초로 인간의 탄생과 이주의 시작, 이주의 목적을 분명하게 밝히고 있습니다.¹

"하나님이 자기 형상 곧 하나님의 형상대로 사람을 창조하시되 남자와 여자를 창조하시고 하나님이 그들에게 복을 주시며 하나님이 그들에게 이르시되 생육하고 번성하여 땅에 충만하라(מָלֵא, 말레, fill: 공간적, 시간적 의미), 땅을 정복하라, 바다의 물고기와 하늘의 새와 땅에 움직이는 모든 생물을 다스리라 ['르두'(רדה)이고, 어근은 '라다'(רדה): 피조물에 대한 인간의 책임] 하시니라."(창세기1:27,28)

하나님의 말씀은 세 가지 목적으로 요약됩니다.

첫째, 하나님에 의해 지음받은 인간의 이주는, 하나님의 위임령에 의해 시작되고, 인간을 포함한 모든 피조물이 생육과 번성을 통해 온 땅을 충만하도록 번성하게 하기 위한 목적입니다.

둘째, 하나님이 인간에게 명하신 땅을 정복['카바쉬'(כבשׁ)]하라는 명령을 실행하려면 이주를 전제로 이해해야 하며, 무장처럼 강하고 신속하게 땅의 청지기로서 관리의 권한과 책임을 실행해야 합니다. 따라서 인간은 땅에 대한 문화 명령(Cultural Mandate)을 무장처럼 철저히 수행해야 할 책무가 있습니다. 이것은 교회의 사회적 목회 영역에 해당합니다.

셋째, 하나님은 이주의 목적을 이루기 위한 방법으로 '다스리라'는 통치를 위임하셨습니다. '다스린다'는 의미는 탐욕과 파괴가 아니라 피조물에 대한 인간의 책임을 강조하는 말입니다. 따라서 교회는 하나님 나라의 청지기로서 지역사회를 발전시키고, 갈등을 치유하며, 정의로운 사회가 되도록 앞장서야 합니다.

하나님은 이러한 목적으로 이주의 시작을 명령하셨고, 오늘날까지 계속되어 왔으며, 세상 마지막 날까지 이주의 역사는 계속될 것입니다.

그러므로 이주는 하나님의 위임 명령에 따른 인간의 이동입니다. 이러한 명령은 마태복음 28장에서도 나타나는데 "그러므로 너희는 가서 모든 민족을 제자로 삼아 아버지와 아들과 성령의 이름으로 세례(혹은 침례)를 베풀고 내가 너희에게 분부한 모든 것을 가르쳐 지키게 하라 볼지어다 내가 세상 끝날까지 너희와 항상 함께 있으리라 하시니라"(마태복음 28:19-20)

하나님은 "가서(이주) ... 지키게하라", "온 땅으로 가라(이주)" 하셨으며, 가서(이주) "정복하고, 다스리라"는 위임 명령을 하셨습니다. 위의 세 구절은 결과적으로 같은 목적, 즉 "충만케 됨을 이루기 위해 이주하라"는 것입니다.

이주의 양면성

그 결과, 오늘날 세상은 이주(거주지를 옮기는 국내, 국외 이주)의 행렬이 계속되고 있고, 이민(국경을 넘어 거주지를 옮기는 것)으로 세계는 점점 더 가까워지고 있으며, 경쟁과 협력의 지구촌 시대를 열어가고 있습니다. 그러나 이주의 역사에는 본래의 취지인 <관리하고 다스리며, 생육하고 번성하여 충만하라>는 하나님의 세상 경영의 목적과는 대치되는 현상이 많이 나타나고 있습니다. 인간의 탐욕이 부른 흑인 노예들의 이주(인신매매)와 전쟁과 테러, 기후위기(지구온난화 현상은 인간의 탐욕의 결과)로 인한 이주는 강제적으로 이루어진 씻을 수 없는 인간의 과오이며, 이주를 위임하신 하나님의 뜻이 아닙니다. 이는 인간의 어리석은 선택이 낳은 멸망할 바벨탑인 것입니다. 반면 이주의 긍정적인 부분은, 이민 정책이 국가를 경영하고 발전시키는데 매우 중요한 역할을 한다는 것입니다. 특히 저출산 고령화로 인구 위기를 겪고있는 우리나라의 경우 이주는 우리의 자원이요, 미래입니다.

이주의 세계화

세계 각국은 세계화의 영향으로 이주의 요구가 점점 증가하고 있고, 이주를 개인의 발전과 국가 운용에 활용하기 위한 노력을 기울이고 있습니다. 그중에서도 4차 산업혁명의 변화 속에서 고급 인력의 유치는 선진국뿐 아니라 우리나라를 비롯한 중국, 일본, 이스라엘 등 세계 각국이 사활을 걸고 있는 정책 이슈들입니다.[2]

이민정책이 중요한 이유는, 국익을 위해 이민의 양과 질을 조정하기 위해 국경관리, 체류관리, 사회편입과 통합, 이민 관련 법률을 제정하고, 정책을 추진하는 국가 책략이기 때문입니다. 최근 국가 간의 이주가 빈번해지고 이주의 형태가 다양해지면서 이민정책도 변천을 거듭하고 있습니다. 과거 우리 역사에도 고려시대에는 벽란도에서, 조선시대에는 청해진에서 중국, 일본, 아라비아 등과 교류한 기록이 있습니다. KOREA란 이름이 세상에 알려진 것도 고려와 아라비아 상인 간의 교역 과정에서 알려지게 된 것이라고 전하고 있습니다.[3]

그러나 오늘날처럼 인적, 물적, 정보, 기술, 자원의 이동이 활발해지고 전 세계로 그 대상이 확대되는 초 국가시대는 아니었습니다.

이주의 변천

오늘날은 정보, 통신의 발달로 국가 간의 문턱이 낮아지고 왕래가 활성화됨에 따라 未修交國을 제외한 대부분의 국가[4]와 교류하고 있습니다. 그러나 이런 실용적이고 상호적인 교류는 장점도 되지만, 이민의 탈국가화 현상이 심화되어 국가에 대한 국민의 정체성이 약해지는 단점도 나타나고 있습니다(이혜경:16).[5]

<탈국가주의와 초국가주의의 구분>

용어	탈국가주의 post-nationalism	초국가주의 trans-nationalism
개념	국가를 넘어섬 국가가 더 이상 중요하지 않음	여러 국가에 걸쳐있음 국가는 개인의 삶에 여전히 중요함
시민권	전 지구적 시민권 (universalistic citizenship)	초국적 시민권 (transnational citizenship)
내용	국적 대신 '전 지구인'	다중적 정체성 인정 이중국적/ 복수국적
대표학자	소이잘(soysal 1994)	바우뵉(baubock 2007)

이런 이민문제는 종교적 갈등도 빈번하게 일으키고 있습니다. 대구광역시에 '모스크를 지으려는 이슬람 측과 반대하는 개신교와의 갈등', '포괄적 차별금지법' 제정에 대한 보수와 진보 측의 견해 차이는[6] 좋은 사례입니다. 2005년 5월과 10월에 영국과 프랑스에서 나타난 사회통합 과제들이 대한민국에서도 재현되고 있다는 느낌마저 듭니다.

초국가 시대의 이민 현상은, 초기에는 대부분 경제적 욕구에서 시작되었으나 최근에는 이주국 사회에서의 안전한 정착에 목표를 두는 경향이 나타나고 있습니다. 과거에는 체류 기간이 끝나면 고국으로 되돌아간다는 생각을 가져서 주거환경과 개인의 복지에는 큰 비중을 두지 않았습니다. 그러나 체류 요건이 개선됨에 따라 영주나 귀화 욕구가 표출되면서 직접 사업을 시작하거나 주택을 구입하여 정착하려는 이주민들이 많아졌습니다. 이러한 현상은 이민 국가로 발전하는 한국의 상황에서도 엿볼수 있습니다.

이주의 도전과 과제

이제는 한국의 이민정책도 바뀌어야 합니다. 이주민과의 사회통합을 위해 이주민의 자원이 국가 발전에 활용되도록 정책의 변화가 뒤따라야 합니다. 일본의 이민정책 변화를 보면서 우리나라보다 10년은 앞섰다고 언론은 지적하고 있습니다. 13년 전만 해도 일본은 사회통합정책이 없었고, 한국에 와서 배우는 입장이었는데, 우리가 20년 동안 못한 이민청을 1년 만에 설치하고 적극적으로 이민자 관리와 활용에 필요한 시스템을 만든 것입니다. 대표적인 것이 '육성형 이민정책' 추진입니다. 이는 외국의 우수한 젊은이를 일본에 유학시켜 기업과 정부가 재정을 부담하고, 졸업 후 일본기업에 취업시켜 일본의 자원이 되게 한다는 정책입니다. 우리나라도 제3차 외국인 정책 기본 계획에 포함시켰으나, 그 성과를 확인하기가 어려운 상황입니다.

필자가 [이주민은 우리의 미래]을 쓴 이유가 있습니다. 지난 30여 년 동안 정부나 시민단체는 시혜성 정책을 펼쳐 왔습니다. 그러나 앞으로는 '이주민과 함께 동행하며, 동역하는 다문화사회'를 펼쳐나가야 합니다. 구체적 방안으로 이주민이 우리 사회에 제대로 정착하려면 그들이 가지고 있는 자원이나 역량을 십분 발휘할 수 있는 환경을 만들어야 합니다. 그것은 사회통합의 목적을 이루는 것으로 이주의 사회화이며, 경제화입니다.

그러나 안타까운 것은 [다문화 사회]를 말하면서도 이주민의 다문화 자원을 활용할 생각을 하지 못하는 것입니다. 이주민은 현재의 자원이면서도 미래의 자원이 되고 있다는 것을 정책을 결정하는 지도자들은 알아야 합니다. 또한 이주민들이 게토화되지 않도록 정부와 사회단체와 종교단체의 역할이 중요합니다. 이렇게 이민정책의 영역이 사회 전역으로 확대되고 생활 속으로 스며져야 한국은 미래가 있습니다.

교회 역시 이주민들을 교회가 속한 지역사회와 함께하는 사회적 목회 영역으로의 확대시켜나갈 필요가 있습니다. 이주민들을 목회 영역으로 끌어안는 마음을 가져야 합니다. 정부 정책도 바뀌고 있습니다. 몇 년 전까지만 해도 이민정책의 기조는 통제와 관리였으나 이제는 통합과 개방 또는 협력(동행)으로 바뀌고 있습니다. 그 이유는 국민이 공감하는 다문화사회로 진입해야만 '한국의 미래가 있다'라는 공감대가 형성되고 있기 때문입니다. 그러므로 이제부터는 [대한민국을 어떤 다문화사회로 만들어 갈 것이냐]에 국력을 집중해야 합니다. 한국교회나 시민단체들도 이러한 환경변화에 적극적으로 참여해야 합니다. 그래서 살기 좋은 대한민국, 복음을 삶 속에 흐르게 하는 교회가 되어야 합니다. 그래야 우리의 미래도 희망이 있습니다.

지난 30여 년 동안 대한민국은 경제성장에 필요한 인력으로 이주민을 활용해 왔습니다. 그러나 사람이 아닌 노동력으로 대해왔습니다. 이제부터는 이주민들과 함께 [협력하고 동행하는 대한민국]을 만들어야 하기에 이주민을 바라보는 시각도 달라져야 합니다. 지금까지는 이주민을 값싼 노동력으로 활용하는 대상으로 여겨왔다면 이제부터는 바뀌어야 합니다. '가치통합'으로의 전환, 이것이 바로 이주를 명령하신 하나님의 뜻이며, 목적입니다. 이 일은 또한 하나님의 세상 경영에 속한 것이기에 동역자인, 한국교회가 앞장서서 해야 할 일입니다(고린도전서 3:9 '우리는 하나님의 동역자'). 이주민은 우리의 미래입니다.

01

이주와 사회화 현상

1. 사회화의 정의

2. 이주민의 사회화 과정

3. 정부와 유관기관 및 시민단체의 사회화 역할

4. 이주의 사회화가 성공하면 우리 사회에 미치는 영향

5. 이주의 사회화를 위한 교회의 역할

01

이주와 사회화현상

1. 사회화의 정의

"이주의 사회화"란 한 지역에서 다른 지역으로 이주한 사람들이 해당 지역의 새로운 사회와 문화에 적응하고 책임과 의무를 다하는 사회인으로 통합되는 과정을 말합니다. 이주는 주로 경제적, 정치적, 사회적 이유 등으로 발생하며, 이주하는 개인이 새로운 환경에서 삶을 시작하고 적응해 가면서 이주국의 사회와 상호작용하며, 다양한 변화와 도전을 경험하게 됩니다. 이주의 사회화 현상은 주로 언어, 문화, 가치관, 교육, 직업 등 다양한 영역에서 나타날 수 있습니다. 이주민은 새로운 언어를 학습하고, 새로운 문화와 가치관에 적응해야 합니다. 이를 통해 소통하고 사회적 관계를 형성하며, 필요한 능력과 자질을 갖추게 됩니다. 이주민의 사회화는 일종의 상호작용과 학습 과정으로서, 다양한 측면에서 이루어집니다. 언어적으로는 주로 이주국의 공용어를 배우고 사용함으로써 의사소통을 원활히 할 수 있게 됩니다. 문화적으로는 출신 국가와 이주국의 문화 차이를 이해하고 받아들이게 됩니다. 이를 통해 정서적인 조절, 행동 양식, 경험 및 관념적인 면에서 적절한 태도와 행동을 갖출 수 있습니다. 또한, 사회 규범과 가치관을 존중하고 이해함으로써 사회적으로 적응할 수 있게 됩니다.

2. 이주민의 사회화 과정

일반적으로 이주의 사회화 과정은 개인마다 다를 수 있고, 많은 시간이 필요하고 노력과 조정을 거치게 됩니다. 그러나 이주민들이 이 과정을 잘 수행하면 새로운 사회에서 통합되고 성장 할 수 있는 기회를 갖게 됩니다. 이주민들을 포용하고 돕는 사회적인 지원과 서비스는 이 과정에서 큰 역할을 할 수 있습니다.

1) 이주의 준비: 이주를 결정하고 출발하기 전에, 이주자들은 일반적으로 이주국에 대한 정보를 수집하고 준비합니다. 이는 이주국의 문화, 언어, 생활환경 등에 대한 이해와 관련된 것일 수 있습니다. 무엇보다 경제적인 손익을 고려하지 않을 수 없습니다.

2) 이주국 도착 및 고립과 수용: 이주자가 이주국에 도착하면, 이주 초기에는 고립과 수용의 과정이 시작됩니다. 이주자들이 이주국의 문화, 규칙, 법률 및 제도에 대해 배우고 이해하는 것을 포함합니다. 또한, 주거지를 찾고 일자리를 찾는 등 필요한 사회적 자원을 찾는 과정도 포함될 수 있습니다. 이 시기에는 정부와 사회단체(종교단체 포함)의 이주민에 대한 법률과 제도, 정보 지원이 큰 도움이 됩니다.

3) 언어학습 등 교육: 언어는 이주자들이 지역 사회와 상호작용하고 적응하는 데 매우 중요한 역할을 합니다. 따라서 언어교육은 사회화 과정에서 가장 중요한 부분입니다. 이주자들은 새로운 언어를 배우고, 그 언어를 사용하여 일상생활에서의 의사소통에 힘써야 합니다. 정부는 사회통합프로그램(KIIP)과 생활 한국어 등을 지원합니다.

4) 사회와 문화 적응: 새로운 사회와 문화에 적응하는 것은 이주자들이 지속적으로 경험하게 되는 과정입니다. 새로운 문화에 대한 이해, 가치관 및 행동 양식을 습득하고 습관을 조정하며, 이주국의 사회적인 규칙과 상호작용 방식을 익히는 것이 포함됩니다.

5) 사회 네트워크 구축: 이주자들은 새로운 사회에서 지역 주민과 교류하고 사회적 관계를 형성하는 것이 중요합니다. 이주자들은 직장, 학교, 교회, 이웃, 커뮤니티 조직 등을 통해 사회적 네트워크를 형성하고 참여함으로써 사회적으로 통합될 수 있습니다.

6) 직업 및 경제적 안정: 일자리를 찾고 경제적 안정을 확보하는 것은 이주자들에게 중요한 부분입니다. 이주자들은 자격증을 취득하거나 교육을 받아 직업기술을 향상시키는 등 경제적으로 독립할 수 있는 노력을 해야 합니다.

7) 자아 정체성 유지: 이주자들은 새로운 환경에서 자신의 아이덴티티와 문화적 배경을 유지하고 강화할 수 있어야 합니다. 이는 자신을 받아들이고 타인과 공존하는 데 필요한 자기 인식과 자부심을 유지하는 것을 의미합니다.

개인마다 차이가 있지만 이주국 도착 이후 대부분 3단계 과정을 거쳐

통합(정착)됩니다. 이주민은 정착 초기 단계에서 안전에 대한 욕구를 중시하지만, 이후 상위 욕구인 소속감과 자아 정체성 형성 욕구를 중시하는 단계로 이행해 갑니다.[1]

> 1단계:안전(생존)에 대한 욕구 →2단계:소속감과 자아 정체성 형성 욕구(문화적 욕구: 사춘기) →3단계:인정과 자아 성취의 욕구(사회봉사 등)

이주민들은 이주 초기에 이주국의 낯선 언어와 문화의 차이로 인한 외로움과 고립감에 대한 불안감이 클 수밖에 없습니다. 그러나 점차 이주국의 문화와 가치를 이해하고 받아들이는 수용의 과정을 겪게 되는데 이 시기에는 또 다른 자아 정체성에 대한 혼란을 경험합니다. 그리고 정착단계인 통합의 과정에서는 이주국 사회에서 자신의 노력과 성취를 인정받고, 사회 참여의 욕구가 나타납니다.[2] 물론 이러한 과정속에는 문화 사춘기인 문화 접변 혹은 변동[3] 현상을 겪게 되는데, 이 시기를 극복하지 못하여 이탈하는 경우도 있지만 대부분 잘 적응하여 정착하게 됩니다. 이주민들은 이미 본국에서 출생하고, 생활하다가 이주를 경험했으므로 새로운 이주국에서의 사회화 과정은 또 다른 새로운 도전이며, 성장의 기회임을 잘 알고 있습니다. 이들은 단기 이주자를 제외한 난민 신청자, 영주자격자, 귀화자, 장기 노동자, 중도에 이주한 청소년들과 국민의 배우자들입니다. 성인의 경우 이주가 본인의 선택이었지만 이주배경 아동의 경우 더 세심한 배려가 필요합니다. 부모의 영향이 크게 작용했을 것이기에 사회적 고립감이 심하고, 저항과 포기를 반복하면서 우울증에 빠질 수도 있고, 본국으로의 역이주를 선택할 수도 있다는 것을 알아야 합니다. 실제로 그러한 사례는 많습니다. 법적, 제도적인 부분도 있고, 본인의 사회문화에 대한 부적응 면도 있습니다. 특히 제도상의 미등록체류자나 난민 신청자의 경우 정상적인 사회화의 과정을 밟기는 어려운 것이 현실입니다. 이들에 대한 사회적 관심이 커져야 하며, 사회적 공론의 장이 활발하게 이루어져야 합니다.[4]

3. 정부와 유관기관 및 시민단체의 사회화 역할

그렇다면 공공영역과 사회영역에서는 이주 초기에 있는 이주민들을 어떻게 지원하고 도울 수 있을까요? 이주자의 사회화를 돕는 국내 관련 법률이나 제도, 지자체의 조례가 큰 도움이 될 수 있습니다. 현재 제정된 법률은 다음과 같습니다. 재한외국인처우기본법, 난민법, 다문화가족 지원법, 출입국관리법, 재외 동포 지원법, 외국인 근로자 고용 등과 관련한 법률, 지자체의 이민자 지원 조례(다문화가족 지원 조례, 외국인 주민 조례) 등이 있습니다. 이러한 법률들은 이주민들을 받아들이는 이주국의 정책들이며, 이주민을 위한 법률과 제도들입니다. 이주민들의 사회화를 지원하는 '재한외국인처우기본법'의 내용은 다음과 같습니다.

> 제1조(목적) 이 법은 재한외국인에 대한 처우 등에 관한 기본적인 사항을 정함으로써 재한외국인이 대한민국 사회에 적응하여 개인의 능력을 충분히 발휘할 수 있도록 하고, 대한민국 국민과 재한외국인이 서로를 이해하고 존중하는 사회 환경을 만들어 대한민국의 발전과 사회통합에 이바지함을 목적으로 한다.
>
> 제10조(재한외국인 등의 인권옹호) 국가 및 지방자치단체는 재한외국인 또는 그 자녀에 대한 불합리한 차별 방지 및 인권옹호를 위한 교육·홍보, 그 밖에 필요한 조치를 하기 위하여 노력하여야 한다.
>
> 제11조(재한외국인의 사회적응 지원) 국가 및 지방자치단체는 재한외국인이 대한민국에서 생활하는 데 필요한 기본적 소양과 지식에 관한 교육·정보제공 및 상담 등의 지원을 할 수 있다.

재한외국인처우기본법은 국내에 거주하는 재한외국인의 처우를 최초로 법률화 했다는데 의의가 있습니다. 국가가 이주민들을 위해 무엇을 해야 하는지를 법적으로 규정한 것은 이민정책의 큰 진전입니다. 하지만 아쉬운 점은 책임이나 의무가 아닌 권고 수준이며, 처벌 규정(차별법)도 없습니다. 그리고 이 법은 이주민에 대한 국가의 시혜적 선언이므로 이주민 스스로 사회화 의지나 노력 등을 촉구하는 표현이 포함되어야 한다고 생각합니다. 재한외국인처우기본법이 제정된 이후에 이 법률에 근거하여 다문화가족 지원법과 외국인등록법, 외국인 노동자보호법(최저 임금, 근로 조건, 근로 시간 및 안전 규정과 같은 근로 기준을 강화하여 불공정한 노동 실태를 방지), 외국인 비자 규정, 중앙부처나 지자체의 외국인 관련 정책과 지방조례 등이 이 법의 범위 안에서 제정되고 추진되었습니다. 그 외에도 다양한 법과 제도가 재한외국인들의 삶과 권리를 보호하고 지원하기 위해 제정되었으며, 이 법률과 제도들은 지속적으로 개선되고 발전해 나가고 있습니다. 법률과 제도에 근거하여 정책이 결정되면 관련 위원회(법무부는 외국인 정책위원회, 여성가족부는 다문화가족 정책위원회, 고용노동부는 외국인 인력 지원 정책위원회)의 승인을 받아 지자체에 전달되고, 지자체는 직접적인 전달체계인 학교, 사회통합프로그램 운영기관(2025년 현재 340개), 가족센터, 외국인지원센터, 복지센터, 동포 지원센터 등과 민간 차원의 종교단체와 사회단체, 상담센터 등을 통해 시행됩니다. 종교단체나 사회시민단체들은 봉사나 선교를 목적으로 일정한 범위에서 참여하고 있습니다.

그러나 가장 중요하고 시급한 일은 이주민의 사회화를 위한 [사회적 대화]의 필요성을 깨닫는 일입니다. 사회적 대화란, 사회적응에 어려운 점이 무엇인지, 정부나 사회단체가 우선 적으로 힘써야 할 것이 무엇인지, 자녀의 교육이나 산업현장에서의 개선점이 무엇인지를 허심탄회하게 나누는 것입니다.

4. 이주의 사회화가 성공하면 우리 사회에 미치는 영향

[한국리서치]는 우리 국민의 3명 중 2명(66.33%)이 이주외국인을 사회 구성원으로 수용한다는 의사가 있다는 조사 결과를 발표했습니다. 그러나 이주민이 나의 친척과 결혼하는 것에 긍정적 응답이 과반을 넘었으나 나의 이웃이 되는 것에 대한 긍정 응답보다는 13.1% 낮아, 이주민과 이웃보다 가까운 관계인 가족으로 이어지는 것에 대해서는 상대적으로 불편한 인식이 있는 것으로 분석된다.[5] 이는 이주의 사회화를 위한 노력이 더

욱 필요하다는 것을 반영합니다.

　1) 이주의 사회화가 성공하면 다양한 문화, 언어, 종교 및 관습을 가진 사람들이 공존할 수 있는 다문화사회를 구축할 수 있습니다. 이는 문화적인 다양성과 상호 이해를 통해 보다 포용적이고 개방적인 사회를 형성할 수 있습니다.

　2) 이주자들이 사회화에 성공하면 경제적으로 기여할 수 있습니다. 이주자들은 새로운 아이디어, 기술 및 경험을 가져와서 현지 경제에 새로운 역동성을 불어넣을 수 있습니다. 이는 일자리 창출과 경제 성장을 촉진할 수 있습니다.

　3) 이주자들이 사회화에 성공하고 교육, 기술 훈련 등을 받으면 풍부한 인재와 인적 자원으로 이루어진 인력 풀을 구축할 수 있습니다. 이는 현지 기업들이 인재를 확보하고 경쟁력을 강화하는 데 도움이 됩니다.

　4) 이주자들이 자신의 문화와 배경을 유지하면서도 현지 사회와 문화와의 교류가 가능합니다. 이는 새로운 아이디어와 창조적인 협업을 통해 현지 사회의 발전과 문화 다양성을 증진시킬 수 있습니다.

　5) 이주자들이 사회화에 성공하면 인종 간 평등과 사회정의를 달성하는 데 도움이 됩니다. 이는 모든 사람들이 동등한 기회와 권리를 가질 수 있는 사회적인 구조를 조성할 수 있도록 돕습니다.

　6) 이주자들이 사회화에 성공하면 국제 사회에서 가치를 창출하고 영향력을 행사할 수 있습니다. 이는 국제 사회에 대한 이해와 협력을 촉진하고, 국가의 외교 및 경제적 영향력을 향상시킬 수 있습니다.

　그러나 우리 사회는 이주의 사회화를 이루기에는 많은 장애 요소가 많습니다. 실제적인 사례를 들어보겠습니다. 제도의 문제인데, 이주민의 자원인 본국의 학력이나 경력을 인정받기가 쉽지 않습니다. 본국에서 간호대학을 졸업하고 간호사 경력이 있어도 취업이 어렵습니다. 간호조무사 학원을 졸업하면 보조간호사로 대우하는 정도입니다. 필리핀에서 치과대학을 졸업하고 의사 경력이 있어도 한국에서는 인정하지 않습니다. 스킬 교육을 통해 보완하여 일자리를 얻을 수 있게 하면 좋을 텐데 그렇게 하지 않으려 합니다. 제도의 차이도 있을 것입니다. 하지만 더 큰 문제는 인식의 차이입니다. 국적을 취득해도 일터에서는 차별과 편견이 바뀌지 않습니다. 조선족이라는 표현은 중국이 한인들을 자기들 속족(중국의 소수민족)으로 표현하는 것인데 한국인들도 중국 교포로 호칭하지 않고, 조선족으로 부릅니다. 귀화를 해도 국민이기 보다는 여전히 조선족의 족쇄에서 벗어나지 못합니다. 그러므로 이주민의 사회화를 위해서는 우리 국민의 인식부터 바꾸어 나가야 합니다. 또 적절한 정책과 사회화를 위한 프로그램이 필요하며, 이를 통해 이주자들이 언어, 문화, 교육, 일자리, 주거 등 다양한 측면에서 지원받을 수 있어야 합니다. 또한, 지역 사회와의 상호작용과 포용적인 태도를 장려하는 것도 중요합니다. 이주자들과 현지 주민들이 함께 노력하고 협력하여 이주의 사회화를 성공시키면, 상호 이익을 얻는 것은 물론 보다 다양하고 번영하는 사회를 만들어 갈 수 있습니다.

5. 이주의 사회화를 위한 교회의 역할

국내에 이주민의 유입이 본격적으로 시작된 시기는 산업화가 한창이던

1980년대 이후입니다. 교회가 가장 먼저 한 일은 이주민의 권익을 보호하는 일이었습니다. 정부정책이 미비한 상태에서 이주한 노동자들은 불법체류, 임금체불, 인권침해의 사각지대에서 극심한 차별을 받고 있었기 때문입니다. 교회는 진보, 보수, 사회복지 등 세 영역으로 특성화되면서 사역의 성격과 방향을 달리해 왔습니다. 진보는 이주민의 권익과 차별금지에, 보수는 전도 운동과 영혼 구원에, 교육과 사회복지 영역은 공통적으로 이루어졌습니다. 그러나 오늘날 한국교회는 약 70% 가 보수성향이어서 이주민 사역 역시 영혼 구원 사역의 비중이 높습니다. 하지만 가장 바람직한 방향은 신앙과 삶의 균형을 이룰 수 있도록 하는 것입니다. 이것이 다문화사회에서의 교회의 역할입니다.

그런데 최근 한국교회가 한국 사회로부터 스스로 게토화되고 있다는 지적을 받고 있습니다. 교회의 사회적 역할과 교회의 양적성장을 위한 영혼 구원 사역이 균형을 잃었다는 것입니다. 코로나 펜데믹 이후 이러한 경향은 더욱 심화되고 있습니다. 이주민 선교 사역자들은 이주민들에게 복음을 증거하고 교회의 일원으로 정착시키는 일과 그들이 사회속에서 그리스도인으로 살 수 있도록 교육하는 일에 균형이 필요합니다.

한국교회는 교인들에게 일터와 가정, 사회 속에서의 빛과 소금의 역할을 통해 그리스도의 정신이 나타나도록 가르쳐야 합니다. 그러나 안타까운 것은 한국교회 안에는 이주민의 교회 진입 이후의 사회화를 지원하는 실제적인 프로그램을 찾아보기가 어렵습니다. 그 이유는 이주민의 사회화의 중요성을 깨닫지 못하기 때문입니다. 한국교회와 이주민 사역자들은 제4차 로잔대회의 선언문을 기초한 존 스타트 목사의 조언에 귀 기울여야 합니다. 그는 "말로 전하는 전도와 사회적 행동(social behavior/action)의 균형"을 강조했습니다.

성경은 복음 전파와 사회적 기능인 문화적 사명을 동시에 명령하고 있습니다. "생육하고 번성하라 땅에 충만하라 땅을 정복하라 모든 생물을 다스리라"(창 1:28)[6] "너는 말씀을 전파하라 때를 얻든지 못 얻든지 항상 힘쓰라"(딤후 4:2) 이 두 가지 말씀은 따로, 따로가 아닙니다. 하나의 말씀을 강조하기 위해 따로 떼어서 한 것입니다. 이 두 가지는 동전의 양면처럼 결코 분리될 수 없다는 것을 잘 아실 것입니다. 사이비와 이단은 사회화 과정이 없는 것이 특징입니다. 그 결과 그들은 스스로 게토화를 선택합니다. 한국교회, 특히 이주민 사역자들이 복음 전도와 사회적 기능을 균형 있게 수행하려면 기존의 선교 인식의 대 전환이 이루어져야 합니다. 영혼 구원으로 끝난 것이 아니라 가정과 사회에서도 온전한 하나님의 사람으로 살게하는 신앙인의 사회화가 이루어져야 합니다.

◇ 토의질문

1. 이주민의 안정적인 사회화를 위해 가장 중요한 요소는 무엇일까요? 정부의 정책, 교회와 시민사회의 역할, 이주민 자신의 노력 중 어느 것이 가장 중요하다고 생각하나요? 그 이유는 무엇인가요?

2. 교회가 이주민의 사회화에 힘쓰는 것에 대해 어떻게 생각하나요? 이러한 개입의 장단점은 무엇이며, 종교적 중립성을 지키면서 이주민을 돕는 방법은 무엇일까요?

3. 교회의 사회화 교육을 위한 프로그램에 포함될 내용으로 무엇이 있을까요?

4. 이주민의 본국 학력이나 경력은 사회화에 도움이 됩니다. 그러나 한국은 인정하지 않고 있습니다. 이러한 한국의 제도에 대해 어떻게 생각하나요? 이 문제를 해결하기 위한 방안으로는 어떤 것들이 있을까요? 그리고 이러한 변화가 한국 사회에 미칠 영향은 무엇일까요?

02

이주의 경제화 현상

1. 이주의 경제화 현상

2. 이주의 경제화 요인

3. 이주의 경제적 파생 효과

4. 이주의 경제화를 위한 정부 정책(해외 사례)

5. 이주의 경제화를 위한 정부 정책(국내 사례)

6. 경제적 갈등

7. 우려되는 경제정책들

8. 새로운 고용허가제도 제안

9. 경제 주도권이 이주민으로 교체되는 상황

10. 이주의 경제화에 대한 시민단체와 교회의 역할

02

이주의 경제화현상

기 리샤르는 '사람은 왜 옮겨 다니며 살았나'에서 불쾌 요인과 유쾌 요인을 구분하고, 유쾌 요인을 "황금에 대한 갈망"이라고 하였습니다(기 리샤르:13). 즉 '경제적 요인'(일자리)이 이주의 요인에서 큰 비중을 차지한다는 것입니다. 이주의 경제화가 중요한 이유는 국가 경제에 도움이 되고, 이주민에게도 유익이 크기 때문입니다.

1. "이주의 경제화 현상."

이주의 경제화 현상이란, 이주민들이 취업하거나 사업을 시작하여 소득을 얻고, 소비 및 투자를 통해 이주국 경제에 기여하는 과정을 의미합니다. 이주의 경제화는 이주민 개인에게 경제적 안정과 독립성을 제공하는 동시에, 이주민들이 참여하는 국가나 지역사회에도 긍정적인 영향을 미칩니다. 이주민들의 소비와 투자는 소비재 시장의 활성화와 지역 경제 발전에 기여하며, 다양한 문화와 노하우를 가져와 현지 산업에 혁신과 다양성을 불어넣습니다.

2. 이주의 경제화 요인

이주의 경제화 요인은 다양한 형태와 상황에 따라 달라질 수 있지만, 주요한 요인들로는 다음과 같은 것들이 있을 수 있습니다.

1) 자원 탐색과 이용: 이주는 새로운 자원을 찾고, 이를 이용하여 경제적으로 발전할 수 있는 기회를 제공합니다. 서울 이태원에서 이주민 사역을 하던 전임사역자 한 분이 경기도 포천시 관인면 지역에 토지와 건물을 매입하고 이전을 준비하고 있습니다. 포천시 관인면은 강원도 동송과도 가까운 거리여서 두 도시에 거주하는 이주민들을 돕는 일을 계획하고 있습니다. 그곳의 특징은 대부분이 농촌 지역이고, 노인들이 많이 거주하고 있습니다. 그곳은 시설채소 농장이 많고, 축산 농장이 많은 편인데 인력이 많이 부족한 지역입니다. 만약 이태원에 거주하는 이주민들을 이주시킬 수 있다면 농촌지역 인력 수급에 큰 도움이 될 것입니다. 특히 이태원 지역은 재개발 계획이 예정되어 있어서 거주민들이 떠나고 있습니다.

2) 시장과 무역: 이주는 새로운 지역에서 시장을 개척하고 무역 활동을 촉진할 수 있습니다. 새로운 지역은 다른 지역과의 거리가 멀거나 자원이 부족한 경우에도 시장을 발전시키고 경제 활동을 확장할 수 있는 잠재력을 가지고 있습니다. 베트남 출신 이주 여성은 작은 의류 사업을 시작했습니다. 처음에는 의류 사업이 될 수 있을까 염려했는데, 같은 베트남 이주민들

이 사랑방 겸 찾아오면서 성황을 이루었습니다. 특히 동대문시장에서 덤핑 의류를 사와서 베트남에도 의류를 수출하여 큰 재물을 모을 수 있었습니다. 2년 후 다시 의정부 시장터 근처 2층 건물을 임대하여 쌀국수 식당과 베트남 식재료를 판매하였고, 인삼과 영지버섯을 베트남에 수출하는 무역 오퍼상이 되었습니다. 베트남 사람들이 한국산 영지버섯과 인삼을 좋아한다는 것을 사업에 적용한 것입니다.

3) 인구 증가와 노동력 수급: 이주는 인구 증가와 노동력 수급을 위한 경제적 요인으로 작용할 수 있습니다. 인구가 밀집한 지역이나 자원이 부족한 지역에서 인구 이동을 통해 인구 분산화와 노동력의 확보가 가능해지며, 이는 경제성장과 발전을 돕는 역할을 합니다.

4) 기업의 확장과 글로벌 비즈니스: 기업은 새로운 시장과 자원을 확보하기 위해 이주를 선택하기도 합니다. 글로벌 비즈니스에서는 다양한 지역으로의 진출과 공급망의 확대를 위해 이주를 활용하는 것이 흔한 전략입니다. 외교부는 우리 재외공관이 해외에 진출한 우리 기업의 애로사항 해소 및 수출·수주를 성공적으로 지원한 사례들을 조사하여, 이 중 92건을 엄선, 「2022년 재외공관의 해외진출기업 지원 사례집」을 발간하였습니다.[1] 사례집에는 코로나19 이후 우크라이나 전쟁에 따른 경기 불안의 장기화, 공급망 교란 등 글로벌 복합 위기 속에서도 끊임없이 활로를 개척해 나가기 위해 고군분투하는 우리 기업들을 적극 지원해 온 재외공관의 활동 사례들이 고스란히 담겨있습니다. 향후 해외시장 개척 및 신규 투자처를 모색 중인 다른 많은 기업에게 생생한 현지 정보를 제공해 줄 것으로 기대됩니다.

이 외에도 이주의 경제적 요인은 사회, 문화, 정치 등 다양한 요소들과 상호작용하여 복합적인 영향을 미칠 수 있습니다. 경제적 요인은 개인과 집단의 의지와 목표에 따라 다르게 작용할 수 있으며, 이주의 경제적 이점은 지역과 시대에 따라 다른 모습을 보일 수 있습니다.

이주의 경제화 측면에서 본 초국가 시대의 인구 이동의 원인은, 거시적으로 보면, 세계적 규모의 불균형 발전의 심화와 그에 따른 국가나 지역의 격차, 특히 고용기회와 임금의 격차 확대가 인구 이동의 주요 원인이라고 할 수 있습니다.

3. 이주의 경제적 파생 효과

이주민들의 경제적 파생 효과를 정확히 수치화하기는 어렵습니다.[2] 분명한 것은 이주노동자는 송출국과 수용국의 경제와 사회 전반에 다양한 영향을 미치는데,[3] 여기에는 편익과 비용이 모두 포함됩니다. 송출국의 입장에서 보면, 이주민의 송금, 투자, 기술 이전과 같은 긍정적인 효과가 있는 반면, 노동력의 유출에 따른 경제적 손실이 발생합니다. 유입국 입장에서 보면, 노동시장의 인력 부족을 해소하고, 산업 생산성을 높이는데 기여함은 물론, 이주자의 장기 거주는 소비자의 역할도 커지므로 이주민들은 여타 소비자와 마찬가지로 식료품, 의류, 가전제품 등을 구매하여 소비시장의 활성화에 일조하므로 노동에 대한 파생 효과가 나타납니다.[4] 뿐만 아니라 이주민들은 자신의 소득을 은행에 입금하거나 투자 등 금융 활동을 할 수 있습니다. 주식 거래, 예금, 보험, 투자 등 이주민들의 금융 활동은 금융 시스템의 안정성과 경제 활성화에 기여할 수 있습니다.

반면 유입국의 입장에서는 노동시장 상황에 따라 다를 수 있습니다. 노동시장에 인력이 부족하다면 부족 부분을 채워주는 효과가 있지만, 경제 상황이 악화되어 실업률이 증가한다면 편익보다는 비용이 더 커질 수밖에 없고, 임금의 감소로 이어져 주택, 취학 인구, 범죄, 문화공동체 해체, 복지 지출, 공공서비스, 공공 재정의 문제 등 광범위한 영향을 미칠 수밖에 없습니다.[5]

4. 이주의 경제화를 위한 정부 정책(해외 사례)

1) 캐나다는 캐나다의 Express Entry 프로그램(취업 기회 제공)을 통해 이주민들에게 적합한 직업을 찾을 수 있는 기회를 제공합니다. 이 프로그램은 이주민들의 기술, 경험, 언어 능력 등을 평가하여 취업에 유리한 지원을 제공하고 있습니다.

2) 싱가포르는 이주민 창업자에게 금융 지원, 비즈니스 멘토링, 시장 접근 등 다양한 지원 프로그램을 제공합니다. 이를 통해 이주민 창업자들이 새로운 일자리를 창출하고 경제 활동을 촉진할 수 있습니다.

3) 호주는 이주민들을 위한 교육 기회와 자격 인증 과정을 제공하여 이주민들이 국내에서 경제적으로 성공할 수 있는 기회를 제공합니다.

5. 이주의 경제화를 위한 정부 정책(국내 사례)

대표적인 몇 가지 정책을 소개합니다.

1) 기술창업비자(D-8-4)는 우수한 기술력을 보유한 외국인이 국내에 계속 체류하면서 창업을 통한 사업을 하는 경우 부여하는 비자입니다. 2022년 11월까지 정부가 발급한 기술창업비자는 총 227건입니다. 그러나 외국인 K창업 열기는 늘지만…'기술창업비자'는 10년째 제자리 걸음이라는 비판도 있습니다. 현재 활동 중인 외국인 스타트업 수는 111개이며, 국내 스타트업 3만 4,362개의 0.3% 규모입니다.[6]

2) 숙련 인력, 유학생, 첨단분야 우수 인재 비자 킬러규제 혁파방안(2023.8.24.) 입니다.[7] 정부는 규제혁신 전략회의를 개최하고, 다음과 같은 정책을 발표했습니다.

⑴ 국내에 이주한 외국인 중 외국인 숙련기능인력(E-7-4)을 확대(3만 5천 명)하는 방안입니다. 일정 요건을 갖춘 외국인 근로자가 숙련 기능인력으로 전환 될 경우 근무처 변경을 방지하기 위해 현 근무지에서 일정 기간 근무를 의무화하는 계획입니다.

⑵ 유학생은 졸업 후 취업 연계를 강화하여 3년간 취업을 전면 허용하는 것입니다. (졸업한 유학생 14만 명 중 2022년 취업률 16%) 지금까지는 사무직과 전문직에만 취업이 가능하였으나 앞으로는 취업이 가능한 분야에서 3년 동안은 취업을 전면 허용하고, 숙련 기능인력으로의 전환 등 유학생의 취업 기회를 확대하는 것입니다.

⑶ 유학생이 졸업 후 조선업체에 취업할 경우(조선업으로 일정 기간 현장 교육을 받을 경우) 전문인력(E-7) 자격으로 변경을 허용하는 것입니다.

⑷ 현재 시범운영 중인 유학생 대상 지역특화비자(F-2-R)는 졸업 후 일정 기간 인구감소지역에 거주할 경우 지자체 추천을 받아 자유롭게 취업할 수

있는 비자를 허용하는 것입니다.

⑸ 우수 유학생과 첨단분야 우수 인재의 가족에게도 취업 비자를 발급하여 안정적인 정착을 지원하는 것입니다(2023. 8. 24).

⑹ 숙련기능인력 혁신적 확대 방안(K-point E-7-4) 내용의 기본방안은, 연간 쿼터 5천 명을 3만 5천 명으로 확대하여 공급하되 신규 도입이 아닌 E-9, E-10 등 기존 국내 거주 근로자 중에서 선발합니다. 점수제 전환 요건을 대폭 간소화하여 산업계에서 필요한 숙련 기능인력이 반복적으로 출입국에 다니지 않고도 근무할 수 있게 하는 것입니다. 또 한 동일 근무처 장기근속자와 인구감소 지역 근무자 등을 우대하여 국민 기피 분야에 외국인 숙련 인력이 지역 산업계의 중추적인 인재로 정착하도록 지원하는 것입니다.

구체적인 요건은 아래 3개 요건을 모두 충족해야 합니다.

① 최근 10년간 해당 자격(E-9, E-7, H-2)으로 총 4년 이상 체류하고 있는 등록 외국인으로 현재 근무처에서 정상 근무 중인 자 이어야 합니다.

② 현 근무처에서 연봉 2,600만 원 이상으로 향후 2년간 이상 E-7-4 고용계약이 되어있어야 합니다.

③ 최근 2년간 평균소득이 2,500만 원 이상이고 한국어 능력 초급 이상인 사람으로 점수제 300점 만점에 200점 이상 득점자여야 합니다.

※ TOPIK(2급 이상), 사회통합프로그램 이수(2단계 이상), 사회통합프로그램 사전평가 성적(41점 이상)

★ 가점: 중앙부처, 광역지자체, 기업체 추천, 현재 근무처 3년 이상 장기근속, 인구감소 지역 등 3년 이상 근무, 국내 면허증 소지자에게는 최대 170점까지 가점을 부여합니다.

★ 감점: 체류 실태, 법 준수 상황 등에 반영하여 최대 50점까지 감점이 적용됩니다.

④ 다만, 벌금 50만 원 이상의 형을 받은 자, 조세 체납자, 출입국관리법 4회 이상 위반자, 3개월 이상 불법체류 경력자는 제외됩니다.

3) 이 정책은 이주민들의 기술과 능력을 향상시키기 위해 직업 훈련 프로그램을 운영하고 있습니다.[9] 또한, 이주민 창업자들과 기업 간의 일자리 매칭을 지원하고, 이주민들이 적합한 직업을 찾을 수 있도록 도움을 주는 정책입니다.

4) 정부는 이주민 가정의 가장이 경제적으로 활동할 수 있도록 다문화 가속 경제 활동 지원 정책을 시행하고 있습니다. 이를 통해 이주민 가족의 경제적 부담을 줄이고, 이주민들이 경제적으로 독립적인 생활을 영위할 수 있도록 돕는 것이 목표입니다.

6. 경제적 갈등

정부는 노동 인력의 부족 상황을 타개하기 위해 이주 인력 도입 및 제도개선에 힘쓰고 있습니다. 그러나 물도 급히 마시면 체한다는 속담이 있듯이 우려되는 정책 몇 가지를 지적하려고 합니다.

(1) 정부정책과 사업자의 갈등

대한민국은 인구절벽 및 코로나19 상황과 맞물려 극심한 인력 부족 현상을 겪고 있습니다. 이에 정부는 적극적인 이주 인구 도입 정책 추진으로 이주노동자는 증가하고 있습니다. 이주노동자의 국내 유입 요인은, 산업의 재구조화 과정에서 상대적으로 저부가 가치라고 할 수 있는 노동 집약적 업종들(이른바 3D)의 노동력 부족에 따른 것입니다. 반면 업체들의 입장에서는 노동력의 부족에만 기인한 것이 아니라, 이들의 저임금에 따른 비용 절감을 주요 목적으로 한 것으로도 추정할 수 있습니다. 그러나 최근 정부의 최저임금제(헌법 제32조) 도입으로 중위 업체와 영세사업자들에게는 비용 부담이 커지게 되었습니다.[10] 이주노동자를 비교적 저렴한 비용으로 활용해 온 업체들의 입장에서는 상대적으로 타격이 클 수밖에 없게 된 것입니다. 이에 업체들은 최저임금을 낮추고 나머지는 성과급으로 채울 수 있도록 임금의 탄력적 운용을 요구하고 있습니다(최저임금법 4조 1항은 최저임금을 "사업 종류별로 구분해 정할 수 있다."). 이러한 요구는 최근 한국 경제가 어려워지고 있다는 점에서 주목을 받고 있습니다. 이에 정부나 업체들의 입장을 이해하고 조정하려면, 이주노동자가 지역 경제에 미치는 영향을 측정하는 일이 순서일 것입니다. 그러나 이 일은 쉽지 않다는데 어려움이 있습니다.[11] 그 이유는 지역경제의 조건과 이주노동자의 특성에 따라 다르기 때문입니다. 예를 들어 지역경제가 호황인가, 불황인가, 지역 노동시장은 어떤 업종들이 주를 이루고 있는가 등에 따라, 미치는 영향은 다르기 때문입니다. 또 하나의 갈등 요인은 코로나 이후 사업주는 극심한 인력 부족을 호소하고 있는 상황에서 법무부는 지속적으로 불법체류자의 노동을 단속하고 있어서 갈등은 당분간 계속될 것 같습니다. 법적으로 보면 법무부 입장이 맞지만 현실적으로는 업체들이 원하는 방향은 아니어서 갈등 요인이 될 수밖에 없습니다. 아무리 방향이 옳다고 해도 마음이 다르다면 성공하기 어렵습니다. 정부의 세심한 정책이 필요합니다. 또 일부 기업의 경우 불법임을 인식하면서도 불법체류 외국인을 고용할 수 밖에 없는 현실을 감안하여 합리적인 해결 방안이 모색 되어야 합니다.[12] 이 사안은 법을 어기더라도 일자리를 유지해야겠다는 이주노동자들의 태도도 문제이지만 정부도 스스로 귀국하는 불법체류자에 대해서는 반드시 돌아올 수 있다는 신뢰를 갖게 해야 합니다. 정부는 자진신고를 통해 귀국하면 다시 입국하도록 과거를 묻지 않겠다고 하는데, 다시 입국하려고 하면 불법체류 경력을 이유로 비자를 내주지 않는 사례가 있기 때문입니다. 결국 정부 정책은 불신을 받게 되고, 불법체류는 증가하게 될 수밖에 없습니다. 그러므로 이민 행정의 원활한 추진을 위해서라도 정부는 대안을 마련해야 합니다. 예를 들어 범칙금을 납부하고, 범죄 경력이 없다면, 숙련도를 평가하는 기준을 세워 선별적으로 수용하는 방안도 대안이 될 수 있을 것입니다. 이는 누적 난민 신청자에게도 적용될 필요가 있습니다. 강력한 단속보다 더 좋은 방법은 이들에게도 자활의 기회를 주는 것입니다.

(2) 사업자와 이주노동자의 갈등

일을 시켜야 하는 사업자와 작업을 수행해야 하는 이주노동자 간에도 서로의 입장을 이해해야 하는 일이 많습니다. 예를 들면, 기후환경에 부 적응하는 경우를 감안하더라도 입사 한지 한 달이 채 되지도 않았는데 몸이 아프다거나, 종교 문제, 언어 문제로 동일 국가 출신 노동자가 있는 곳으로 사업장 변경을 요구하는 경우에는 사업자 입장에서 가장 난처한 일일 것입니다. 이주노동자들은 국내 이주 전에 이미 희망하는 회사를 결정하는 경우가 많다고 합니다. 그러한 이유로 회사를 옮길 궁리만 한다고 가정해 봅시다. 필자는 몇몇 사업주를 통해 입사 하루 만에 작업을 거부하고 회사를 떠나겠다며 고용주의 동의(고용허가제는 3번 근무지 이동이 허용되지만, 사업자의 동의가 필요함)을 요구하는 노동자 때문에 심한 스트레스를 받았다는 말을 들었습니다. 제도는 그렇지 않은데 요즘은 이주노동자가 일할 회사를 선보는 시대가 되었습니다. 반면, 인력을 구하지 못해 사업을 접어야 하는 사업자의 입장을 생각하면 이런 노동자의 태도는 속이 상할 수밖에 없습니다. 하지만 노동자 입장에서도 근로 환경 개선이나 제도의 불합리에 어려움을 호소하는 경우도 많습니다. 언어소통과 문화의 차이, 노동의 강도, 기후 차이와 낯선 업무 부적응 등 다른 환경에서의 노동 활동에 적응하지 못한 노동자의 경우는 고립감과 외로움으로 힘들어합니다. 또 한 업체마다 차이가 있겠지만 여전히 후진국형 산재가 지속적으로 발생하고 있습니다. 2023년 8월 24일 법무부는 앞에서 자세히 언급한 '비자 킬러 혁파'라는 다소 과다한 표현으로 노동 개혁을 시작했습니다. 이러한 정책의 변화는 인구절벽이라는 현실을 직시한 법무부의 적극적 태도 변화와 수요자인 사업자의 요구를 반영한 것으로 보입니다. 다만, 이러한 긴급 처방식 정책이 향후 전체 이민정책의 틀에서 어떻게 조합될 수 있을지 염려가 없지는 않습니다.

한편, 근로자들이 희망하는 업종 선택과 직장 이동 제한(3회)은 변함이 없습니다. 오히려 처음 근무했던 지역(광역 단위)을 벗어나지 못하는 제한 규정을 2023년 9월부터 적용하게 됩니다. 그러함에도 불구하고 일자리 연장을 위해 법률을 남용하는 사례가 늘고 있고, 이들 중 대부분이 인권의 사각지대로 숨어들거나 난민 신청 또는 불법체류자 신분으로 전락하고 있습니다. 불법체류 증가에 대한 또 다른 요인으로는 빠른 인력공급을 위해 업무나 문화 적응에 필요한 교육 시간을 줄이다 보니 산업현장에 적응하지 못하고 이탈하는 경우가 많은 것은 사실입니다.[13]

7. 우려되는 경제정책들

1) 계절근로자 제도(E-8)

정부의 경제정책은 국가 대계라는 큰 틀에서 추진되어야 합니다. 그런 맥락에서 계절근로자 제도는 지속적으로 확장되고 있음에도 불구하고 우려되는 정책입니다.[14] 이 제도의 원조는 과거 구한 말 시대에 가난한 백성들이 두만강을 건너 간도나 연해주로 이주하여 농사를 짓고 가을 추수를 마치고 돌아오는 데서 그 유래를 찾을 수 있습니다. 정부는 농촌의 고질적인 인력난 문제를 해결하기 위해 계절근로자 제도를 2015-2016년(2년)간 시범 실시 한 후 전국적으로 확산시키고 있습니다. 근로기간은 최초 3개월에서 5개월로, 다시 8개월로 늘리고 공공형 계절 근로 사업[15]을 확대할 계획입니다. 정부는 정책효과가 크다고 하지만 만약 근로자들이 기간이 끝나고 본국으로 귀국하지 않고 사업장을 이탈한다면 막을 장치가 사실상 없다는데 문제가 있습니다. 지금도 곳곳에서 이탈하는 이들이 늘고 있으며, 불법체류 가능성이 높은 것도 이러한 이유 때문입니다. 그러므로 성실하게 근로기간을 마친 이들에게는 그에 따른 보상(2회 연속 성실 근로자에게는 가족 농업이민 혜택 등)이 주어져야 하지만 제도를 남용한 자들에게는 법의 규정에 따라 입국 금지 등 처벌을 해야 합니다. 그러나 농어촌 지역에 대한 노동수요가 지속적으로 증가한다면 농업 전문 비자를 만들어 가족들이 지역에 정착할 수 있도록 제도화하는 방안을 검토할 필요가 있습니다.

2) 지역특화비자

지역특화 비자는 유학생 졸업자와 동포들을 인구감소(소멸) 지역에 체류시켜 지역경제를 회복시키자는 취지로 시범 실시되고 있습니다. 법률적 근거는 「인구감소지역 지원 특별법」 제26조 ('23.1.1. 시행)와 제26조(「출입국관리법」에 대한 특례) ① 법무부장관은 「출입국관리법」 제8조 및 제10조에도 불구하고 인구감소지역을 관할하는 지방자치단체의 장이 요청하는 경우 인구감소지역에 체류 중이거나 체류하려는 외국인 중 대통령령으로 정하는 체류자격에 해당하는 사람에 대한 사증 발급 절차, 체류자격의 변경, 체류 기간의 연장 등에 관한 요건을 달리 정할 수 있다고 합니다.

위 근거에 의해 인구감소 지역을 대상으로 지역특화비자 제도가 시작되었습니다(2022년 7.25-8.19 시범사업 참여자 지자체 공모).[16] 시행 초기라서 성급한 판단은 이르지만 우려되는 부분을 지적하지 않을 수 없습니다. 이 제도는 재외동포와 대학을 졸업한 유학생 출신(D-10)들에게 조건부 거주비자(F-2-R), 동포(F-4)에게 특화 비자를 주어서 지역경제를 활성화하기 위한 목표로 시작되었습니다. 이 정책을 2022년 10월부터 법무부가 지정한 89개 지역 중 희망하는 지역별로 점차적으로 실시하고 있습니다 '지역특화형 비자'는 지역의 특성과 요구를 반영하는 비자로, 지역인재 확보와 국가 균형발전을 도모하기 위한 목적으로 만든 제도입니다. 이 제도의 특징은 가족 동거비자(F-1) 소지자도 1년 단위로 취업이 허용된다는 점과 관리 차원에서 첫해 1년 점검과 3년, 5년 점검하여 비자를 연장하는 조건입니다. 그러나 이주노동자로 취업한 이들이 근로계약 기간에 현장에 잘 적응하여 지역민으로 정착하여, 지역의 경제생태계를 복원시킬 수 있다면 이보다 더 좋은 정책은 없겠으나 혜택만 받고, 5년 기간만 채운 다음 자유롭게 취업할 수 있는 비자를 받을 수 있기 때문에 대도시나 수도권으로 이탈해 버린다면 이를 막을 대안이 없다는 점입니다. 그러나 장기적으로 보면 이들의 이탈 가능성이 전혀 없는 것은 아니어서 세심한 정책 추진과 관리가 필요합니다. 현재 이주민 70%가 일자리가 많은 수도권에 거주하고 있다는 점과 장기적으로는 인구감소 지역은 계속 늘어날 텐데(현재는 89개지역이지만 200개 이상으로 예상), 국가재정으로 모든 지역경제를 회복시키기에는 한계가 있기 때문입니다. 인구감소 문제는 돈으로 해결할 문제가 아님을 저출산 정책 실패에서 이미 증명되었습니다.[17]

3) 과다한 비자 전환과 쿼터 확대

불과 1, 2년 사이에 단순 비숙련 노동자(E-9) 비자를 7만 명(2023년 :35,000명 2024년:35,000명)으로 확대하여 숙련기능인력(E-7-4)으로 전환하고 있고, 2024년 한 해 동안 단순노동자(E-9) 16만 5천 명을 도입하였습니다. 이는 2023년 11만 5천 명보다 5만 명이 증가한 것입니다. 또 서울시도 자녀와 가사 돌봄보다는 자녀의 영어 교육에 기대가 더 크다는 수요자의 욕구 논란에도 불구하고 필리핀 가사 노동자 100명을 도입하여 희망 가정에 배치하였습니다. 지속적인 경제 발전과 산업인력 부족을 채우기 위해 이주 인력의 도입은 필요하지만 단계적 도입이 아니라 너무 성급하게 많은 인력을 도입하는 결정이 아닌가 하는 우려가 큽니다. 적절한 비유인지는 모르겠으나 전쟁 시에는 이겨야 한다는 목표 의식이 강해서 큰 문제가 없지만 전쟁이 끝나면 각자의 생각이 달라 하나로 통합되기는 어려운 법입니다. 사회와 경제 상황이 좋지 않거나 국민 일자리와 다툼이 일어나면 사회 통합의 골은 더욱 깊어질 것이기 때문입니다. 이는 불법체류나 난민신청으로 이어질 수도 있습니다. 무엇보다도 이주노동자를 관리하고 통합시키는 정책 추진은 중앙정부보다는 지방정부의 역할이 더 크다는 점에 비추어 볼 때 지방정부가 이를 수행할 준비가 되어있는지 의문입니다.

4) 쌓여만 가는 과제에 답은 있는가?
지금까지 논의한 경제문제들을 해결하기 위해서는
(1) 지역이 가지고 있는 자원이 무엇인지 점검해야 합니다.
인구감소 지역은 노동력이 부족한 것이지 자원이 아주 없어진 것은 아닙니다. 가장 중요한 것은 지역이 보유한 자원을 찾아 활용하는 것입니다. 구체적으로는 그 지역이 가지고 있는 특성화 사업을 찾아야 합니다. 창의적 노력이 필요합니다.
(2) 지역 친화적 프로그램은 창의적 노력에서 나옵니다.
필자가 방문한 인구 소멸지역인 OO과 AA의 경우 타 지역의 정책을 (배끼기) 이식시키려는 공무원들의 편의주의적 인식이 자리 잡고 있었습니다. 거기에 우리 지역이 OO 분야는 최고라는 자랑까지 하였습니다. 그런데 그 프로그램은 다른 도시에서 이미 하고 있는 것을 베껴 온 것입니다. 지역 친화적 프로그램은 창의성에서 나오는 것인데 세심한 연구가 부족하다는 느낌을 지울 수가 없었습니다.

(3) **돈으로 해결할 수 없는 것도 많습니다.**

인구와 경제생태계가 그렇습니다. 한 번 무너지면 회복하기란 정말 어렵습니다. 최근 귀촌, 귀농 인구가 수도권을 중심으로 조금씩 늘고 있지만 안심할 수 없는 상황입니다. 청년인구 보다는 중년 이후 노인 인구가 많기 때문입니다. 그러한 상태에서 외국인 노동자가 타인의 땅에서 무엇을, 어떻게, 할 수 있겠습니까? 일시적인 경제 효과는 잠시 누리는 것처럼 보이지만 사회적 갈등으로 인한 비용 지불이 더 크게 요구되어 오히려 국가 경쟁력을 약화 시킬 우려가 있습니다.

8. 새로운 고용허가제도 제안

이에 필자는 현재의 고용허가제 대상 국가를 확대 개편할 것을 제안합니다. 확대안은 기존의 17개국을 그대로 존치하되 미수교국을 제외한 전 세계로 확대하는 것입니다. 인터넷을 통해 한국에서 일하고 싶어하는 전 세계 국가의 노동자들을 공개 모집하여 그들에게 한국에서 일할 수 있는 기회를 주는 것입니다. 접수는 인터넷으로 하고 필요한 인력을 선별하는 시스템을 구축하면 가능합니다. 세계적 추세는 선별 이민과 점수제이므로 검토할 가치가 있다고 판단이 됩니다.

이와 함께 고용허가제 대상 국가 중에 불법체류 비율이 높고, 테러 등 사회통합에 용이성이 낮은 국가는 이미 실시하고 있는 쿼터제도를 강화하여 관리하는 것도 이민 투명성 확보에 장점이 될 수 있습니다. 참고로 미국에서 1882년에 중국인 배제법(배척법)이 시행되었고[18] 1921년에는 출신국별

할당제를 실시하였으며, 1924년에는 존슨 리드법을 제정하여 이민 숫자를 2.1%까지 낮춘 사례가 있습니다. 이미 한국 등 여러 국가에서도 이주노동자가 내국인의 일자리를 잠식하지 않고 내국인의 임금이나 근로조건에 부정적인 영향을 미치지 않는 경우에 한 해 이주노동자의 고용을 허가하는 등 사실상의 느슨한 제한제도를 운용하고 있습니다(미국, 영국, 프랑스, 대만, 싱가포르, 한국).

9. 경제 주도권이 이주민으로 교체되는 상황

시장경제를 채택하고 있는 자유민주주의 국가에서 경제 주도권은 정해진 주인이 없습니다. 이주민의 경제적 영역이 확장될수록 산업구조에도 변동이 생길 것입니다. 그렇게 되지 않기를 바라지만 우리 기업들이 인질이 되는 상황도 일어날 수 있다는 점을 간과하지 않아야 합니다. 일반 국민들은 실감하지 못하겠지만 이주민들이 고용주가 되고 한국인이 노동자가 되는 역전 현상이 조금씩 나타나고 있습니다.[19] 한국인이 운영하는 사업장에 이주노동자들의 비율이 90% 이상이라는 점은 유쾌하지 않은 상황이지만 현실입니다. 이에 대해 Borjas(1999:2)는 외국인과 내국인이 대체재적 경쟁관계에 있다면 내국인은 손해를 보게 되고, 보완재적 관계에 있다면 내국인은 혜택을 얻는다고 하였습니다.[20] 또한 이규용 외(2011:162-195)는 외국인 근로자의 비율이 높으면 내국인 근로자가 다음 연도에 실업에 빠질 확률이 높아지는 것으로 나타났다고 하였습니다. 특히, 제조업에서 외국인 근로자가 늘어나면 내국인 근로자가 실업자로 전환될 확률이 높아지는 것으로 나타났습니다.[21] 그러나 한국은 이미 외국인 노동자 없이는 사업장을 가동할 수 없는 상황이 되었습니다.[22] 하지만 3D 생산직을 기피하고, 사무직과 전문직을 선호한 결과이니 인정할 수밖에 없습니다. 그러나 이제부터라도 자신의 삶을 책임지는 태도를 가지고 직종을 차별하는 인식을 바꾸어야 합니다. 동시에 우리 미래세대인 청소년이나 청년들은 초 국가시대 한가운데 있다는 긴장감을 가지고 자신의 미래를 개척해야 합니다. 초국가시대에는 우리가 지금까지 경험하지 못했던 AI(인공지능)와 드론 사업 같은 새로운 과학기술과 스마트 시대가 활성화될 것입니다. 다문화사회는 우리 국민끼리 경쟁하는 사회가 아니라 세계인과 경쟁하는 사회입니다. 그러므로 자신이 가지고 있는 재능과 장점을 특성화하기 위해 노력하는 것이야말로 미래를 가장 확실하게 준비하는 것입니다. 세계적인 물리학자인 아인슈타인은 하나님이 주신 재능 가운데 5%밖에 사용하지 않았다고 합니다. 그런데도 그는 20세기 최고의 과학자가 되었습니다.

10. 이주의 경제화에 대한 시민단체와 교회의 역할

세계은행은 최근 향후 10년 동안 이민을 장려하지 않으면 한국 경제는 굴러가지 않는다고 경고하였습니다.[23] 그런데 이주민들을 어떻게 대해야 하고, 그들의 경제를 위해서 어떤 도움을 주어야 한다는 수용국의 역할은 언급하지 않았습니다. 그들의 노동력을 이용해 돈을 벌 생각만을 한 것 같습니다. 하지만 그러한 생각은 글로벌 스탠다드 의식이 아닙니다. 교회도 이주민의 경제화를 위해 어떻게 도움을 줄 수 있는지에 대한 논의를 해본 적이 없습니다. 그러나 이 주제는 매우 중요하고 유익하다는 데는 동의합니다.

1) 이주민들은 대부분 '코리안 드림'을 꿈꾸고 한국에 이주했습니다. 그런데 한국 사회는 그들에 대해 부정적인 시각을 가지고 대할 때가 많습니다. 그들을 값싼 노동력으로 보고 하위계급으로 취급하려는 시각은 매우 잘못된 것임을 알면서도 그러한 편견에서 벗어날 노력을 하지 못했습니다. 이주민에 대한 부정적인 인식은 '값싼 인력', '가난하고 배우지 못한 나라 출신', '한국이 그들에게 혜택을 베풀고 있다는 인식', 또한 어떤 나라는 한국행 비자를 받으면 로또 맞았다고 말할 정도로 생각한다는 등, 이러한 인식은 그들을 바라보는 국민들의 시각을 왜곡시키고, 그들을 이용하려는 이기적인 심리와 기대를 갖게 합니다. 이렇게 되면 상호 존중과 배려, 인정과 협력에 기초한 다문화사회의 가치는 사라지는 것입니다. 그러므로 교회는 '너희도 애굽에서 나그네 였느니라 나그네를 선대하라(신 10:17-19)'는 하나님의 말씀에 따라 이러한 왜곡된 인식을 바로잡는 역할을 해야 합니다. 교회 스스로가 성경적인 경제관을 세워 나가야 합니다. 그런데 문제는 교인 중에서도 잘못된 경제관을 가진 이들이 많이 있습니다.

2) 초대교회는 이주민들이 사회적 연결과 지원을 받을 수 있는 플랫폼을 제공했습니다. 사도행전 4장 23~25절에는 유무상통의 사례가 기록되어 있습니다. 은혜받은 성도 간의 나눔은 오늘날까지 전해 내려오는 아름다운 사례입니다. 또한 6장에 나오는 구제 사역 나눔을 통한 선행입니다. 이처럼 교회는 이주민이 새로운 사회관계를 형성할 수 있도록 도움을 줄 수 있습니

다. 이는 취업 기회나 비즈니스 네트워크 형성에 도움이 될 수 있습니다. 다만 주의해야 할 것은, 교인들 간의 금전거래로 인해 시험에 드는 경우도 종종 발생한다는 것입니다. 교인들끼리는 서로 돕는 관계이지 이익을 추구하는 관계가 아닙니다. 교회가 이주민들을 위해 취업 정보를 제공하거나 일자리를 찾을 수 있는 기회를 제공하는 일은 유익한 일입니다.

3) 이주민들도 생산자이면서 동시에 소비자들입니다. 정직하고, 성실하게 일하고, 똑똑한 소비를 할 수 있도록 교육을 받아야 합니다. 한국소비자원은 강사 양성을 통해 이민자들의 건강한 소비생활을 지원하고 있습니다. 교회가 특별 세미나를 마련하고 '성경적인 소비생활'이라는 주제의 강연 기회를 갖는 것도 도움이 될 것입니다. 그 내용은 소비자의 의식을 깨우기 위한 '친환경 개선 교육과 소비자의 권리', '거래유형별 소비자 피해', '품목별 소비자 피해' 등 소비자가 피해를 당하지 않고 권리를 행사할 수 있도록 교육 기회를 제공하는 것입니다.

◇토의질문

1. 이주노동자의 유입이 한국 경제에 미치는 영향은 긍정적인가, 부정적인가? 내국인의 일자리 잠식 우려와 산업 발전 기여 등 다양한 측면을 고려하여 논의해 보세요.

2. 정부의 계절근로자 제도와 지역특화비자 정책의 장단점은 무엇일까요? 이 정책들이 실제로 지역 경제 활성화와 인구 문제 해결에 도움이 될 수 있을지, 또 발생할 수 있는 문제점은 무엇인지 토론해 보세요.

3. 이주민의 경제적 기여를 높이고 사회 통합을 촉진하기 위해 교회나 시민단체가 할 수 있는 역할은 무엇일까요? 구체적인 방안을 제시하고, 그 효과와 한계점에 대해.논의해 보세요.

03

―

이주의
정치화
현상

1. 이주의 정치화

2. 이주의 정치화 (해외 사례)

3. 이주의 정치화 (국내 사례)

4. 이주의 정치화에 대한 교회의 역할

03

이주와
정치화현상

이주의 정치화는 다양한 배경에서 나타납니다. 더 나은 경제적 기회를 얻기 위해, 전쟁이나 정치적인 탄압이나 인권침해로부터 자유를 얻기 위해, 또한 자신의 정치적인 영향력을 발휘하기 위해서 '정치화 선택'의 동기가 됩니다. 그렇다면 이주민의 정치화는 법률적으로 정당한 것인가? 최근 캐나다 국적자인 JK김동욱씨가 대통령 탄핵에 반대하는 사실이 알려지면서 이주의 정치화 문제가 이슈가 되고 있습니다.[1] 우리는 이주의 '정치화'가 어떻게 전개되고 있는지, 우리 정부와 사회가 어떻게 대응해야 하는지를 논의할 때가 되었습니다.

1. 이주의 정치화

이주의 정치화란, 이주의 확산에 따른 국내 정치와 국제관계, 안보에 대한 국제이주의 영향력이 점점 커지는 현상을 말합니다. 이러한 현상은 증가하는 이주자의 수에 영향을 받게 되는데, 이들을 사회로 통합하고자 하는 정치적, 정책적 노력이 더욱 중요해지고 있기 때문입니다. 최근 한국리서치의 조사에 따르면 이주민이 정치적 대표자가 되는 것에 대해 불편하다고 응답한 비율은 58.0%로 북한이탈주민(59.5%) 다음으로 높았고, 결혼이주민이 정치적 대표자가 되는 것에 대해서는 45.5%가 불편하다고 응답했습니다.[2] 반면, 가족, 이웃, 친구 중 결혼이주민이나, 이주노동자와 관계된 국민은 이주민을 우리 사회의 구성원으로 여기고 이주민의 정치적 진출에 대해 더 관용적이었습니다.[3] 이는 우리 국민의 의사 결정이 관계 중심이라는 것을 보여주는 것입니다.

2. 이주의 정치화 해외사례

1) 투표할 권리: 일부 국가에서는 해외 거주하는 국민들에게 투표할 권리를 부여하고 있습니다. 이것은 해외에 거주하는 동포들이 자신의 자국 정치에 영향을 미칠수 있는 방법 중의 하나로 투표를 통해 자신의 의견을 표현하고, 대표자를 선출하거나 정책에 영향을 줄 수 있습니다.

2) 이중국적과 이중정치 참여: 일부 이주민들은 해외에 거주하면서도 본국과의 이중국적을 유지하고 있습니다.[4] 이것은 이주민들에게 자신의 출신 국가와 연관된 정치적인 활동에 참여할 수 있는 기회를 제공합니다. 이들은 해외에서도 자신의 관심사와 이슈에 대해 목소리를 내며, 본국과의 연결을 유지하고 정치적인 변화를 추구할 수 있습니다.

반면 독일은 「기본법」 개정을 통해 1992년에 유럽연합 시민들에게 지방 차원의 선거권과 피선거권을 부여했지만, 외국에서 온 이주민들에게는 선거권을 허용하지 않고 있습니다. 참정권은 민주주의를 구성하는 가장 기본적인 요소의 하나라는 점에서 독일에 삶의 터전을 가지고 장기간 거주하고 있는 외국인에게 선거권을 유보하고 있는 것은 독일 민주주의의 결함이라는 비판을 받고 있습니다.[5] 독일의 진보정당들은 다문화사회의 도래와 함께 주요 정책과제로 설정된 국민통합을 확실히 성취하기 위해서는 정치적 통합이 반드시 이루어져야 한다고 주장합니다. 정치적 통합은 바로 외국인 이주민에게 일상생활과 밀접한 연관을 가지는 지방정치에 대한 참여와 참정권을 통해 이루어지기 때문입니다.[6]

3) 이주민에 의한 국가설립

미국의 역사가 오스카 핸들린(Handlin,1979)은 그의 저서 'The Uprooted'의 서문 첫 줄에서, 자신이 미국 이민자들의 역사를 쓰다 보니 '이민자들이 바로 미국의 역사라는 점'을 알게 되었다고 합니다. 이렇듯 미국은 이민자들에 의해 건국되고, 발전한 나라입니다(윤인진: 214). 전통적 이민 국가인 미국과 캐나다가 이민자에 의해 국가의 기틀이 만들어졌다는 사실은 이민의 정치화를 나타내는 대표적 사례라 할 수 있습니다. 국가조직이 곧 정치조직이기 때문입니다. 또 전 세계에 흩어져 살아가던 유대인들이 하나님의 약속에 힘입어 약속의 땅으로의 귀환 이주는, 오늘날 이스라엘 국가를 건설하기 위한 목적이었으며[7] 이 또한 이민의 정치화에 해당합니다.

3. 이주의 정치화 국내사례

1) 아시아 최초, 참정권 부여

한국은 2005년 아시아 국가 최초로 영주권자 대상, 지방선거 참정권제도를 도입하였습니다. (공직선거법 제15조 제2항, 출입국관리법 제10조) 이는 '주민에 의한 자치'라는 지방자치제도의 의미를 구현하고자 하는 것입니다. 조건은 국내 거주기간이 3년 이상이고, 만 18세 이상이며, 지자체에 등록된 영주자격을 가진 이주민이 해당됩니다. 단, 대통령과 국회의원 선거 참여는 허용하지 않고 있습니다.

2) 이주민단체의 활동: 한국에는 다양한 이주민 단체들(추정 약 500-700여 개)이 존재하고 있으며, 이들은 자신들의 이주민 공동체의 문제와 이슈를 대변하고 해결하기 위해 정치적인 활동을 하고 있습니다. 이들 단체들은 정책제안, 캠페인, 인권옹호 등을 통해 한국의 정치적인 변화에 영향력을 행사하는 역할을 합니다. 2022년 5월 지방선거 때 경기도 포천시 거주 외국인 귀화 및 영주권자 100여 명이 OOO시장 후보를 지지하는 선언을 했습니다. 이 모임을 주도한 파키스탄 출신 모하미드 사비즈(MOHAMMAD SHAHBAZ)씨는 "그간 외국인 귀화자나 영주권자들은 각종 투표에 적극적으로 참여하지 못했다"며 "민주주의의 근본인 투표에 참여하는 것이 포천시민으로서 책임과 역할을 하는 것이라 생각하여 각 나라별 모임을 통해 논의해 왔고, 오늘 OOO시장 후보를 지지하게 되었다."라며 지지 선언 과정을 설명했습니다.[8] 이러한 변화는 이주민의 정치화가 가속화되는 신호탄이 될 것으로 보이며, 이주민들이 직접 후보가 되기도 하였습니다.[9]

3) 이주민정책과 국적 취득: 한국은 다문화사회로 발전하기 위해 이주민

정책을 적극적으로 추진하고 있습니다. 이주민들은 한국 국적을 받기 위해 국적 취득 절차를 진행하며, 이를 통해 한국에서 정치적인 영향력을 가질 수 있게 됩니다. 한국 국적을 가진 이주민들은 자신의 의견과 이슈에 관해 참여하고 소통하며, 한국 사회와 정치에 본격적으로 참여할 수 있습니다. 정부에서도 KIIP(사회통합프로그램)을 통해 지원하고 있습니다.

4. 이주민의 정치활동 관련 법률(제도)

이주민의 정치활동은 '불법'입니다. 출입국관리법 제17조 2항은 '우리나라에 체류하는 외국인은 이 법 또는 다른 법률에서 정하는 경우를 제외하고 정치활동을 하여서는 아니된다'고 규정하고 있습니다. 이를 위반할 경우 같은 법 제46조에 따라 강제퇴거 대상이 될 수 있습니다. 그러나 정치활동에 대한 명확한 규정이 없기 때문에 사실상 정치와 관련된 모든 언행을 금지한다는 평가가 나옵니다. 하지만 무엇이 정치활동이고, 위반 수준에 따른 처벌 규정은 없는 상황이어서 사실상 사문화된 법이라는 지적이 있습니다.

다만 출입국관리법이 아닌 국가보안법 위반으로 강제출국된 사례는 있습니다. 지난 2014년 한국계 미국인 B씨는 서울 종로구 조계사에서 열린 토크 콘서트에서 북한 체제를 긍정적으로 평가하는 등의 발언을 해 기소유예 처분을 받고 강제 출국 됐습니다. 그러나 이마저도 헌법재판소는 지난 2021년 "콘서트가 북한의 체제나 사상을 옹호하지 않았다"며 B씨에 대한 검찰의 처분을 취소하라고 판단했습니다. 이는 JK김동욱씨와 마찬가지로 출입국관리법상 위반으로 고발을 당했지만 강제퇴거 적용에는 다툼의 여지가 있습니다. 처벌규정이 없기 때문입니다. 전문가들은 모호한 법은 논란의 여지가 있으므로 개정해야 한다고 지적하고, 법이 글로벌 스텐다드에 적합해야 한다고 합니다.

5. 그렇다면 이주의 정치화를 어떻게 해석하고, 이해해야 하는가?

민주국가에서는 반헌법적이고 국가 정체성에 반하는 정치화는 반대합니다. 북한 체제를 찬양한다든지, 범죄 행위를 옹호하는 행위는 용납될 수 없습니다. 그러나 인간의 삶 자체가 정치와 밀접한 관계가 있습니다. 형제가 사과를 놓고 누가 더 큰 것을 가졌느냐를 다툴 때, 어머니의 역할은 정치행위입니다. 초등학교 반장선거에서부터 지자체 선거도 정치행위입니다. 아시아에서 최초로 지자체에 등록되고, 3년 이상 거주한 외국인 영주자격자에게 지자체 선거권을 주는 것은 국가의 자신감이기도하고, 이들도 지역사회 일원이기 때문입니다. 이들은 동족들의 커뮤니티를 구축하고 권익을 위해 활동합니다. 그러나 거기까지입니다. 정치적으로 어떤 후보를 당선시킬 목적으로 선거운동을 하는 것은(반대로 상대후보를 비방해야 하므로) 출입국관리법 위반으로 판단됩니다. 반면 한국으로 이주한 이주민들은 민주사회에서의 안정적인 정착을 위해 정치화 과정이 필요합니다. 이주민들도 자신의 권리와 이익을 지키고 성공하여 사회의 일원으로 봉사하기 위해서는 정치화에 힘써야 합니다.

6. 이주의 정치화에 대한 교회의 역할

한국교회는 국내에서 진행되고 있는 이주의 정치화를 어떻게 바라보아야 하는가? 이주의 정치화는 이미 시작되었지만, 한국교회의 입장은 아직 정리되지 않아 보입니다. 하지만 다문화사회가 진전될수록 이주의 정치화를 교회가 모른채 할 수는 없을 것입니다. 이주민들은 그들의 이익과 안정적인 정착을 위해 정치에 참여하고 관여하려는 의지를 숨기지 않을 것이기 때문입니다. 한국교회는 목회자의 정치참여나 정책 관여에 대해 부정적 태도를 유지하고 있는 것으로 이해하지만, 일반 신자들의 참여는 당사자의 결정을 존중하고 있다고 볼 수 있습니다. 다만 그동안 진보적 교회나 인권운동가들의 전유물처럼 인식 되어온 인권 문제나 환경문제, 노동문제, 생명윤리 등은 진보와 보수를 떠나 인간의 생존을 위한 기본권으로서 특정 교단이나 특정인의 전유물일 수 없습니다. 이주민 선교사역을 하면서 이주민이 처한 환경은 바로 이러한 문제들로 둘러싸여 있다는 것을 이해하게 되었습니다. 이주민들의 생명윤리와 인권 보호는 성경에서 중요한 가치로 다루고 있습니다. 이주노동자들이 처음으로 유입되기 시작한 때가 1980년대 후반경인데 당시에는 정부에서도 그들을 위한 어떠한 정책도 마련하고 있지 않았을 때입니다. 이 시기에 뜻이 있는 목회자들이 이주민들에게 복음을 전하고, 인권 보호와 권익증진에 앞장서면서 이주민 선교는 시작되었습니다.[10] 다만 일반교회보다는 이주민 선교단체가 주도적으로 이끌어 왔다는 점은 아쉬운 점입니다. 이 점은 오늘날도 마찬가지입니다. 그 영향으로 사역 내용도 정통교회의 예배 형식이 아닌 이주민의 눈높이에 맞춘 상담, 쉼터, 인권보호, 다문화 교회 등이 주를 이루고 있습니다.

교회는 정부 조직이 아닙니다. 교회는 오직 예수 안에서 모든 사람을 사랑하고 전도해야 합니다. 이뿐 아니라 교회 밖의 사람들에게도 그리스도의 사랑으로 대해야 합니다. 특히 이주민들은 한국으로 이주한 후 언어, 문화, 편견, 차별 등 외에서 생존의 위기와 관계의 어려움을 극복해야 합니다. 정부에서도 애써야 하지만 교회도 법률, 제도, 민주 시민교육, 생활문화, 전통문화 등을 가르쳐 주어야 합니다. 이것이 정치화 과정입니다.

◇ 토의질문

1. 한국이 아시아 최초로 영주권자에게 지방선거 참정권을 부여한 것에 대해 어떻게 생각하나요? 민주주의의 확대라는 긍정적 측면과 국가 정체성 약화 우려라는 부정적 측면을 고려하여 논의해 보세요.

2. 이주민들의 정치 참여가 활발해지는 상황에서, 이주민 단체들의 정치적 활동(후보 지지 선언, 정책 제안 등)이 한국 사회에 미치는 영향은 무엇일까요? 다문화사회에서의 민주주의의 발전과 사회 갈등 가능성의 관점에서 토론해 보세요.

3. 교회가 이주민의 정치화 현상에 어떻게 관여해야 할까요? 성경에 등장하는 이주민 정치 지도자들(요셉, 다니엘, 모세 등)의 사례를 참고하여, 교회의 바람직한 역할과 한계점에 대해 논의해 보세요.

04

기후위기로
인한
이주현상

1. 기후 이주 현상

2. 기후변화로 인한 환경변화

3. 기후 위기로 인한 이주사례

4. 기후 이주에 대한 법률, 제도, 정책

5. 기후 위기에 대한 교회의 역할

04

기후위기로 인한 이주현상

최근 몇 년 동안 한반도는 피부로 느낄 정도로 기후변화를 실감하고 있습니다. 뚜렷한 기후변화는 지구온난화로 인해 여름이 길어지고, 40도를 오르내리는 이상기온과 잦은 우기로 봄과 가을이 짧아지는 현상이 나타나고 있는 것입니다. 전 세계적으로 기후변화는 오랜 기간 동안 지속되어 왔지만, 이주민의 송출국과 유입국의 사회, 노동 및 산업구조에도 영향을 미치고 있다는 점에서 주목하지 않을 수 없습니다. 특히 한국에 거주하는 이주민의 출신 국가 중 큰 비중을 차지하는 동남아시아 일부 국가는 생산성 및 거주지 변동에 큰 영향을 받고 있습니다. 그러함에도 기후변화가 (한국 입장에서) 이민정책 아젠다로 부각되지 못하는 이유는 인구문제 등 우선순위에서 밀리고 있기 때문인것으로 판단됩니다. 그러나 기후변화(CC:Climate Change)를 넘어 기후 위기(CC:Climate Crisis)가 시작되었다는 과학적 증거들이 구체적으로 나타나고 있다는 점에서 기후난민 유입을 대비해야 합니다.[1] 그러나 한국은 CCPI(기후변화대응지수) 평가에서 2022년 60위권의 최하위를 기록하였습니다.

1. 기후 이주 현상

기후 이주 현상은 기후변화로 인해 발생하는 자연재해, 식량부족, 물 부족, 해수면 상승 등의 환경적 요인으로 인해 삶의 터전을 잃고 이주하는 현상을 말합니다. 기후변화는 전 세계적으로 다양한 환경 문제를 야기하고 있습니다. 즉 사람들의 삶의 터전을 파괴하고, 생존과 생활을 위협하게 됩니다. 이에 따라 사람들은 기후변화로부터 자신과 가족을 보호하기 위해 거주지를 떠나 다른 지역으로 이주하게 됩니다. 2023년 까지 기후이주로 30년간 15억 명이 발생했습니다.[2] 기후 이주는 크게 국내 이주와 해외 이주로 나눌 수 있습니다. 국내 이주는 기후변화로 인해 삶의 터전을 잃은 사람들이 같은 국가 내에서 다른 지역으로 이주하는 것을 말합니다. 해외 이주는 다른 국가로 이주하는 것을 말합니다.

2. 기후변화로 인한 환경변화

기후변화는 다양한 환경위험을 불러옵니다. 영국의 과학 저널리스트 가이아 빈스는 기후변화로 인한 위험 요소로 폭염, 화재, 가뭄, 홍수 등 네 가지를 꼽았습니다. 이런 기후 재해가 농업 활동을 위협해 식량 문제를 야기하고, 해수면 상승 등을 유발해 많은 지역을 인간이 살기 힘든 땅으로 만들 것이라고 지적했습니다.[3] 다음은 기후변화가 가져올 환경변화의 사례입니다.

1) 자연재해: 산불, 홍수, 폭염, 가뭄, 지진, 화산 폭발 사막화, 산림 황폐화, 등의 자연재해는 이주자들에게 큰 위험을 안겨줄 수 있습니다. 식량 수급 불안, 수자원 부족, 농업 생산성 약화, 빈곤 및 전염병 발발 등 생활 조건을 악화시켜 국내 또는 해외로의 안전지대를 찾는 이주민의 증가를 초래할 수 있습니다.[4]

2) 해수면 상승: 기후변화로 인해 해수면 상승이 가속화되고 있으며, 해안 도시와 섬들은 침수의 위험에 노출됩니다. 그로 인해 "적도 주변에 사는 사람들은 내륙북쪽으로 이동하게 될 것이고, 국경·이민·도시 건설 방식에 대한 생각을 바꿔야 할 것"입니다(가이야 반스).

3) 기후 패턴 변화: 기후변화로 인해 기온, 강우량, 건조, 폭풍 등의 패턴의 변화로인해 농작물에 영향을 미치고 식량 보안에 문제를 야기할 수 있으며, 이는 사람들이 안전한 곳으로 이동하려는 동기가 될 수 있습니다.

기후 위기로 인한 이주는 안전한 환경을 찾기 위한 생존적인 목적을 가진 사람들을 포함하여 다양한 사회적, 경제적 및 정치적 요인에 의해 결정될 수 있습니다. 이주자들은 자신과 가족의 안전과 번영을 추구하며, 이주하는 동안 다양한 도전과 어려움을 경험할 수 있습니다.

3. 기후 위기로 인한 이주사례

세계은행(WB) Groundswell 2.0 보고서에 따르면, 기후위기로 인한 이주는 6개의 '핫스팟'(Hotspot) 지역에서[5] 주요하게 나타나고 있습니다. 사하라 이남의 아프리카에서만 8,600만 명의 내부 이주가 나타나고, 북아프리카에는 1,900만 명, 남아시아에는 4,000만 명, 동아시아와 태평양에는 4,900만 명이 이주할 것으로 예상하였습니다. 기후 위기로 인해 발생하는 이주 사례는 다음과 같습니다.

1) 이슬람 국가인 수단과 남부 아프리카 사하라 사막 지역의 일부 지역은 현재 가뭄으로 인한 식량부족과 갈등 문제를 겪고 있습니다.[6] 그로 인해 수단의 일부 주민들은 이주 이동을 선택하여 더 안정적이고 생계를 유지할 수 있는 지역으로 이주하고 있습니다.

2) 해수면 상승으로 인해 태평양의 일부 섬나라들은 자연재해 위험이 증가했습니다. 대표적으로 투발루는 해수면 상승과 잦은 폭풍우로 인해 섬 내에서 안전한 생활을 유지하기 어렵게 되었습니다. 그래서 투발루 주민들은 다른 나라로 이주하는 선택을 해야 했습니다.[7]

3) 인도네시아는 기후환경과 관련하여 수도를 옮기지 않으면 안 되는 긴박한 상황이 발생했습니다. 현재 인도네시아의 수도인 자카르타는 해수면 상승과 지하수 공급 문제로 인해 매년 20cm 정도씩 해수면이 상승하고 있습니다. 그로 인해 지속적인 침수와 인프라 파손, 식수 공급 문제 등이 발생하고 있습니다. 또한, 지하수 공급량이 감소하여 물 부족 문제도 심각해지고 있습니다.

이러한 문제들을 해결하기 위해, 인도네시아 정부는 수도를 옮기는 계획을 추진하고 있습니다. 새로운 수도로는 본보리섬(Borneo Island)에 위치한 이스트 칼리만탄(Kalimantan Timur) 지역을 고려하고 있으며, 기후환경 측면에서도 이 지역이 더 안정적인 선택일 수 있다고 판단됩니다. 따라서, 인도네시아의 수도 이전은 기후환경 문제와 밀접한 관련이 있으며, 해수면 상승과 지하수 공급량 감소와 같은 문제에 대한 대응을 위한 조치입니다.

4) 호주는 2019년부터 2020년 초까지 대규모 산불로 어려움을 겪었습니다. 수많은 주택과 자연환경이 파괴되고, 많은 사람들이 재난지역을 떠나야 했습니다. 일부 이주자들은 다른 지방이나 도시로 이동하여 안전한 장소를 찾았습니다.

5) 미국은 2017년 캘리포니아 북부와 남부에서 큰 규모의 산불이 발생하였으며, 지난 21년 동안 극심한 화재가 10배나 늘어났습니다. 최근 LA지역 산불로 인해 수많은 주민들이 피난처를 찾아야 했습니다.

6) 중국과 방글라데시는 기후변화로 인해 해수면 상승, 극심한 홍수 및 사막화와 같은 문제에 직면하고 있습니다. 많은 사람들이 자신의 고향을 떠나 안전한 장소를 찾기 위해 다른 지역으로 이동하였습니다. 이주자들은 도시로 이동하거나 국제 이주를 선택하기도 합니다.

7) 한국 역시 전국적으로 발생하는 산불과 이상기후로 인해 인명과 재산 피해가 속출하고 있으며, 이상 고온으로 각종 질환자가 발생하고 있습니다. 2023년 정부의 이상기후 보고서에 따르면 우리나라는 지난 2022년부

터 이어졌던 남부지방의 긴 가뭄이 해소된 후 곧바로 이어진 여름철 집중호우, 3월의 때 이른 고온 현상, 그리고 9월의 때늦은 고온 현상과 극심한 기온 변동폭 등 양극화된 날씨의 특징이 나타났습니다. 특히 때 이른, 그리고 때 늦은 고온이 관측되기도 했는데 지난 3월의 전국 평균기온은 9.4℃로 평년(6.1℃) 대비 3.3℃ 높았고, 9월 또한 22.6℃로 모두 지난 1973년 이후 역대 1위를 세웠습니다. 특히 서울은 88년 만에 9월 열대야(야)가 발생하는 등 초가을 더위가 나타났습니다. 이러한 사례들은 기후 위기의 실제 상황을 보여주며, 개인과 지역사회가 기후의 변화에 대응하는 방법에 대한 중요성을 강조합니다. 그러나 정부 관리들은 한국은 아직까지 기후난민 문제를 심각하게 생각하지 않는다는 반응입니다.

4. 기후 이주에 대한 법률, 제도, 정책

<국제기구 및 해외 국가의 대응>

1) 국제법 및 국제협약: 유엔 기후변화 협약(UNFCCC)과 파리협약(Paris Agreement) 등은 기후변화와 관련된 이주 문제에 대한 국제적인 행동의 중요성을 강조하고 있습니다. 이러한 협약들은 국가들 사이의 정부 간 협력을 촉진하며, 기후변화로 인한 이주에 대한 대응 조치를 충족시키기 위한 지침과 목표를 제시합니다.

2) 기후 이주 관련 법률: 일부 국가들은 기후변화로 인한 이주에 대한 법적 구조나 정책을 수립하고 있습니다. 이는 이주민들의 권리와 보호를 보장하고, 잠재적인 이주민들에게 적절한 대응 방안을 마련하기 위함입니다. 예

를 들어, 일부 국가들은 이주 관련 비자 제도를 수정하여 기후변화로 인한 이주민들에게 우선권을 부여합니다.

⑴ 구체적인 정책사례는 다음과 같습니다.
① 캐나다는 기후변화로 인한 이주민들에게 대규모로 이주 옵션을 제공하는 국가입니다. 캐나다는 기후난민들을 포함하여 다양한 이주 프로그램을 운영하고 있으며, 기후변화 상황에 따른 이주를 우선순위로 두고 있습니다.
② 뉴질랜드는 기후변화로 인한 이주민들을 환영하기 위해 특별한 비자 제도를 도입한 국가입니다. 특히, 타히티, 토콜라우 및 푸카푸카 등 태평양 섬나라들의 주민들에게는 기후난민 비자 프로그램을 제공하고 있습니다.
③ 독일은 기후변화로 인한 이주문제에 대응하기 위해 별도의 비자 제도를 마련하고 있습니다. 기후난민들에게는 사회, 법률적인 보호를 제공하고, 그들의 통합을 위한 정책을 추진하고 있습니다.
④ 유엔난민기구(UNHCR)는 기후변화와 관련된 이주자들을 보호하고 지원하는데 중요한 역할을 합니다. 또한, 기후변화로 인한 이주에 취약한 국가들을 돕고 지원하기 위해 국제개발 기구들도 다양한 프로젝트를 추진하고 있습니다. (재정적, 사회적 교육지원, 난민캠프운영, 정책계발 등)

<한국의 기후 위기 대응 정책사례>
정부는 지난 2024년 3월 19일 기후 위기에 정부와 민간이 합심하여 2030년까지 정책금융 420조를 투입하기로 하였습니다. 또 은행권은 9조

원 규모의 미래에너지 펀드를 조성하기로 했습니다. 목표는 온실가스 배출이 약 8597만 톤을 감축한다는 것입니다. 이는 2030년까지 국가감축 목표인 29.5% 수준입니다.

1) 2050 탄소중립 전략: 한국은 2050년까지 탄소중립을 달성하기 위한 목표를 세우고 있습니다. 이를 위해 온실가스 감축 및 신재생에너지 증설, 에너지 효율화 등 다양한 대책을 추진하고 있습니다.[8] 하지만 기후변화 대응 지수 전문가들은 이런 한국의 대응이 여전히 불충분하다고 분석했습니다. 특히 이들 전문가는 한국의 재생에너지 보급 목표 축소를 비판했습니다. 윤석열 정부는 지난 8월 말 제10차 전력수급기본계획 실무안에서 2030년 재생에너지 발전 비중을 당 초 30%에서 8.5%포인트 낮춘 21.5%로 하향 조정했습니다. 보고서는 "한국이 2030년까지 재생에너지 발전 비중을 30% 이상으로 상향하고 석탄 발전을 멈춰야 한다"고 강조했습니다.

2) 그린뉴딜 전략: 한국은 그린뉴딜 전략을 통해 경제활력과 기후변화 대응을 동시에 추진하고 있습니다. 이를 위해 신재생에너지 산업 확대, 스마트그리드 구축, 친환경 교통 인프라 개발 등의 계획을 수립하고 있습니다.[9]

이처럼 한국은 기후변화에 대응하기 위해 다양한 정책과 계획을 수립하고 있으나 현재까지는 직접적으로 이주와 연계된 정책은 찾아보기 어려우며, 2022년에는 국제 평가기관 Germanwatch와 기후연구단체인 New Climate 연구소로부터 한국은 '매우 저조함(24.91점)'으로 평가를 받아 기후

정책 목표와 이행 수준이 2년 연속 국제 사회에서 최하위권인 60위로 평가받고 있습니다. 구체적으로 온실가스 배출(10.51점), 재생에너지(3.49점), 에너지 소비(5.93점)는 '매우 저조함', 기후 정책(4.98점)은 '저조함' 평가를 받았습니다.[10] 우리나라가 세계 10위권 경제 대국이 되었다고 샴페인을 터트리는 사이 기후환경을 해치는 온실가스 이행 수준이 세계 최하위 국가라는 소식은 매우 충격적인 일입니다. 이에 대해 기후 솔루션 조규리 연구원은 "지난해 한국이 잇따른 기후 목표를 선언했지만, 일부 이에 반하는 정책 기조로 올해도 한국이 CCPI 최하위권에 머물렀다."고 지적하며, "재생에너지 보급이 확대되기 위해서는 현 독점 전력시장 구조와 복잡한 인허가 규제를 개선하고 재생에너지 보급 목표를 상향하는 등 즉각적인 노력이 필요하다"고 지적했습니다. 또한 기후변화 대응 지수 공동 저자인 얀 버크 저먼워치 선임고문은 "각 국가는 에너지 위기라는 외부적 충격을 재생에너지 확대에 집중하고 화석연료 의존도를 빠르게 낮출 수 있도록 에너지 효율을 증진할 기회로 삼아야 한다"고 강조했습니다.[11] 기후환경은 이주와 밀접한 관련성을 갖고 있기에 더욱 무거운 마음으로 초국가 시대의 일원으로서 책임을 다해야 할 것입니다.

3) 제3차 국가 기후변화 적응 대책(2021~2025): 한국은 기후변화에 적응하고 경감하기 위한 종합계획을 수립하고 있습니다. 이를 통해 기후변화에 취약한 지역의 피해를 최소화하고, 재난 대응 능력을 강화하기 위한 정책을 추진하고 있습니다.

4) 국가 온실가스 등록 및 거래제도: 한국은 온실가스 감축을 위한 거래제도를 도입하였습니다. 기업이 온실가스 배출량을 신고하고, 배출권을 거래함으로써 온실가스 감축을 촉진하고 있습니다.

5) 에너지 효율 및 저탄소 건물 정책: 한국은 에너지 효율과 저탄소 건물을 촉진하기 위한 정책을 수립하고 있습니다. 이를 통해 건축물의 에너지 효율을 제고하고, 저탄소 건물의 개발과 보급을 촉진하고 있습니다.

6) 2022년부터 새로 적용되는 ESG 환경 분야 법령 및 제도(2022.02.16.): 기후, 에너지 분야, 자원순환 분야, 화학물질 및 환경보건 분야, 기타 분야에 적용됩니다.

5. 기후 위기에 대한 교회의 역할

하나님은 세상을 창조하시고, "좋았더라"고 말씀하시며 만족해하셨습니다(창세기 1장). 인간을 창조하시고는 "심히 좋았더라"고 흡족해 하셨습니다. 그리고 인간에게 세상의 경영을 맡기셨습니다(창 1:26-28). 하지만 인간은 세상을 제대로 관리하지 못하고 지나친 탐욕으로 환경을 파괴하고, 살기 힘든 환경을 만들었습니다. 그 결과 피조물들이 하나님의 아들들이 나타나기를 고대하고 있습니다(로마서 8장).

앞으로 교회가 할 일은 기후 위기로부터 세상을 회복할 수 있는 방안을 제시하고 앞장서서 실천해야 합니다. 그러나 기후 위기에 대한 적용은 신앙관에 따라 차이가 있습니다. 대부분 기후 위기를 세상 종말 상황으로 인식하여 현실적인 대안 마련을 회피하려 합니다. 그러나 과연 이러한 태도가 옳은 것일까요? 필자의 생각은 이렇습니다. 교회는 기후 위기와 관련하여 사회적, 환경적, 도덕적인 문제들을 다루는 데에 중요한 역할을 할 수 있다고 생각합니다. 다행스러운 것은 교단별로 기후 위기를 극복하기 위한 '탄소중립 선언'이 이어지고 있다는 점입니다. 비록 선언에 그치고 있지만 한국기독교교회협의회는 "2040년까지 탄소중립 달성"를 목표로 2050 탄소중립 로드맵을 발표하였으며,[12] 또한 한국기독교 총연합연대는 2024년 4월 19일 기후환경운동 위한 '탄소중립 국제선언 백령선언'을 공포했습니다.[13] 기후환경 위기에 대응하기 위한 한국교회는 다음과 같은 역할을 수행할 수 있습니다.[14]

1) 교육과 정보 제공: 교회는 교인들에게 기후 위기에 대한 이해를 높이고, 그 영향과 해결 방안에 대한 지식을 제공할 수 있습니다. 예배, 설교, 세미나 등을 통해 기후 위기에 대한 교육적인 콘텐츠를 제공하고, 워크샵 및 토론, 전문가 초청, 환경 보호 활동이나 친환경 에너지 사용을 장려하는 캠페인, 지역 커뮤니티와 함께하는 기후 위기 대비 계획 등을 수행, 최신 정보와 연구 결과를 공유할 수 있습니다.

2) 자원 모으기와 기부: 교회는 기후 위기로 인해 피해를 입은 이주민들이나 기후변화로 인해 고통받고 있는 지역 사회를 도울 수 있도록 자금이

나 물질적인 자원을 모을 수 있습니다. 환경 보호를 위한 기부 캠페인을 진행하여 실질적인 도움을 제공할 수 있습니다. 예를 들어, 환경 보호를 위한 '녹색 예배', '온실가스 줄이기-탄소포인트제'(일상생활에서 전기, 상수도, 도시가스의 사용량을 감축하면 탄소포인트 부여)', '지역 환경 정화 봉사', '나무 심기', '바이크 주일예배'(자전거 타고 교회 오기)', '재활용 챌린지'(재활용품 모아서 판매하여 환경단체에 기부), '물을 효율적으로 쓰고, 수원을 보호하는 노력을 지원하는 일' 등을 할 수 있습니다.

3) 환경 책임과 도덕적 리더십 제시: 교회는 환경 책임을 강조하고, 도덕적인 리더십을 제시함으로써 기후 위기에 대한 논의와 행동을 장려할 수 있습니다. 사람들에게 환경 보호의 중요성과 올바른 소비 및 생활 습관에 대해 가르치고, 교리와 윤리적 원칙에 기반한 선택과 행동을 촉진할 수 있습니다.

4) 지역사회와 협력: 교회는 지역사회와의 협력을 통해 기후 위기 대응에 참여할 수 있습니다. 지역사회 기관, 단체, 정부와 파트너십을 맺어 기후변화 대응 프로젝트를 추진하거나, 환경 보호 캠페인에 참여할 수 있습니다. 이를 통해 교회는 사회 전반에 긍정적인 영향을 미칠 수 있습니다. 예를 들어, 자연 서식지와 생태계를 보전(保全)하거나 보호하는 일, 일회용 플라스틱과 지속 불가능한 제품 사용 줄이기 등을 실천할 수 있습니다.

5) 기후난민을 맞을 준비: 기후 위기는 기후난민을 발생시키고 그들이 한국으로 오게 될 것입니다. 한국교회는 이들을 맞을 준비를 해야 합니다. 앞

장서서 기후 위기에 대한 인식을 높이고, 변화를 이끌고, 지역 및 세계적인 문제에 대한 해결책을 모색하는데 일조할 준비를 해야 합니다. 아래 <표>는 기후 위기로 인해 이주가 발생한 국가들이며, 교회는 이런 나라들을 위해 기도할 수 있습니다.

- 아프리카: 소말리아, 에티오피아, 케냐, 말리, 니제르, 부르키나파소, 남수단, 콩고민주공화국, 모잠비크
- 아시아: 방글라데시, 인도, 파키스탄, 필리핀, 베트남, 미얀마, 몰디브, 스리랑카, 태국
- 중남미: 니카라과, 온두라스, 엘살바도르, 코스타리카, 파나마, 콜롬비아, 베네수엘라, 페루
- 오세아니아: 키리바시, 투발루, 나우루, 솔로몬제도, 파푸아뉴기니

◇ 토의질문

1. 2050년까지 최대 1억 4천만 명의 기후난민이 발생할 것으로 예상되는 상황에서, 한국은 기후난민 수용에 대해 어떤 정책을 마련해야 할까요? 인도주의적 책임과 국내 사회적 부담이라는 두 측면을 고려하여 논의해 보세요.

2. 한국이 CCPI(기후변화대응지수) 평가에서 60위권의 최하위를 기록하고 있는 상황입니다. 세계 10위권 경제 강국으로서 이러한 낮은 기후대응 수준을 개선하기 위해 어떤 정책적 변화가 필요할지 토론해 보세요. 특히 재생에너지 확대와 산업구조 전환이라는 관점에서 논의해 보세요.

3. 교회가 기후 위기 대응에 적극적으로 참여해야 할까요? '탄소중립 선언'에 그치지 않고 실질적인 변화를 이끌어내기 위해 교회가 할 수 있는 구체적인 실천 방안에 대해 토론해 보세요. 성경의 창조 질서 보전이라는 신학적 관점과 실제적 환경 보호 활동의 조화를 중심으로 논의해 주세요.

05

이주의
다종교화
현상

1. 이주의 다종교화 현상

2. 한국의 종교들

3. 종교 다원화로 인한 문제들(사회통합 측면)

4. 다종교 현상에 대한 법률 및 정책

5. 다 종교현상에 대한 교회의 역할

05

이주의 다종교화현상

성경 인물 가운데 솔로몬 왕은 정략결혼으로 부인을 1천 6명이나 두었습니다. 그런데 그 많은 부인들이 가지고 온 종교들로 인해 여호와 신앙이 오염되어 다종교화 현상이 발생하였습니다(열왕기상11:3-4). 한국에서도 조선 역대 왕들 중에는 정략결혼으로 많은 부인을 둔 사례가 많이 있습니다. (태종은 19명, 광해군 15명, 성종 13명, 고종 12명 등). 한국이 다문화사회가 되면서 나타난 현상 중의 하나는 다종교화 현상입니다. 유학생, 이주노동자, 결혼이민자 등 200여 국가 출신들이 이주하면서 가지고 온 그들의 종교로 인한 결과입니다.

1. 이주의 다종교화 현상

이주는 필연적으로 다종교화 현상을 초래합니다. 한국은 종교의 자유가 헌법으로 보장되어 있습니다(헌법 제11조, 제20조). 그래서 특정 종교를 국교로 지정하지 않고 이주민들의 종교를 인정하고, 믿고, 전파할 자유도 보장하고 있습니다. 그 결과 이주의 증가는 오랫동안 자리를 잡고있던 전통 종교들(무속) 외에도 사이비 이단들까지도 종교의 이름으로 우리 사회 안에 공존하는 종교 다원화 현상이 나타나고 있습니다.

2. 한국의 종교들

한국에는 국내에서 자생한 종교(천도교, 대종교, 원불교 등)와 이주에 의해 전파된 종교가 있습니다. 이주민이 들여와서 국내에 전파된 사회적 지명도가 있는 국내 종교는, 불교, 기독교, 유교입니다. 그 외에도 비교적 나중에 전파된 종교는 이슬람교, 힌두교, 시크교 등입니다. 종교로서 인정받으려면 ① 신앙 대상이 반드시 神이어야 합니다. ②경전이 있어야 합니다. ③교리가 있어야 합니다. ④사회적 공익성입니다. 인간을 신으로 믿거나 반사회성 집단은 이단이나 사이비이지 종교로 인정받을 수 없습니다. 그런데 사이비 이단들이 이주민들을 미혹하여 그들의 삶을 피폐하게 만드는 일이 발생하고 있습니다.

3. 종교 다원화로 인한 문제들(사회통합 측면)

사회통합의 영역은 종교 다원화 현상을 관리하고 포용하는 역할을 요구합니다. 이를 위해 정부 및 지자체는 다양한 종교 공동체들이 상호 협력하고 대화할 수 있는 플랫폼을 제공하기도 합니다(서울역사나 서울대 안에 이슬람

기도실 설치 등). 또한, 종교교육과 종교 상호 간의 이해를 촉진하는 프로그램도 진행하고 있습니다. 종교적 다양성을 인정하고 포용하는 사회적 환경을 조성함으로써 사회통합을 촉진할 수 있다고 여기기 때문입니다. 이주민들은 본국에서 믿었던 종교를 가지고 이주할 가능성이 매우 높기 때문에 이주국에서 예상하지 못한 종교적 갈등에 직면할 수 있습니다. 긍정적으로 보면 사회적 다양성과 상호 이해를 촉진하는 데에 도움을 줄 수도 있겠지만 그 반대에 직면할 수 있습니다.

① 어느 제조업체 사장은 한창 바쁠 때 기도하러 간다며 사업장을 떠나는 무슬림 노동자들로 인해 고민이 많다고 상담을 한 적이 있습니다. 자동화된 생산라인은 역할이 정해져 있어서 담당자가 빠져나가면 라인 전체 가동이 멈추게 되어 있습니다.

② 사회통합프로그램에 참여하는 무슬림들은 기도실을 만들어 달라고 요구하기도 합니다. 그동안 전통 종교인들은 타 종교기관이나 지원기관에서 그런 요구를 한 적이 없기에 당황스러운 일입니다. 이러한 요구는 사회적 갈등과 혼란을 초래할 수도 있습니다. 다양한 종교적 신념과 관행은 서로 다른 가치와 믿음을 가지고 있기 때문에 충돌이 발생할 수 있습니다. 종교 간 갈등은 사회분열을 초래하고, 사회통합을 저해할 수 있습니다. 그러므로 종교인들도 사회적 공공성을 지켜야 합니다. 자기가 속한 종교만이 최고라는 도그마에 빠지지 않도록 주의해야 합니다.

③ 시크교를 믿는 어떤 마트 사장은 자기가 믿는 종교적 신념을 지키기 위해 카운터에 교주 사진을 붙여놓고 촛불을 켜고 음악을 틀어 놓기도 합

니다.

④ 베트남 쌀국수 식당을 운영하는 어떤 식당은 입구에 우상을 세워놓았고, 향을 피워놓았는데 식당 안에 향냄새가 가득하여 음식을 먹기가 어려웠습니다. 이러한 종교적 의례들은 무종교인들이나 종교가 다른 이들에게는 낯설고 부담이 될 수 있습니다. 그러한 종교적 현상들은 때로는 갈등의 요인으로 작용하기도 합니다.

⑤ 한국에서는 이단과 사이비로 인한 갈등이 빈번합니다. 그 이유는 이단들과 사이비의 공통점은 사회화 과정이 없다는 것입니다. 개인의 삶은 물론 가족이나 이웃, 직장생활에서 종교적으로 철저히 고립되어 있습니다. 그 결과 정상적인 직장생활이 어렵고, 오직 자기 종교만을 위해 존재하게 됩니다(사실상 교주를 신격화함). 그러나 참된 종교의 기능이나 역할은 사회 속에서 세상의 빛과 소금의 역할을 하므로 더불어 함께 사는 평화로운 사회를 구현하는데 있습니다.

⑥ 2004년 6월 기독교 전파를 목적으로 설립된 대광고등학교 3학년인 강의석 군은 종교 강요에 대한 반발로 시위한 사건이 발생하였습니다. 법원은 '신앙이 없는 학생들의 기본권을 고려하지 않은 것은, 학생의 종교에 관한 인격적 법익을 침해하는 위법한 행위에 해당한다'고 판결하였습니다. 이는 학교가 공교육 체계에 편입 되어있기 때문이므로 학생의 종교의 자유와 교육을 받을 권리를 고려한 대책을 마련하는 등의 조치를 취하는 속에서 그 자유를 누릴 수 있다는 판결입니다. 이 판결은 종교를 전파할 목적으로 설립된 Mission School에는 큰 파장을 일으키는 사건이 되었습니다. 한국은 개인에게 종교의 선택과 자유를 보장하지만, 그 종교가 가진 고유의 가

치를 유지하는 선택과 자유도 보장해 주어야 합니다. 필자가 운영하는 다문화국제학교는 최근(2023년) 경기도 교육청에서 기독교 신앙 활동을 포함한 기존 학교의 정체성을 인정한다는 조건으로 등록하였습니다.

4. 다종교 현상에 대한 법률 및 정책[1]

다종교 사회인 한국에서 특정 종교에 대한 지원은 자칫 종교 간의 갈등을 초래할 수 있습니다. 5공화국 정부는 민족문화의 보존과 발달을 국가의 임무로 규정하고, 유교와 불교, 전통 종교와 민족종교와 민속종교에 많은 재정적인 지원을 하였습니다. 특히 불교를 가장 집중적으로 지원하여 문화재와 관련된 예산의 78%를 불교에 지원했습니다. 이러한 지원 가운데 템플스테이와 단군상 건립 지원과 강릉 단오제를 비롯한 각종 지역의 무속 행사들은 각 종교의 포교 활동을 돕는 성격이 강할 수밖에 없습니다. 그러므로 정부는 종교와 관련된 문화행사 지원에서 정교분리의 원칙에 위반되지 않도록 상당히 신중해야 할 것입니다.

1) 헌법 제20조 제2항에서 정하고 있는 정교분리원칙은 종교와 정치가 분리되어 상호 간의 간섭이나 영향력을 행사하지 않는 것으로 국가의 종교에 대한 중립을 의미합니다. 정교분리원칙에 따라 국가는 특정 종교의 특권을 인정하지 않고 종교에 대한 중립을 유지하여야 합니다.

2) 종교의 자유를 보장하는 헌법 제20조는 모든 국민에게 종교의 자유

를 보장하고 있습니다. 개인은 자신의 종교를 자유롭게 지킬 수 있으며, 종교인들은 종교단체를 형성하여 신앙의 표방과 실천을 할 수 있습니다.

 3) 종교단체는 법인으로 등록되어야 하며, 종교단체 등록은 국세청이나 지방세청을 통해 이루어집니다. 종교단체 등록 후에는 세금 혜택과 같은 다양한 권리와 혜택을 받을 수 있습니다.

 4) 종교단체는 필요에 따라 종교시설(예: 교회, 사원, 사찰 등)을 건립할 수 있습니다. 종교법인을 설립하고자 할 때는 관할 세무서장에게 종교단체 등록을 신청하고 고유번호 또는 등록증 발급을 받을 수 있습니다. 종교단체는 건축 및 화재 안전 등에 관한 법규를 준수해야 합니다.

 5) 종교교육은 국립학교 또는 공립학교에서는 교육 활동 중에 어떠한 경우에도 특정 종교의 종교교육을 하여서는 안 된다고 규정하고 있습니다(교육기본법 제6조 제2항). 그러나 선교를 목적으로 설립한 교육기관의 경우 종교교육은 선택이 아닌 필수입니다. 여기에 갈등이 있게 되는데, 정부의 학교 평준화 정책으로 학교는 학생에 대한 선발권이 없고, 학생은 학교에 대한 선택권이 없는 상태에서, 학교는 설립 목적에 맞춰 종교 교육을 시켜야 하니 갈등이 생길 수밖에 없는 것입니다.

 6) 종교단체는 종교적인 목적을 위해 사용하는 재산에 대해서는 재산세를 면제받을 수 있습니다. 단 목회자의 사례비는 세금으로 납부하고 있습

니다. 그러나 이 문제는 이중과세라는 논란으로 다툼의 여지가 있습니다.

7) 종교적인 행위는 법적으로 허용되지만, 범죄 행위로 간주 되거나 공공질서나 안전을 저해하는 경우에는 법적 제약이 있을 수 있습니다. 또한, 종교적인 활동은 예외 없이 일반적인 법과 규칙을 준수해야 합니다(코로나19의 전파를 막기 위해 정부가 대면 예배를 제한하고, 미등록 불법체류자 단속을 위해 경찰이 예배당에 침입하는 사례: 2023.03.14).

8) 한국에서는 군 복무가 의무입니다. 그러나 특정 종교인들이 양심의 자유를 이유로 집총을 거부하는(군복무 거부) 일들이 종종 발생합니다. 병역의무와 종교적 신념 사이의 갈등이 여전합니다. 이에 대한 법원의 판결도 일관성이 없습니다.

※ 종교 교리에 따른 집총거부에 대한 대법원의 판단
종교적 양심을 이유로 입영하지 않은 진정한 양심적 병역거부자에게 집총과 군사훈련을 수반하는 병역의무의 이행을 일률적으로 강제하고 그 불이행에 대하여 형사처벌 등 제재를 하는 것은 양심의 자유를 비롯한 헌법상 기본권 보장 체계와 전체 법질서에 비추어 타당하지 않을 뿐만 아니라, 소수자에 대한 관용과 포용이라는 자유민주주의 정신에도 위배됩니다(대법원 2018. 11. 1. 선고 2016도 10912 판결).

5. 다 종교현상에 대한 교회의 역할

이주로 인한 다 종교현상은 몰려오는 쓰나미처럼 현실적으로 인정할 수밖에 없습니다. 이스라엘 초기 역사처럼 하나님 중심의 신정국가라면 징계를 통해서라도 강제적으로 막을 수 있겠으나 현 자유민주주의 체계에서는 이주로 인한 다 종교현상을 인정하고, 기독교적 시각에서 교회의 역할을 모색해 보아야 합니다.

1) 종교 다원화 현상은 경계하되 인정해야 합니다.

다문화 현상이 불러온 종교다원화에 대한 기독교인의 입장은 다양합니다. 전호진은 "이주민들은 우리 문화에 동화하지 않고 자신들의 문화와 종교를 고집하고 게토를 형성한다. 또 한 문화적 종교적 우월감을 가지고 한국 문화에 적응하기를 거부한다. 다문화 사회는 불가피하게 종교다원화 현상을 초래한다.(2013.10.16)"고 하였습니다. 그런데 배타적 태도를 유지하려면 스스로를 게토화 시킬 수밖에 없습니다. 이주민들은 자신들의 종교적 신분이나 신앙을 통해 정체성, 소속감, 의미 창출, 사회적 자본 등을 강화하려고 합니다. 이러한 경향은 해외로 이주하는 한국인들에게서도 나타나고 있습니다.

2) 그러므로 수용이냐, 거부냐의 분명한 태도가 중요합니다.

이주민들은 자신들의 종교적 신분이나 신앙을 합리화하거나 강요하고, 차별할 수 있으며, 정당화하거나, 비합리적이고 폭력적인 행위를 저지를 수 있습니다. 따라서, 이주의 종교화가 다문화사회에 미치는 영향은 단순하게 평가할 수 없으며, 다양한 요인과 맥락에 따라 달라질 수 있습니다. 그러므로 교회는 두 가지 중 하나를 선택할 강요에 직면할 수 있습니다. 관용적 입장에서 모든 것을 포용하느냐, 아니면 거부하느냐 입니다. 필자는 사회통합 프로그램을 진행하면서 무슬림 일부 학습자들이 수업 시간에 기도를 이유로 자주 학습장을 이탈하거나 제한된 장소에 들어가 기도하는 것을 수시로 경험합니다. 심지어 개인 사무실에까지 들어와 기도할 때도 있습니다. 그때마다 주의를 주고 설명을 하지만 매번 반복됩니다. 그들에게는 종교적 신념을 지키는 것이 더 중요하기 때문일 것입니다. 이러한 학습자의 태도는 다른 학습자들에게 나쁜 영향을 주기 때문에 제한시키려고 하지만 쉽게 해결될 문제가 아닙니다. 심지어 모스크를 찾아가 이맘에게 협조를 구하기도 했는데, 이맘은 그러지 말라고 가르쳐도 그들이 듣지 않는다고 합니다. 가장 좋은 방법은 교육 시간에는 학습장을 이탈하거나 제한구역을 침범하지 않겠다는 서약을 받는 것도 방법일 것입니다. 평택의 어느 교회는 이주민(중국)들이 너무 많이 와서 교회 본당을 내주고(기존 교인은 교육관에서 예배), 심지어 흡연실까지 만들어 주었다고 합니다. 그러나 문제가 생길 가능성은 언제나 있으므로 법무부 출입국과 경찰서에 알리고, 법적인 사항 등도 준비하는 것이 좋을 것 같습니다.

3) 타협이냐, 대화냐, 아니면 공정한 경쟁이냐?

신학적 입장에 따라 태도나 행동의 차이가 있을 것입니다. 필자는 진보나 보수의 문제를 떠나 대화의 가능성을 열어 두어야 한다고 생각합니다. 사역의 현장에서는 신앙 정체성을 훼손하는 것이 아니라면, 대화도 하고, 타협도 필요합니다. 필자가 처음 다문화가정지원센터를 열었을 때 동기들이 말하기를 "목사가 어떻게 다문화 센터를 하느냐"고 염려했던 말을 기억합니다. 사역 초기에는 실제로 타 종교인들을 학습자로 만났을 때 그들을 돕는다는 것이 여간 내키지 않았었습니다. 하지만 그들의 종교나 사상보다는 그들의 영혼과 삶에 관심을 갖게 되었고, 특히 그들의 삶의 배경을 알아가면서 그들의 형편을 이해하고, 마음을 열고 편안한 마음으로 대할 수 있었습니다. 그들 역시 목사인 나의 신앙과 가치관을 이해하고, 마음을 열었다고 생각합니다. 그들 가운데는 복음을 듣고 예수를 영접한 형제도 있습니다. 그러므로 가장 강조하고 싶은 것은, 목사나 교회가 사회(어려운 주변부 사람들)와 담을 쌓지 말고, 사람들의 삶의 소리에 귀를 기울이라는 것입니다. 기독교인들은 이 세상을 창조하시고 경영하신 분이 하나님이심을 믿고 있습니다. 구원의 역사도 예수그리스도를 믿고 따름으로 구원에 이르는 것도 잘 알고 있습니다. 그렇다면 이주민들의 종교를 무조건 방해하거나 반대할 일이 아니라 하나님을 알지 못하고, 예수님을 믿지 못하는 그들을 위해 긍휼의 마음으로 기도할 수 있어야 합니다.

서울신대 박명수 교수는 '선교학자는 엘리야 선지자처럼 공정한 경쟁을 해야 한다고 주장'합니다. 즉 기독교의 우월성을 나타내 보이라는 의미일 것입니다. 그러면 어떻게 기독교의 우월성을 증명해 보일 수 있느냐는 것인데, 성경의 가르침대로 사는 것이 아닐까 생각합니다. 예를 들어, 예수님은 계명을 지키는 자라야 내 제자가 되라 하셨습니다. 마태복음 5장, 6장, 7장에 나오는 산상수훈의 가르침을 실천하는 것이라고 생각합니다. 또 나눔의 실천도 역시 중요합니다. "네 재산을 다 팔아 가난한 자들에게 나눠주고 오라"는 예수님의 말씀은 사역자가 지켜가야 할 제자道일 것입니다.

박명수 교수는 "이제 교회는 경쟁을 해서 이겨 내야만 살아남을 수 있다"고 주장하였습니다. 그가 말한 경쟁은 가난한 자들과 소외된 자들과 눌린 자들과 함께하는 선한 경쟁으로 이해됩니다. 이것이 교회가 감당해야 할 사회적 책임이라고 생각합니다.

◇ 토의질문

1. 이주민들의 종교적 관습(예: 무슬림의 기도 시간, 종교 시설 설치 요구 등)을 한국 사회가 어느 정도까지 수용해야 할까요? 종교의 자유 보장과 사회적 질서 유지라는 두 가치의 균형점을 어떻게 찾아야 할지 논의해 보세요.

2. 학교에서의 종교교육에 대해 어떻게 생각하나요? 종교 재단이 설립한 학교의 종교 교육의 자유와 학생들의 종교 선택의 자유가 충돌할 때, 이를 어떻게 조화시킬 수 있을지 토론해 보세요. 대광고 사건의 판결을 참고하여 논의해 주세요.

3. 다종교 사회에서 교회가 취해야 할 바람직한 태도는 무엇일까요? '배타적 태도'와 '대화와 포용'이라는 두 입장 중 어느 것이 더 적절한지, 또는 제3의 방안이 있는지 성경적 관점과 현실적 필요를 고려하여 토론해 보세요.

06

이주의
다문화사회
현상

1. 다문화사회 현상

2. 한국 사회에 나타난 다문화 현상

3. 오랜 역사 속에서 발전한 다문화사회 현상

4. 최근의 다문화사회 변화

5. 이주민에 대한 왜곡된 인식 '위험한 현상들'

6. 다문화사회 현상의 진전(進展)에 따른 정부 정책

7. 다문화사회에서의 교회의 역할

06

이주의 다문화사회현상

한국은 국가 성립(고조선)이래 5천년 역사를 이어 오면서 다문화사회를 형성해 왔습니다. 그러한 증거는 내국인 가운데 5,582개(귀화인 포함, 2015년 통계청 인구조사)의 성씨가 존재하고 있고, 인구이동에 따른 인종 혼요가 이루어진 결과입니다. 그러나 최근 이주민의 급속한 증가로 다문화사회 현상이 새롭게 조명을 받고 있습니다.

1. 다문화사회 현상

한국 사회에 부는 다문화 현상은 다양한 국적, 인종, 문화, 언어, 종교 등을 가진 사람들이 한 국가 또는 지역에서 공존하며 상호작용하는 상황을 말합니다. 이러한 현상은 국경을 넘어 이주하거나 이민자로서 다른 나라로 이동한 사람들과 그들의 후손들이 현지 사회에 통합되어 살아가는 과정에서 나타납니다. 다문화사회는 다양성을 인정하고 존중하는 사회적인 변화를 요구합니다. 이는 단순히 다양한 문화가 공존하는 것뿐만 아니라, 사회적, 경제적, 정치적 차원에서의 다양성을 수용하고 존중하는 것을 의미합니다. 이러한 현상은 세계화와 이주에 따른 인구이동의 결과로서 국경을 넘어 유입되는 문화적 영향 등으로 발생하며, 점점 더 많은 국가와 지역에서 관찰되고 있습니다.

2. 한국 사회에 나타난 다문화 현상[1]

이주민의 꾸준한 증가에도 1990년대 이전까지는 대한민국이 다문화사회로 전환될 것에 대해 생각하지 못하고 있었던 것 같습니다. 한국 사회에 다문화 열풍이 일어난 계기는 2005년 미국 풋볼 최우수 선수인 하인스워드의 한국 방문이었습니다. 한국인 여성과 미국인 남성 사이에서 태어난 하인스워드가 세계적인 선수가 되어 어머니의 나라인 한국을 방문한 것은 언론의 큰 주목을 받았습니다.(서울시티, 2006.6.5.)

이 사건을 바라보는 언론과 국민의 시선은 한국에 이주하여 살고 있는 이주민들을 다문화라는 프리즘으로 바라보게 했습니다. 이에 정부는 2007년 [재한외국인처우기본법]을 제정하여 이주민들의 권익 보호와 정착을 지원하였고, 뒤이어 한국인 남성과 외국인 여성의 국제결혼 가정을 지원하는 [다문화가족지원법⑦](2008)을 제정하고, 지자체는 조례를 통해 구체화 하기에 이르렀습니다. 그런데 부부가 외국인인 이주민 가족은 다문화가족으로 인정받지 못하고, 지원 대상에서 제외되면서 다문화가족과 외국인 가족으로 이원화가 이루어졌습니다. 이러한 구분은 이주민 정책을 입안하고 추진하는데 있어서 현실을 반영하지 못한 결과를 초래하게 되었고, 통계에 혼선을 불러왔습니다. 이에 필자는 일선 공무원에게 "그들도 넓게 보면 다문화가족"이라고 지적한 적이 있습니다. 돌아온 대답은 "그들은 언젠가 떠날 사람들이지만 다문화가족은 한국에서 살 사람들이라며 당연히 지원해야 한다"고 말했습니다. 필자는 국내에 이주한 모든 이주민을 사회통합차원에서 보았고 공무원은 실용적 측면에서 이해를 했던 것 같습니다. 그렇다면 외국인 신분을 가진 이주민들, 특히 부부가 모두 외국인들은 다문화가족에 범주에 포함되지 않다는 이유로 어떠한 지원도 하지 말아야 하는가? 농어촌과 제조업 분야의 90% 이상의 산업인력이 외국인 노동자들이고, 그들은 생산자이며, 소비자들로서 세금도 내고 있는데,... 세계화 시대에 공무원들의 생각이 이렇게 달라서야 어떻게 다양성이 중시되는 다문화사회를 만들 수 있으며, 사회통합이 이루어지겠는가? 라는 아쉬움이 컸습니다. 한국을 다문화사회라고 할 때는 국내에 거주하는 모든 이주민이 포함되지만, 예산을 편성하고 지원할 때는 외국인 가족은 제외되는 기현상이 나타납니다. 그 결과 정책이나 지원에서도 외국인 2세들은 제외됩니다. 이렇게 된 이유는 2008년 3월 여성가족부가 다문화가족을 정의할 때 한국 남성과 외국인 여성과의 혼인을 다문화가족으로 규정하여 법률화했기 때문입니다. 이는 정책 대상을 거시적으로 보지 못한 결과입니다.

또한 한국인과 재혼하여 데려온 중도 입국 자녀들은 법적 지원 대상에서 제외되고 다만 정책 대상으로 분류되어 국내에서 교육은 받지만, 법적인 지위를 유지하지 못하고 있는 것도 시급히 해결해야 할 과제입니다. 그뿐만이 아닙니다. 고등학생 연령의 경우 취학 자체가 거부당할 때가 많습니다. 그 이유는 몇 가지인데 첫째는 학교장의 재량에 취학 여부가 결정되어서 학교장이 거부하면 입학할 방법이 없는 것이 현실입니다. 두 번째는 취학에 필요한 서류 미비로 다문화 예비학교를 통해 학력 심의를 통해 취학을 원하는 경우, 고등학생 3학년 학령기 학생의 경우 졸업전까지 만 18세를 넘기는 것으로 인정되면, 교육 이수는 가능하나 학력 심의는 불가하여 사실상 취학이 불가합니다. 그런데 중도에 이주하는 학생의 경우 서류 준비와 비자 취득 등, 이주 과정에서 소요되는 기간 등에서 상당한 시일이 필요하므로 한국의 취학제도를 따르기란 어려운 부분이 많습니다. 2024년 경기도형 권역별 다문화 예비학교 운용 지침에 의하면, 모집대상 '나' 항에는 2024년 기준, 2006- 2011년생으로 제한되어서, 2006년생인 경우에 생일이 지난 고 3년 학생은 심사 불가로 공교육 취학이 제한됩니다. 이는 학생의 학년을 낮추어 입학을 희망해도 교육 당국은 지침을 근거로 거부하고 있습니다. 이는 이주 청소년들의 교육 인권 보호나 장래를 생각하기보다는 제도에 갇혀있는 답답한 현실을 보여주고 있습니다. 학생을 교육하기 위한 제도가 도리어 학생의 장래를 가로막는 장애물 역할을 하고 있는 것입니다.

유학생들도 다문화 현상의 한 축을 이룹니다. 한때 코로나-19 여파로 2019년에 152,281명으로 감소했다가 2021년, 2022년에 16만 명으로 다시 회복되었습니다.[2] 언어 과정을 합하면 20만 명의 넘습니다.[3] 교육부는 최근 유학생들을 2027년까지 30만 명으로 유치하여 세계 10대 유학 강국으로 만들겠다고 발표했습니다.[4] 이렇게 되면 다양한 국가와 문화적 배경을 가지고 있는 세계의 젊은이들이 한국 사회와 교류하며 학문의 깊이와 질적인 수준은 향상될 것이며, 다양성은 풍부해 질 것입니다. 그러나 우려가 없는 것은 아닙니다. 2024년 기준 전국 대학 수는 전문대학 131개, 일반대학 201개로 총 332개입니다. 문제는 지방대학의 경우 유학생 의존도(학생 확충, 재정 등)가 점점 커지고 있다는 점입니다. 이는 한국어 이해가 부족한 유학생은 수업 이해도가 떨어져 학문의 질적인 부분이 낮아질 가능성이 크고, 졸업 후 국내에서 취업을 원할 경우 현장과 전공 불일치 등 극복해야 할 난관이 많습니다. 무엇보다 대학은 홍보와 학생 유치에 집중하지만 대부분 졸업 후의 취업을 위한 사후 프로그램이 마련되지 못하고 있다는 점입니다. 그렇기 때문에 독일이나 일본, 대만처럼 육성형 유학생 유치 정책이 필요합니다.[5]

난민 신청은 2020년 한 해 동안 6,684건이었고, 52명이 난민 인정을 받았습니다(재정착은 제외). 2020년 12월 31일 기준으로 1,084건입니다. 1994년부터 2020년까지 총 누적 난민 신청자는 총 71,042명입니다. 앞으로 2-3년 안에 10만 명이 될 것으로 예측됩니다. 아래 도표는 2020년도 난민 신청자의 신청 유형입니다.

정치적 의견	종교	인종	특정사회 집단구성원	국적	기타
1,245	1,074	141	534	94	3,311

여기에 미등록자인 불법체류자들도 2023년 현재 42만 6천여 명 정도 됩니다. 난민 인정자나 신청자들도 다문화사회의 한 측이라는 점에서 안전

과 자유로운 체류가 보장되어야 합니다. 그러나 한국이 난민협약국이 된 지 74년이 되었고 난민신청자자의 급증에도 불구하고 큰 변화가 없습니다. 예를들어 난민협약에 가입한 아시아 최초 국가라는 점을 강조하면서도 난민 인정율이 매우 낮고, 사회 정착의 기본이 되는 사회화 정책은 찾아보기 힘듭니다. 통제와 관리 중심에서 이들의 자활을 지원하는 정책의 변화가 필요합니다.

법무부 통계월보에 의하면 2024년 12월 현재 국내 체류 이주민은 2,650,783만 명입니다. 머지않아 300만 명(5% 이상)이 넘을 것으로 예측됩니다. 그러나 이제 숫자는 별 의미가 없습니다. 이미 우리 사회는 다문화사회라는 국민적 공감대가 형성되었기 때문입니다. 물론 일부 언론이 인용하는 OECD가 다문화국가 기준 5%라는 주장은 아무 근거 없는 주장입니다. 중요한 것은 우리 사회가 산업인력으로 이주민을 필요로 하고 있고, 사회 분위기도 다문화사회를 받아들이고 있다는 점입니다. 이러한 다문화 현상은 한국 사회에 새로운 도전과 기회를 제공하고 있습니다. 다문화사회를 효과적으로 관리하고 긍정적인 변화를 이끌어 내기 위해서는 상호 이해와 존중, 인종차별 없는 사회, 포용적인 정책과 제도, 교육의 역할 등이 필요합니다. 그래서 다문화사회에 대한 이해를 높이기 위한 교육이 필요합니다.

3. 오랜 역사 속에서 발전한 다문화 현상

그러나 한국의 다문화사회를 논할 때 반드시 짚고 넘어가야 할 문제가 있습니다. 한국의 다문화사회는 1990년대에서 2000년대 들어 급증하는 이주민들로 인해 나타난 새로운 현상인가? 아니면, 과거로부터 현대에 이르는 오랜 역사를 통해 형성 되어온 것인가? 하는 점입니다. 필자는 후자의 입장을 지지합니다. 인간의 인구이동은 창세 이래 수천 년 전부터 이어온 역사입니다. 인구이동 과정에서 문화 창조와 이동 역시 자연스럽게 이루어졌으며, 영향을 끼쳐왔습니다. 그리고 역사 속에서 토착화되었고, 우리의 문화 속에도 자연스럽게 편입되어 왔습니다.

그런데 오늘날의 다문화 현상은 수긍하되 오랜 역사 속에서 잉태하고 성장한 다문화사회를 아무도 말하지 않는다는 점입니다. 오랜 세월을 함께해 온 다양한 문화는, 아무도 다문화라고 말하지 않았습니다. 단일민족 사상이 워낙 강하게 작용했고, 순혈주의가 한국인의 정체성으로 자리 잡았기 때문일 것입니다. 그러한 사회 분위기에서는 국제결혼을 '금기시'하였을 지도 모릅니다. 그러나 국제결혼은 이미 활성화되었고, 이주민과 함께 살아가는 다문화사회가 되었습니다.

반면 오늘날의 다문화사회는 왜곡되고 치우친 부분이 많이 있습니다. 다문화는 한자로 多文化 즉 문화의 다양성을 내포하는 표현입니다. 그러므로 다문화는 많은 글(언어)로 영향을 미친다는 의미가 됩니다. 전쟁이나 폭력이 아닌 대화로 영향을 끼치는 사회가 다문화사회입니다. 그런데 우리 사회는 지나치게 "경쟁"과 "갈등"이 치열합니다. 대화가 아닌 폭력성과 경쟁만이 있을 뿐입니다. 그 결과 100만 명의 청년들이 경쟁에 밀려 실업자가 되고 있고, 이주민들도 한국에 이주하는 순간부터 "경쟁"의 회오리에 빠져듭니다. 그 결과 한국 사회에서 이주민들은 경쟁의 산물이나 도구로 전락하여 '물건을 생산하는 기계'나 '가난한 나라에서 돈 벌려고 온 값싼 노동력으로' 취급을 받기도 합니다. 최근 제조업 등 산업현장에서는 불법체류자를 선호한다고 합니다. 그 이유는 비용이 적게 들고, 어려운 일도 마다하지 않고, 일도 잘하기 때문이라고 합니다. 한마디로 부려 먹기 쉬운 존재로 취급받는 것입니다. 이런 곳에는 인권은 사치인지 모릅니다. 이런 말을 들으면 이주노동자들은 '사람 취급도 못 받는구나'라는 자괴감마저 든다고 합니다.

과거 한국의 역사에도 인구이동이 많았습니다. 그 과정에서 인종 혼요 현상도 많았을 것입니다. 전쟁과 침략의 과정에서 또는 여러 나라와의 교류를 통해 새로운 문물교류도 빈번했을 것입니다(의류, 주류, 제사, 종교 등).

예를 들어 몽골문화인, 전통 결혼식 때 볼 수 있는 여성의 족두리와 연지 찍는 풍습은 일부 지역에서 지금도 지켜지고 있습니다. 몽골은 100년간의 침략과 지배를 통해 한국 사회에 그들의 문화가 뿌리내린 결과입니다. 지금은 거의 사용하지 않은 '장사치', '벼슬아치' 등의 '치'자나, 왕의 진짓상을 '수라'라 부르는 것도 그러한 영향입니다. 또 몽골과 한국은 가족관계를 매우 중시하는 경향이 강한데 몽골은 사회주의 체제가 들어서면서 가족관계가 많이 소원해졌지만, 지방색은 여전히 강하며, 인간관계는 여전히 중요하게 여긴다고 합니다. 한국도 지연이나 학연, 혈연은 매우 중요하게 여깁니다. 반대로 만두, 떡 등과 같은 고려의 음식이 몽골 사회에 전해져 유행하기도 하였습니다. 반면 한국은 세계제일 단일 민족국가로 알려져 왔지만, 몽골은 여러 민족이 섞여 있는 다민족 국가입니다.[6] 그런데 한국도 성씨로 보면 절반가량은 귀화 성씨인데,[7] 한국의 외래 성씨를 크게 나누면 중국계, 몽골계, 여진계, 위구르계, 아랍계, 베트남계, 일본계의 등으로 분류할 수 있습니다. 한국 사회도 국제결혼이 지속적으로 이루어져 왔음을 알 수 있습니다.

그 밖에 일본, 중국, 베트남 등의 문화도 한국인의 생활 속에서 발견이 됩니다. 일본은 과거 36간 한국을 강제로 병합하였고, 일본문화는 우리의 생활 속에 깊이 파고들었습니다. 언어에 나타난 일본문화는 노가다, 스시, 도끼다시, 곤조, 소보루 등입니다. 또 일상 금융거래에서 흔히 사용되는 인감증명은 1914년 일제가 식민지 경제를 도입하기 위해 도입한 제도로 지금은 일본에서 조차 사라진 제도라고 합니다. 어렸을 적 즐겨 부르던 "퐁당" "퐁당"이라는 동요는 선율과 음계, 기본 박자는 일본의 동요를 그대로 따르고 있으며, 일본문화의 잔재인 놀이문화 "묵찌빠·쎄쎄쎄" 이 묵찌빠와 쎄쎄쎄의 놀이문화도 일본문화를 받은 것입니다. 유치원이라는 말도 초등학교처럼 일제 때 도입됐고, 정부 부처인 교육인적자원부는 일본식 표현인 '적'을 썼다는 지적을 받고 있습니다. 일제강점기를 겪지 않은 청년들은 자신이 사용하는 언어가 일본어라는 것을 알지 못하고 사용하고 있습니다. 우리 생활 속에 깊숙이 스며들어 의식하지 못했던 일본문화의 잔재도 무수히 많다고 합니다. 그런데 일본은 역사 인식이 잘못된 부분이 너무 많습니다. 그리고 한국의 문화와의 융합이나 조화가 아니라 문화를 말살하려는 증거가 지금도 나라 곳곳에서 발견되고 있습니다. 문화는 지배하는 것이 아니라 서로 존중할 때 평화를 이룰 수 있습니다.

최근 베트남인들의 한국 이주와 정착 비율은 매우 높습니다(법무부, 2024년 12월 기준 305,936명). 최초의 한국과 베트남의 인연은 화산이씨의 조상인 이용상 왕자가 고려시대에 망명한 것이 계기가 되었습니다. 오늘날의 난민으로 고려는 그를 기꺼이 받아들여 정착할 수 있도록 도와주었습니다. 그 후 이용상의 후손은 국내에 거주하고 있고, 베트남 정부와 한국 정부 간의 교류에도 영향을 끼치고 있습니다. 과거 미국과 베트남과의 전쟁 때 한국 군인들이 용병으로 참전하여 서로 서먹한 관계였으나 지금은 전쟁의 상처를 딛고, 스포츠와 국제결혼, 경제 파트너로서 우호적 관계입니다. 특히 한국인들이 가장 선호하는 외국 음식 중에 베트남 쌀국수가 인기가 많은 것은 그만큼 베트남 음식이 토착화되고 있다는 증거일 것입니다.

중국과 한국은 인구나 영토 면에서 비교 불가할 만큼 규모의 차이가 나지만, 역사적으로는 오랫동안 우호적 관계를 맺고 있습니다. 그러나 공산화 이후 6.25 남북전쟁 시에 북한 편에 서서 전쟁을 해야 했기에 적대국 관계로 발전하였습니다. 하지만 1992년 수교를 맺고 양국 관계는 정상화되었으며, 국내에 중국 출신 배경을 가진 이주민들(한족, 외국적 동포)이 가장 많은 것은 양국 관계를 위해 바람직한 현상이라고 생각합니다. 하지만 최근 미국과 중국 관계가 불편해진 데다, 미국의 주도하에 '한, 미, 일간의 군사적 블록화'가 형성되면서 '북, 중, 러 간의 군사적 블록화'도 강화될 조짐이어서 양국의 입장이 매우 경직된 상황입니다. 한국은 역사적으로나, 지리적으로, 중국과 밀접한 관계에 있고, 문화적으로도 중국의 영향을 많이 받을 수밖에 없는 지정학적 위치에 있습니다. 그러한 이유로 새로운 문물이나 종교는 주로 중국을 통해 국내로 전해져 왔습니다.

중국을 통해 다양한 문화가 들어와 우리 사회에 영향을 끼친 것은 부인할 수 없는 사실이며, 그것을 인정한다면, 한국의 다문화사회 역사는 다시 써야 한다는 것이 저의 생각입니다. 특히 왜곡된 오늘날의 다문화사회를 바로 잡아야 하기 때문입니다. 한국의 다문화사회는 노동력이라는 경제적 측면으로 치우쳐져 있습니다. 경제력으로 모든 것을 평가하는 사회는 결코 평화를 이룰 수 없습니다. 상호문화를 인정하고, 받아들일 것은 받아들이고, 배울 점이 있다면, 실용주의적 자세로 배워야 합니다. 유무상통하는 창의적 사회가 진정한 다문화사회라고 할 수 있습니다.

4. 최근의 다문화사회 변화

그러나 최근 30년 어간에 이주한 신흥 이주민들의 급증은, 이전의 토착화된 다문화 현상과는 결이 다른 경향을 보여주고 있습니다. 예를 들어 예전에는 정부가 운영하는 센터나 한국인이 운영하는 센터가 중심이 되어 이주민들을 지원하고 도왔다면, 최근의 변화는 이주민들 스스로 센터를 만들거나 교민회(community)를 설립하여 자치적으로 운영하기 시작했다는 점입니다. 특히 그들의 커뮤니티는 그들의 종교가 중심이 되어 공동체가 형성되는 특징을 보이고 있습니다.[8] 더 나아가서 이주민 커뮤니티는 종교나 민족별로 형성되는데 그치지 않고 그들 스스로 사회화, 경제화에 이어 정치화 조짐까지 나타나고 있습니다. 그들은 지자체 선거에 참여하거나 특정 후보를 지지하여 권익을 추구하려는 움직임도 보이고 있습니다. 물론 이러한 최근의 변화는 한국 사회에서만 나타나는 현상은 아닐 것입니다. 이주국에서의 터전을 만들려면 당연한 과정으로 보입니다. 문제는 이러한 변화를 받아들이는 국민의 다문화 수용성과 함께 살아야 하는 사회적 대상으로 이주민을 받아들일 마음의 준비가 되어있느냐는 것입니다. 즉 문화는 이해하되 다름을 인정하고 인격적으로 존중하는 다문화 이해가 필요합니다. 이주민들을 이방인이 아닌 경제 파트너로 인정하는가? 함께 교류하고 삶을 나눌 수 있는 대상으로 받아들일 수 있는가? 아래 도표는 청소년들에 비해 성인의 다문화 수용성이 낮은 것을 보여줍니다.

청소년들은 학교에서 다문화 교육이나 관련 활동에 참여하는 빈도가 성인에 비해 높다는 점에서, 또 참여자가 미참여자에 비해 수용성이 높게 나타난다는 점에서 다문화 이해 교육이 필요하다고 볼 수 있습니다. 하지만 한국인 성인을 위한 다문화사회 이해 프로그램이 거의 없습니다. 이는 무엇을 의미하는 것입니까? 이주민들에게 한국어나 한국 문화를 배우고 익혀서 한국화하라는 것과 다름없습니다. 이러한 정책 기조는 바뀌어야 합니다. 학교에서부터 타문화 이해를 넘어 이주민을 존중하는 다문화 교육이 이루어져야 합니다.

5. 이주민에 대한 왜곡된 인식 '위험한 현상들'

이주의 증가는 다문화 현상의 증가로 연결될 수밖에 없습니다. 하지만 다문화는 현상이며, 주체는 사람입니다. 이주 인구가 증가할수록 다문화 현상은 가중될 수밖에 없습니다. 여러 요인이 작용하겠지만 한국인들의 이주민을 바라보는 인식 차이가 큽니다. 몇 가지 사례를 들면, 학교 선생님들조차 이주민 가정의 아이들을 부를 때 "야, 다문화"..라고 호칭하고, 이주민들을 '우리'가 아닌 '그들'로 대하기도 합니다. 또한 '다문화'라는 용어는 또 다른 '낙인'이자 '차별'로 인식되고 있습니다. 다문화사회라는 테두리 안에서 살고 있는 이주민들은 "제도적인 차별보다 더 무서운 게 인격이나 인식의 차별"이라고 말합니다. 그렇다면 그 원인은 무엇일까요? 이주민의 대부분이 동남아시아 출신이고, 한국보다 경제적으로 낙후되었다는 인식이 고정 관념화되어있습니다. 또 돈을 벌기 위해 이주했다는 이유로, 인격적으로 대하지 않고, 값싼 노동력이나 경제적 도구나 수단으로 대해도 좋다는 무언의 동의에서 기인한 것일 수도 있습니다. 다문화사회의 기본은 인간에 대한 존중감에서 출발합니다. 기본적인 인권 개념이 없는 현장에서 이주민들은 일하는 도구로 취급받게 됩니다. 그런데 그렇게 대우받고 취급되는 이주민들이 생각보다 많이 있습니다. 한국 사회가 진정한 다문화사회로 나아가려면 이주민을 일하는 기계가 아닌 하나님의 형상대로 지어진 존재로 받아들일 수 있어야 합니다.

한때 국제결혼은 돈으로 신부를 사 온다는 인식이 많았습니다. 이에 법무부는 국제결혼을 희망하는 분들을 대상으로 국제결혼 정보 프로그램을 개설하고 잘못된 인식을 개선하기 위해 노력하고 있습니다. 또한 한국인과의 국제결혼이 빈번한 베트남과 캄보디아에 조사단을 파견하여 국제결혼 과정에서의 인권침해를 조사하기도 했습니다. 2009년 9월, 필자도 이 조사단의 일원으로 베트남과 캄보디아를 다녀온 적이 있습니다. 12일간의 조사

기간 동안 여러 기관을 방문하고 인터뷰를 진행하면서 양국 관리들부터 들었던 질문 중에 지금도 생생하게 기억나는 것이 있습니다 "왜 한국의 시어머니들은 며느리들을 구박하느냐"는 것이었습니다. 자기 나라 여성들을 차별하고, 학대하는 인권침해에 항의한 것입니다. 참 난감한 질문이었고, 대답하기에 부끄럽기도 했습니다. 당시 한국은 국제결혼이 합법화되어 있지만 동남아시아 국가들은 대부분 불법입니다. 그러한 관계로 중매부터 맞선과 결혼의 모든 과정이 음성적으로 이루어집니다. 즉, 한국인 남성 한 명이 10명 이상의 여성들을 동일한 장소에서 맞선을 보고 마음에 드는 여성을 선택하게 되는 데 서로를 알 수 있는 시간이 없이 성혼되어서 돈으로 신부를 사 온다는 소문이 퍼져있는 것입니다. 또한 혼인 후에도 마음에 들지 않으면 반품을 요구한다는 이야기도 떠돌던 때인지라 매우 조심스럽고, 어려움이 많았던 조사였습니다. 지금은 시간도 많이 지났고, 정보의 발달과 상호 간에 정보교환도 가능해졌고, 국제결혼 제도도 엄격해져서 인신매매라는 오명은 벗은 것으로 알고 있습니다.

<성인과 청소년의 다문화수용성지수(점)>

구분	성인	청소년
2018년	52.81점	71.22점
2021년	52.27점	71.39점

그러나 한 번 씌워진 인식과 고정관념이 사라지려면 다문화 수용성 교육이 지속적이고 체계적으로 이루어져야 합니다. 그 이유는 자녀들에게도 영향을 미쳐서 차별과 편견으로 이어지기 때문입니다. 그런데 정부나 국민

은 이주민 자녀들을 사회적 약자로 분류하고 있습니다. 군대에서도 주요 관리 대상으로 분류하며, 생애주기별로 지원해 주어야 하는 복지수혜 대상으로 취급하기도 합니다. 이러한 분류 대상이 되는 것이 차별이고 편견에서 비롯된 것입니다. 다문화가족의 자녀는 한국인으로 태어났음에도 불구하고, 우리 사회는 그 아이들을 계층화하고 게토화시키는 것입니다. 심지어 어떤 학자는 아이들의 사회적 비용을 걱정하며, 그들은 장래에 폭탄이 될 것이라는 주장을 공개적으로 펴기도 합니다.(물론 아이들에 대한 지원을 강조하기 위해 주장한 것이지만). 정말 말이 안 되는 주장입니다. 학자의 주장은 객관적 자료와 사회적 정황을 바탕으로 해야 합니다. 이것이 2차 가해가 될 수 있기 때문입니다.

6. 다문화 현상의 진전(進展)에 따른 정부 정책

다문화 현상에서 실생활 문화로 변모해가는 상황에 대한 정부의 입장은 제도적인 사회통합과 국익에 도움이 되는 방향으로 정책을 추진하고 있습니다. 그러나 이주에 대한 역대 정부의 정책 방향은 다문화사회 형성에 영향을 끼치고 있다는 점에서 시사하는 바가 큽니다.

1) 역대 정부의 정책

한국은 강대국들에 둘러싸인 지리적 위치(유리할 수도 있고, 불리할 수도 있는)는 실제적인 섬나라로써 무역 등 산업화의 성공을 위해 역대 정부마다 세계화 기조가 공통적으로 나타나고 있습니다. 그러한 영향으로 보이지만 이주민을 위한 기본법 등 법률제정과 체류 편의 제공을 위한 제도가 많이 만들어지고 있습니다. 그 예로서, 재한외국인처우기본법 제정, 다문화가족 지원법제정, 난민법제정 등은 이주민들에게 많은 도움이 되고 있습니다. 다음 도표는 역대 정부의 국정 방향과 성격을 정리한 것입니다.

구분	정책방향
문민정부	국가 경쟁력 강화와 세계화 추진
국민의정부	IMF 위기 극복과 물가안정, 세계화 추진
참여정부	참여와 통합 및 경제중심국가 건설, 재한외국인처우기본법제정 등 외국인정책기본방향 수립 등
이명박정부	적극적인 개방을 통한 국가경쟁력 강화, 가종 체류자격 신설
박근혜정부	탄핵으로 인한 정책 중단
문재인정부	이주민 선별유입과 통제강화, 고용허가제 유지

2) 현재 총리 소속 2개 위원회(외국인정책위원회, 다문화가족정책위원회)와 국무실장 소속인 외국인인력정책위원회가 있으며, 위원회는 이주 관련 정책을 최종적으로 결정하는 역할을 합니다. 그러나 부처 간의 칸막이가 높아 효율성이 떨어진다는 지적이 많으며, 하나의 위원회로 기구 통합이 이루어져야 한다는 여론이 높은 상태입니다.

3) 정부 각 부처의 이주민 정책 업무

한국은 하나로 통일된 이민정책의 방향이 마련되고 있지 않아 부처별로 정책을 추진하다 보니 부처별 경쟁이 심하고 협조에 어려움이 있습니다. 특히 부처마다 시급한 정책 현안에 집중하는 편이라 통일된 사회통합의 방향을 결정하기가 어려운 것이 사실입니다. 이주민 관련에서는 법무부가 총괄 부처이긴 하나 부처장의 역량(파워)에 따라 달라지는 현실적 이유로 제 기능을 발휘하기가 어렵습니다. 그러나 산업현장의 인력 부족과 현장의 선진화에 따른 전문 또는 숙련 인력 수요가 급증함에 따라 이주민들의 관리 및 정착지원과 국민과의 통합을 위해서는 '이민청' 설립이 필요합니다. 이민청 설치는 법무부만의 '청'이 아닌 범정부차원에서 체계통합과 가치통합을 이룰 수 있어야 합니다. 현재처럼 3개 위원회가 각자의 독립된 추진체계를 갖추고 2008년부터 5년마다 기본계획을 발표하고 있지만 이는 행정과 재정 낭비입니다.

7. 다문화사회에서의 교회의 역할

다문화사회는 이주민을 통해 전파된 다양한 종교와 사상의 집합체라 할 수 있습니다. 필자가 사는 경기 북부지역 만 보더라도 세계의 모든 종교가 모여있다는 착각이 들 정도입니다. 여기에 각종 사이비 이단들도 덩달아 성업 중입니다. 그래서 사도 바울의 제2차전도 여행지였던 아덴이 생각납니다. 바울은 당시 헬레니즘의 산실이요 문화와 예술과 철학의 요람이라고 할 수 있는 아덴을 방문한 적이 있습니다. 그런데 아덴(그리스 아테네)은 온 성이 우상으로 가득했다고 했습니다(사도행전 17:16-34). 아덴은 문화와 철학과 예술이 발달했지만, 우상과 미신도 많았습니다. 저는 한국의 상황이 아덴과 같다고 생각합니다. 누군가 '일본은 왜 교회가 없어요?'라고 질문했습니다.

전혀 없는 것은 아니며 기독교 인구가 약 60만 명(0.47%)이 있다고 합니다. 일본은 첨단 과학이 발달한 나라이면서도 800만 개의 미신과 우상을 섬기는 나라라고 합니다.

유럽과 미국은 어떠합니까? 물질문명 속에 온갖 범죄의 온상이 된 지 오래고, 도덕적인 타락, 뉴에이지 운동, 록 음악, 사탄 숭배 등이 꽉 차 있습니다. 최고의 지성은 미신과 통한다고 하지요. 최첨단 장비를 들여다 놓고, 돼지 머리에 절하고, 고사를 지내는 회사가 지금도 많이 있습니다. 참으로 아이러니합니다. 아덴이 그러했고, 일본이 그러했으며, 한국의 상황이 그러합니다. 그러니 우상이라는 것은 미개한 나라의 전유물이 아니라 타락한 인간의 전유물이라 할 수 있습니다.

다문화사회는 인간에게 이로운 면도 있으나 이처럼 해로운 면이 많습니다. 청소년들과 성인들조차 폭력적이고 선정적인 오락물에 빠져들고 있고, 각종 환각제 같은 마약류가 퍼지고 있습니다. 한국도 이제는 마약 청정국이 아닙니다. 교회는 이러한 현상들과 신앙적인 싸움을 해야 합니다. 얼마 전 극동방송이 동성애를 비판한 내용만을 방영했다는 이유로 고발을 당했습니다(미디어 오늘, 2023.3.20.). 이제는 표현과 사상의 자유조차 공격을 받는 시대가 되었습니다. 인간의 삶에 무엇이 중요하고 나쁜 것인지를 판단하기보다는 법 조항이 어떻게 쓰여있느냐가 더 중요한 사회가 되었습니다. 그래서 교회는 입법 활동에 관심을 가져야 합니다. 세상은 인간을 소외시키고 조직 중심이 되었습니다. 한국교회는 (이주민 선교 필요성 외에는) 다문화 현상에 대한 공식적인 평가를 내놓지 않고 있습니다. 그러는 사이에 교인들과 일반인들은 문화의 탈을 쓰고 접근하는 이단들의 먹이사슬이 되고 있습니다.

한국교회가 다문화 현상에 대해 교회의 입장을 명확히 표명하지 않는 상황에서 필자가 교회의 역할을 논한다는 자체가 성급한 일임을 잘 알고 있습니다. 하지만 우리 사회는 이주민이 급증하고 있고, 다문화 현상 또한 목회 사역에 매우 중요한 사안으로 떠오르고 있다는 점에서, 한마디 안 할 수 없습니다. 한국교회는 선교 전환을 도전받고 있습니다. 지금은 다문화 현상이라는 새로운 사조의 전환기입니다. 특히 교인들이 변화된 사회 환경에 적응해야 하고 타문화 권과의 이질감을 극복해야 하기에 성경적인 가르침이 필요합니다. 이는 마치 모세가 애굽으로 다시 가서 하나님의 뜻을 전하며, 이집트를 떠나자고 했을 때 백성들이 보인 태도와도 같은 반응을 나타내는 상황일 수도 있습니다. 교인들이 동의하지 않을 수도 있다는 말입니다. 그러므로 충분한 연구와 이해가 필요하고 새로운 현상에 대해 교인들과 소통하며, 교회의 입장을 명확히 밝힐 필요가 있다고 생각합니다.

그런데 먼저 목회자들에게 다문화 현상에 대한 소양과 선교적 준비가 되어있는지 묻고 싶습니다. 잘 아시다시피 사도 바울은 급변하는 상황에 대처하는 능력이 탁월한 사람이었습니다.

고전 9:20 "유대인들에게는 내가 유대인과 같이 된 것은 유대인들을 얻고자 함이요 율법 아래 있는 자들에게는 내가 율법 아래 있지 아니하나 율법 아래 있는 자같이 된 것은 율법 아래 있는 자들을 얻고자 함이요"

다문화 사회에서는 사도바울처럼 순발력 있고, 유연한 대처가 필요합니다. 2023-2024년 해외 선교와 국내 선교의 양대 축인 KWMA(한국세계선교협의회)와 KIMA(한국이주민선교연합회)[10] 는 이주민 선교사 대상 선교 전환 세미나와 이주민 맞춤형 선교사역 세미나를 개최한 바 있습니다. 코로나로 인해 국내로 귀환하여 사역을 모색하는 선교사들을 돕기 위한 것입니다. 시기적으로 적절한 선교 정책으로 평가합니다. 한국교회는 다문화사회 현상을 적극적인 선교 기회로 만들어야 합니다.

◇ 토의질문

1. 한국의 다문화사회는 1990년대 이후 새롭게 등장한 현상인가요, 아니면 오랜 역사 속에서 자연스럽게 발전해 온 것인가요? 몽골의 영향, 일본 강점기의 문화적 흔적, 베트남과의 교류 등 역사적 사례들을 바탕으로 한국 다문화사회의 본질에 대해 토론해 보세요.

2. 현재 한국의 이주민 정책이 '다문화가족'과 '외국인가족'으로 이원화되어 있는 것이 적절한가요? 모든 이주민을 사회통합 차원에서 봐야 한다는 입장과 실용적 관점에서 구분해야 한다는 입장을 비교하여 토론해 보세요. 이주민 자녀들의 교육권 보장 문제도 함께 논의해 주세요.

3. 이주민을 바라보는 한국인들의 인식에는 어떤 문제가 있을까요? '값싼 노동력'이나 '경제적 도구'로 보는 시각, '다문화'라는 용어가 가진 낙인효과 등의 문제를 어떻게 해결할 수 있을지 구체적인 방안을 토론해 보세요.

07

이주의 안보화 현상

1. 이주의 안보화 정의

2. 이주의 안보화 논의의 배경

3. 안보의 범위(영역)

4. 이주의 안보 위협요인

5. 이주의 안보화에 대한 법률과 제도

6. 이주의 안보화 현상에 대한 한국교회의 역할

07

이주의 안보화현상

이주의 안보화는, 전 세계적으로 이동과 이주가 빠르게 증가함에 따라 안전과 보안에 대한 문제들이 발생하는 현상을 말합니다. 이주의 안보화는 다양한 요인으로 인해 발생할 수 있습니다. (정치적 요인, 경제적 요인, 환경적 요인) 오늘날 안보의 유형은 "국가 안보", "인간 안보", "사회 안보", "기후환경 안보" 등으로 구분됩니다.

1. 이주의 안보화 정의

안보(security)의 라틴어 세쿠리타스(securitas)의 어원을 살펴보면 안보는 불안, 근심이나 위협적인 현상에서 벗어나는 것을 의미합니다. 따라서 이주의 안보 문제는 이주의 과정인 국경을 넘는 것에서부터 수용국에서의 체류 및 정착 과정에서 빈곤, 폭력, 인신매매, 노예계약, 경제적 착취, 차별, 인종주의적 폭력 등으로 부터 벗어나는 것을 말합니다. 하지만 이주의 안보 문제는 이주자와 수용국의 시각에 따라 다르게 정의될 수 있습니다. 수용국이 이주민들을 안보적 위협으로 간주하는 것입니다(9.11테러는 이민자에 의해 발생). 반면 이주민들은 수용국이 위협이 될 수 있습니다(10대 청소년들의 이주민 폭행 사건 발생).[1] 그러나 모든 이주, 특히 난민을 안보 위협 대상으로 특정하는 것은 매우 부적절하고 위험한 생각입니다. 대부분의 이주민 수용국은 이주를 국가인구와 경제정책의 중요한 파트너로 여기고 있기 때문입니다. 유엔개발계획의 1994년 보고서에 따르면, 인간안보를 '지속적인 기아, 질병, 범죄, 억압으로부터의 안전이며, 가정이나 직장 등 사람들의 일상을 갑작스럽고 고통스럽게 파괴하는 위협으로부터의 보호'라고 규정하고 있습니다(이혜정 외 2013, 7). 따라서 이주의 안보화 논의는 이주 자체에 대한 부정적 인식을 확산시킬 가능성이 있으나, 인간 안보(Human Security)는 국민, 비국민, 비 시민을 막론하고 국가 영토 내에 거주하는 모든 사람들을 대상으로 하기 때문에 인권의 향상에 기여할 수 있음은 물론 궁극적으로 국가의 안보 능력을 향상시킬 수 있습니다.[2]

2. 이주의 안보화 논의의 배경

이주가 안보의 문제로 인식되기 시작한 것은 탈냉전 이후 초 국가시대가 진전되는 과정에서 초청 노동자제도의 실패, 무슬림과 IS의 결합, 난민과 불법 이주자의 증가가 새로운 안보 문제로 떠오르면서 부터입니다(이진영: 229). 그러나 직접적인 계기는 2001년 9월 1일 발생한 이슬람 근본주의 세력인 알카에다가 일으킨 하이재킹 및 자살테러 사건입니다. 2001년 9월

11일 발생한 9.11 테러는 피해당사자인 미국뿐 아니라 전 세계를 충격과 공포의 도가니로 몰아넣었으며, 프랑스에서 발생한 2005년, 2007년, 2010년, 2015년, 최근 2023년 6월 27일에 일어난 테러와 국가적 분쟁은 이주의 안보 문제를 더욱 심화시키는 요인으로 작용하고 있습니다.

<세계 테러리즘 지수> (자료: vision of humanty.org)

국가	지수	국가	지수
이라크	10	중국	6.3
아프가니스탄	9.2	러시아	6.2
나이지리아	9.2	프랑스	4.6
파키스탄	9.1	미국	4.6
시리아	8.1	한국	0
10: 테러위험 높음 / 2: 테러위험 낮음 / 0.1: 테러위험 없음			

그밖에 최근에 발생한 시리아와 예멘, 그리고 아프카니스탄 사태와 러시아의 우크라이나 침략, 하마스의 이스라엘 침공 등으로 인한 난민 행렬은 인도주의적 차원에서 그들을 받아들인 수용국들 특히 보수적인 한국의 입장에서는 우려가 클 수밖에 없다고 판단 됩니다. 정부의 난민 인정율이 낮은 것도, 국민들의 난민에 대한 우호적 인식이 낮은 것도, 이와 같은 안보적 우려감의 영향 때문이 아닌가 생각됩니다(2023년 3월 기준, 난민 인정률 1%…OECD 국가 최하위 수준). 세계테러리즘 지수는 한국이 제로(0%)로 나타나는데, 한국처럼 안보 위협이 높은 나라도 없을 것입니다. 한국은 남, 북 간의 전쟁 위기가 항상 고조되어 있는 국가입니다.[3]

미국은 9.11 테러 이후 신속하게 제정된 '애국자 법'을 통해 '테러 행위를 할 우려가 있는 어떤 외국인도 증거나 청문 없이 추방하거나 구금할 수' 있게 하였습니다. 이 법은 테러리즘에 대한 안보 강화, 감시 절차의 강화, 법 집행의 강화, 국경관리와 통제가 목적입니다. 그 결과 2003년 3월 국토안보부가 정식 출범하였습니다. 결론적으로 미국은 9.11 테러를 기점으로 안보 논의가 이민정책에 반영되어 이민과 안보가 결합 되면서 국가안보, 사회안보, 인간안보 등 층위를 달리하는 다양한 안보 논의가 유발되었습니다.

3. 안보의 범위(영역)

본 장에서는 안보의 범위를 크게 국가안보와 인간안보로 구분하여 논의하겠습니다. 최근 기후 위기 문제가 새로운 인간안보 문제로 떠오르고 있는데, 제4장 기후환경 위기 현상에서 다루고 있습니다. 참고하시기 바랍니다.

1) 이주의 국가안보

국가안보는 이주의 위협으로부터 국토보존과 국민의 생명과 재산을 보호하는 것입니다. 인류는 이주의 급속한 진전으로 초국가시대를 맞이하면서 다양한 문제들이 발생하였고 이주와 안보를 결합하여 논의하자는 주장이 대두되었습니다.

<국가 안보의 주요사례>

	발생연도	사건 개요	발생 요인	시사점

1	2005년 런던 지하철 폭탄 테러	2005년 7월 7일과 21일 양일간 동시 다발적인 지하철 및 열차 폭탄 테러	부시행정부의 '테러와의 전쟁'과 영국의 이라크와 아프카니스탄 병력파병 불만	영국에서 태어난 이민자들이 일으킨 테러라는 점에서 사회통합 과제
2	2015년 프랑스 파리 테러	2015년 11월 13일 프랑스 파리 시내 7곳에서 발생한 총기 난사·인질극·폭탄 테러 사건	2015년 들어 프랑스 공군기가 이라크와 시리아에서 IS를 폭격하는 등 프랑스와 IS는 현재 전쟁상태이고, 프랑스의 일방적 폭격에 대해 군사적으로 반격하기 어려운 IS가 테러로 프랑스에 보복하여 여론을 바꾸려는 시도로 추정	벨기에 태생 프랑스 국적자로 이슬람 극단주의 활동지역 거주, 이슬람으로 개종한 프랑스인도 있음
3	2001년 미국에서의 하이재킹 및 자살 테러	2001년 9월 11일, 이슬람 근본주의 세력인 알카에다가 일으킨 하이재킹 및 자살 테러 사건으로 미국 뉴욕 맨해튼의 세계무역센터와 워싱턴 D.C.의 국방부 청사 건물인 펜타곤이 공격 받음·전쟁수준의 테러	알카에다와 빈 라덴은 테러를 일으킨 동기로 미국의 이스라엘 지원, 미군의 사우디아라비아 주둔, 이라크에 대한 제재 조치 등. 그러나 <인디펜던트>지는 '노골적인 이스라엘 편들기 등 미국의 중동 외교정책에 대한 반감이 이슬람 극단주의자들을 단합시킨 것이 요인이라고 보았다.	이슬람 근본주의 세력인 오사마 빈 라덴과 그가 이끄는 무장 조직인 알카에다가 일으킨 테러, 미국을 비롯한 전 세계를 국가안보 문제를 촉발시키는 계기로 만들었으나 '중요한 근본적 문제'는 관심이 없다는 점이다. 즉 이스라엘에 의한 테러에는 어떠한 비판도 하지 않고 있다.

2) 이주의 인간 안보

　인간 안보는 1990년대 국제사회에 내전과 난민 문제가 증가하자 빈곤과 기아가 주요 의제로 등장하면서 부각 된 개념입니다. 국가안보가 국가 체제를 위협하는 것으로 부터의 안보라면, 인간 안보는 기본적 인권을 보호하고, 심각하고 개별적인 위협으로부터 개인을 보호하는 것입니다. 2001년 유엔 인간안보위원회의 정의에 따르면, 인간안보는 모든 인간의 생명에 있어서 핵심적인 사항을 보호하는 것으로 자유와 권리를 행사하는 것을 개선하고, 인간의 발전을 용이하게 하는 것이라고 말하고 있습니다.

<인간 안보 관련 주요 사례>

	발생연도	시건 개요	발생 요인	시사점
1	1988년 장편소설 '악마의 시'를 쓴 살만 루슈디 피습사건	인도의 이슬람 가정에서 태어나 영국에서 성장하고 공부한 루슈디는 1988년 세계적인 문제작 <악마의 시>를 발표, 이 소설은 이슬람 선지자 무함마드가 이슬람 경전 코란의 일부를 악마로부터 계시를 받아 쓴 것이라고 부정적으로 묘사했다. 이슬람권은 이를 신성 모독으로 규정했고, 당시 이란 최고 종교 지도자 아야톨라 루홀라 호메이니는 루슈디에게 이슬람 규율의 종교적 사형 선고인 '파트와'를 내리며 현상금을 내걸기도 했다. 루시디는 미국 강연을 위해 연단에 오르는 순간 피습을 당해 한쪽 시력을 잃었다.	서구 유럽에서는 표현의 자유라는 가치에 부합하지만 무슬림 입장에서는 '종교적 신념'의 보호라는 입장과 충돌하면서 정치적 문제로 급부상	다양한 가치를 이해하고, 존중하는 포용성이 결여된 사회는 개인도, 집단도 언제나 위험하다는 것, 그의 시를 번역한 일본 작가 이가라시 히토시도 피살됨

2	2001년 2월 13일 한국인 최초 난민지위를 받은 타다세 데레세 데구 목사가 당한 테러와 생계의 어려움	2001년 2월 13일 우리나라 최초로 난민 지위를 인정받은 에티오피아인 타다세 데레세 데구(46)목사는 모국에서 기독교 선교활동을 하다 박해를 받은 데구 씨는 1997년 9월 고국을 탈출해 우리나라에 왔다. 2000년 난민 신청을 한 후 반년 만에 정식으로 체류할 수 있게 됐다. 그러나 그는 여러번 테러를 당하는 등 한국에서도 안전하지 못했다. 뿐만아니라 난민에 대한 비우호적인 사회적 인식과 생계의 어려움, 임신한 아내의 출산비 부담 등으로 무료로 출산할 수 있는 이탈리아로 재이주 하였으며, 그곳으로 탈출한 이디오피아 인들을 위해 목회하며 지내고 있다.	그는 어느 날 온 몸에 상처를 당하여 교회에 왔고, 이디오피아인 동족들로부터 테러를 당하였다.	그는 공산당인 아버지로부터 살해 위협을 당하며, 지내다가 이웃 사람들의 도움으로 한국으로 왔으나 여전히 생명의 위협을 겪었다. 그는 한국이 1992년 유엔 난민협약에 가입하고 출입국관리법이 시행된 후 최초의 난민인정을 받았으나 한국에서도 안전하지 못했으며 생계의 어려움을 겪다가 이탈리아로 재이주를 택했다. 난민처우가 시급하다.
3	경기도내 외국인 노동자 시설은 절반이상이 미신고	경기도는 외국인 노동자 사망사건(비닐하우스 사망, 속헹 씨, 돼지농장 노동자 사망 등)을 계기로 한 달간 도내 외국인 숙소 1,852곳을 조사한 결과 미신고시설이 천여개소로 56%에 달했고, 거주지가 아닌 곳에 숙소를 둔 곳도 900개소, 49%로 나타났습니다. 숙소가 비닐하우스 내 가설건축물인 경우는 전체 38%(690개소)였습니다. 또 4곳 중 1곳 가량은 화장실이 밖에 있고 전기 안전진단을 이행하지 않은 것으로 조사됐습니다. 샤워시설이 밖에 있는 곳도 10곳 중 1곳에 달했습니다.	평소 지병인 상태에서 추운 겨울에 비닐하우스 숙소에서 사망, 농장에서 일하다 사망한 A씨는 임금 체불과 폭행에 시달렸다고 한다.	이주노동자에 대한 사용자의 생명 윤리 의식 강화, 당국의 철저한 관리, 감독, 노동환경 및 숙소 환경 개선 등 처우 보장

①필자가 알고 지낸, A씨는 고용 허가 기간이 많이 남았지만 자기 나라로 돌아갔습니다. 그는 네팔 출신으로 이주 전까지 교사로 일하다 노동자로 한국에 온 꽤 유능하고 예의 바른 친구였습니다. 그는 아내와 자녀가 있는 노동자입니다. 고용허가제 근로자로 국내에 이주한 A 씨는 강원도 돼지농장 노동자로 일하다 한국인 관리자의 언어폭력을 견디지 못하고 상처를 받고 돌아갔습니다. 그는 더위에 약한 돼지를 한 마리도 죽지 않게 키운 성실하고, 유능한 노동자였으나 관리자의 언어폭력(욕설)을 견디지 못한 것입니다. 그는 사장님에게 이 사실을 알리고 몇 번씩 도움을 요청하였으나 해결되지 않았다고 합니다. 언어폭력을 견디다 못해 경찰서에 신고도 하고, 의정부에 있는 고용노동부 센터에 신고하려고, 버스터미널에 갔지만 농장주 가족들이 터미널에서 지키고 있다가 잡혀서 실패한 적도 있다고 했습니다.

②최근 경기도 북부 포천시에서 일어난 사건입니다. 오토바이를 타고 가던 외국인 노동자는 10대 청소년들로부터 1시간 동안 대낮에 집단 테러를 당했지만 아무도 그를 도와주지 않았다고 합니다. 지나가던 차량이 많았고 도움을 요청했으나 1시간 동안 무차별 테러를 당한 것입니다. 경찰조사 결과 청소년들은 돈을 빼앗기 위해 테러를 자행한 것으로 드러났습니다.[4]

③법무부는 마약과의 전쟁을 선포하고 단속을 강화하고 있습니다. 최근 마약 복용자들이 크게 증가하면서 사회적 문제로 부각되고 있기 때문입니다. 마약은 개인 취향을 넘어서 범죄로 연결된다는 점에서 인간안보를 위협할 수 있습니다. 한국은 이제 마약 청정국이 아니라고 생각하는 국민이

80%가 넘었습니다. 한국이 마약 청정국 지위를 상실할 만큼 인간안보 위험 리스크는 커질 수 밖에 없습니다.[5] 마약 사범은 주로 연예인들과 유학생, 외국인 사이에서 문제가 되었으나 지금은 학교, 학원가 일반 성인들, 이주민들에게도 점차 확대되고[6] 있어서 이주민에 대한 국민들의 시선이 더욱 차가워지고 사회통합에도 지장을 줄 가능성이 커지고 있습니다.[7]

4. 이주의 안보 위협요인

이주의 안보 현상이 끊임없이 제기되는 요인은 무엇일까요?

1) 국가 간의 경제, 사회, 정치적 이해관계가 안보 위협을 발생시킵니다. 이주는 국가 간의 인구이동을 뜻하지만, 단순한 이동에서 그치는 것이 아니라 수용국과 송출국의 사회, 경제, 정치적인 관계를 형성하고 있습니다. 우선 여행자나 이민을 받아들이는 수용국의 입장에서는 자국의 안보와 사회안전에 대한 부담이 발생하기 때문인데 예를 들어, 여행자의 입국수속, 이민자의 영주권 문제, 국적 신청과 같은 문제 등에서 상호 간, 절차상의 어려움을 주는 것입니다. 그리고 송출국 입장에서는 테러의 발생국에 거주하거나 여행을 하는 자국민의 안전이 정치적인 문제를 야기할 수 있고, 자국과 국제관계에서 쟁점으로 작용하기 때문에 신중하지 않을 수 없습니다. 따라서 이민정책은 이주국 간의 불가분의 관계를 형성한다는 점에서 상호 간에 영향을 미치는 대외관계를 살펴보면서 추진해야 합니다. 북한과는 별도로 중국과 러시아와의 관계는 이주 문제에 있어서 매우 원활한 관계였으나 미,

중 대결과 러시아의 우크라이나 침략으로 인한 한, 중, 러 관계가 갑작스럽게 긴장 관계로 발전하고 있습니다.

2) 타문화에 대한 이해 부족은 개인 문제에서 국가 간 문제로 비화 될 수 있습니다.

타문화를 이해하지 못해 생기는 오해와 편견에서부터(필리핀에서는 아이부터 챙기기 문화로 인해 한국의 시어머니를 며느리를 괘심하다고 생각) 외국에서는 죽음의 위협까지 당한다는 사례가 있습니다. 대표적인 소설 '악마'의 시'를 쓴 인도계 영국작가 살만 루시디(75)'가 미국에서 강연을 하기 위해 무대에 오르던 중 한 남성으로부터 흉기 피습을 당해 실명 위기에 처한 사건이 발생했습니다. 이 책(악마의 시)은 두 인도인이 비행기 테러 사고를 겪은 뒤 각자 천사와 악마의 영향을 받고 전혀 다른 삶을 사는 내용입니다.

루슈디는 소설에서 이슬람 예언자 무함마드를 부정적으로 묘사하고, 그가 이슬람 경전 코란의 일부를 악마로부터 계시를 받아 썼다고 표현해 반발을 샀습니다.

중동과 유럽 곳곳에서는 이슬람 종교를 모독했다는 이유로 격렬한 시위가 이어졌습니다. 소설 출간 이듬해이던 1989년 당시 이란의 최고 지도자 아야톨라 호메이니는 루시디에게 사형선고를 내리고 수백만 달러의 현상금까지 내걸었습니다. 이에 루슈디는 10년 넘게 가명을 쓰며 은둔 생활을 해야만 했으며, 루슈디의 책을 번역한 이들도 괴한들의 공격을 받았습니다. 1991년에는 '악마의 시'를 번역한 일본인과 이탈리아인이 살해를 당하기까지 했습니다. 그 결과 영국은 사우디아라비아와 국교를 단절하기까지 했습니다. 왜 루시디의 시가 이렇게 큰 국가적 문제로 비화 되었습니까? 서구 유럽에서는 표현의 자유라는 가치에 부합하지만 이슬람 입장에서는 '종교적 신념'의 보호라는 입장과 충돌하면서 정치적 문제로 급부상한 것입니다.

또한 '공공장소 안 종교상징물 착용금지법'을 도입한 프랑스에서는 히잡(이슬람교를 상징하는 머릿수건)을 고집하는 여학생들의 퇴학사태가 잇따라 발생했습니다. 2004년 10월 19일 두 명이 퇴학을 당하고 20일에는 세 명이 퇴학 조치를 받았습니다. 또 프랑스에 이어 미국에서도 초등학교에 입학한 무슬림 7세 소녀가 쓴 히잡을 강제로 벗으라고 해 모멸감을 줬다는 이유로 교사가 피소된 사건이 발생했습니다. 그런데 '히잡을 쓴 검객'으로 유명한 리우데자네이루 올림픽 펜싱 동메달리스트 이브티하즈 무하마드가 '어린 꼬마가 종교적인 이유로 학대를 당했다는 비난의 글을 인스타그램에 올린 것'이 불에 기름을 붓는 격이 되었습니다. 이후 분노한 이슬람계 주민들과 동조자들의 항의 이메일과 전화가 학교와 관할 교육청에 빗발쳤고, 미국 최대 무슬림 단체인 미국 이슬람관계위원회(CAIR) 뉴저지 지부까지 가세해 교육청에 허먼 교사의 해임을 요구하는 등 사건은 일파만파로 커지게 되었습니다.

다문화사회 새내기로 진입한 한국에서도 크고 작은 문화충돌 현상이 나타나고 있습니다. 한국에 시집온 외국인 신부의 경우, 지금까지 살아온 방식의 차이로 인해 한국식 생활에 어려움이 클 수밖에 없습니다. 가령 젓가락으로 밥을 먹는 것과 조상에게 제사를 지내는 것, 목욕탕 사용과 쓰레기 처리하는 것, 앉아서 생활하는 방식 등, 서로 다른 문화의 차이는 어느 나라나 존재합니다. 한국인들은 명절이나 신혼여행을 다녀와서 양가 부모님께 큰 절을 하는 것을 당연하게 여기지만 베트남의 경우 살아있는 분에게 큰 절을 하는 것은 빨리 죽으라는 의미도 있다고 하니 조심해야 합니다.

친하게 지낸 무슬림 청년이 저녁식사 초청을 해서 갔다가 음식을 손으로 집어먹는 것을 보고, 당황한 적이 있습니다. 자기 나라에서는 손으로 식사를 한다고 했습니다. 상황을 파악한 후에 우리는 서로 손으로 먹으며 웃었던 경험이 있습니다. 종교문화의 병용 문제는 갈등의 주요 요인이 될 수 있습니다. 필자가 운영하는 다문화학교에는 여러 국가 출신 학생들이 공부합니다. 한 번은 무슬림 이맘 자녀가 입학을 했는데, 식사때마다 돼지고기나 소시지를 골라내는 탓에 다른 학생들까지 불편해하는 것을 보았습니다. 요즘은 생선을 제외한 모든 육식은 할랄의식을 하지 않으면 섭취하지 않습니다. 다문화사회에서는 식사 의식의 차이가 불편할 수도 있지만 다양성을 포용하는 자세가 중요합니다.

3) 최근 한국 사회에서 퍼지고 있는 '마약 복용'이 인간의 생명과 장래 희망을 위협하고 있습니다. 마약은 국내에서 재배되는 경우도 종종 있지만 대부분 내외국인을 통해 유입되고 있습니다(KBS, 2023. 04. 24 뉴스). 이제는 한국이 '마약청정국'이라는 지위도 옛말이 되었습니다. 외국인 관광객 및 노동자 등 외국인들의 유입이 많아지고, 유학 등 해외 체류시에 마약류를 경험한 국내 인구도 점차 늘어나면서 마약 관련 범죄도 과거에는 상상

할 수 없었던 수준으로 확산되고 있다는 우려가 커지고 있다(디지털데일리, 2023. 05. 05).

특히 SNS 등 온라인을 통해 은밀하면서도 광범위하게 이뤄지는 마약 거래도 갈수록 진화함에 따라 정부 당국이 단속에 적지 않은 어려움을 겪고 있다는 지적입니다. 또한 청소년 등 젊은 연령대가 자신도 모르게 마약 중독의 위험에 노출되고 있다는 점에서 상황의 심각성을 더하고 있다는 분석입니다. 최근 강남 학원가 일대에서 미성년자 들에게 '마약음료'를 마시게 한 일당이 검거되면서 큰 사회적 파장이 일었습니다.

4) 이주에 대한 편견과 차별 등 정치적, 사회적 배제도 인간 안보를 위협할 수 있습니다.

외국인에 대한 편견이나 오해 가운데는 이주민들이 가난하고, 배움이 적고, 냄새가 난다는 인식을 가진 이들이 있습니다. 그러나 사회문화적 차이는 편견이나 차별의 이유가 결코 될 수 없습니다. 차별하는 그 사람의 수준이 도리어 문제가 될 수 있습니다. 한국 사회가 최근 겪고 있는 갈등 중의 하나도 문화의 차이에서 기인한다고 생각합니다.

유독 갈등을 많이 겪고 있는 국가가 프랑스인데, 프랑스에서 테러가 일어난 사회적 요인(서다빈, 엄정식:177-179)은, ①가난한 이주민이 거주하는 방리유 지역에 거주하는 이주민들과 자국민들에 대한 배제(방리유의 이미지는 범죄, 폭력, 불안한 치안, 경제적 수준 낮은 곳, 열약한 곳이라는 이미지)가 심했기 때문입니다.

②교사들에 대한 교육 수준에 따른 배제(프랑스는 성적이 우수한 교사들에게 학

교 선택의 우선권을 준다)가 심하기 때문입니다.

③경제적 수준에서의 배제(이주민들은 소수자이고 거주, 교육, 경제 등에서 사회적 불평등을 겪게된다)가 원인입니다. 종교적 요인은, 당시 무슬림들은 미국보다는 상대적으로 약한 유럽을 대상으로, 저항운동을 일으켜 유럽국가들의 분쟁을 유도하여 붕괴시키는 전략을 구사(수직적인 조직을 표방하기 보다는 수평적인 시스템에 착안하여 소규모의 독립적인 집단으로 저항운동을 일으킴)한다고 합니다.

정치적 요인은, ①사르코지 대통령의 강경한 이민정책추진에 대한 반발이 크기 때문입니다. (프랑스 외곽에 거주하는 알제리 출신 이민자 소년의 변전소 감전사와 빈민가를 대상으로 단속을 강화하고, 범죄와의 전쟁 선포, 이민자들이 프랑스 안보에 위협요인으로 생각, 프랑스 정체성 확립을 이유로 이민자를 밀어내는 결과가 됨)

②그 외에도 고질적이고 악의적인 습관도 인간안보의 위협요인이 됩니다. 필자가 결혼이민자의 인권침해(매매혼 문제) 조사를 위해 베트남과 캄보디아 두 나라를 방문했을 때 똑같은 질문을 받은 적이 있습니다. "왜 한국의 시어머니들은 며느리들은 괴롭힙니까?"하는데 속으로 깜짝 놀란 적이 있습니다. 베트남과 캄보디아 관리로부터 토시하나 틀리지 않고 말하는 것을 들었기 때문입니다. 한국의 고부갈등은 해외 토픽감이 되어있었습니다. 좀 부끄러웠습니다. 김성건은 '무슬림의 인지적 부조화', '프랑스의 동화정책과 문화전쟁', '아브라함 종교(유대교, 기독교, 이슬람) 의 선민사상', '이슬람 근본주의의 독특성' 등을 안보 위협이라 하였습니다 (김성건:2016).[8]

<프랑스 내 테러리즘 발생 원인과 한국의 발생 가능 요인>

'프랑스'내 테러리즘 발생원인	구분	'한국'내 발생 가능 요인
거주, 교육, 경제 활동에서의 무슬림 차별 및 배제	사회적 차원	외국인 체류자에 대한 중심기구의 부재 및 다문화가족 중심의 정책
히잡, 부르카, 착용 금지 등 이슬람 차별정책	종교적 차원	주류 종교(불교, 개신교, 천주교)에 대한 차별적 혜택 정책
사르코지 대통령의 국가 정체성 확립 정책	정치적 차원	문재인 정부 100대 과제 중 외국인 체류자 관련 정책 부재

5. 이주의 안보화에 대한 법률과 제도

1) 미국의 경우 9.11 테러가 발생하자 "애국자 법"을 제정하고 "국토안보부"를 신설하고, 이민정책을 국가안보 차원으로 격상시켰습니다. 하지만 이 법은 너무나 강력하여 기본권을 무력화하는 인권침해 요소가 많다는 지적을 받고 있습니다.

2) 영국은 '악마의 시'를 쓴 인도 출신 영국 작가 살만 루시디가 전(全) 이슬람으로부터 생명의 위협을 받고, 사우디아라비아로부터도 살해 위협을 받자 영국은 사우디아라비아와 국교를 단절하였으며, 사우디가 루시디를 용서한다고 약속하자 국교를 정상화하였습니다.

3) 2015년 프랑스는 6개 지점에서 연쇄적으로 발생한 테러로 시민 130여 명이 사망하자 '국가비상사태'(Etat d'urgence)를 선포하고, "국가안전 및 대테러전 강화법"을 개정하였습니다.[9] 하지만 프랑스는 자유로운 이동을 보장하는 솅겐조약(Schengen Agreement)[10]이 적용되는 곳이므로 비판을 받기도 했습니다.

4) 한국은 이주민에 대한 처우 및 지원을 위한 각종 법률과 제도를 만들어 적극적으로 지원하고 있습니다. (재한외국인처우기본법제10조 (재한외국인 등의 인권옹호), 제14조(난민의 처우), 제14조의2(특별기여자의 처우), 다문화가족 지원법 제8조(가정폭력 피해자에 대한 보호⋅지원), 의료 및 건강관리 지원(의료 및 건강관리를 위한 지원), 2016년 2월 23일 주호영의원 발의로 3월 2일 국회를 통과한 "국민보호와 공공안전을 위한 테러방지법에 대한 수정안'(약칭 테러방지법) 등이 있습니다.

6. 이주의 안보화 현상에 대한 한국교회의 역할

이주가 서구사회에서 국가안보와 인간안보를 위협하는 요인이 되고 있지만 아직까지 한국에서는 국가안보를 위협할 만한 큰 사건은 발생하지 않고 있습니다. 다만 결혼이주 여성의 경우, 배우자에게서 폭력이나 살해를 당하는 등 인간안보의 위기를 겪기도 합니다. 또한 다문화 사회화가 진전되면서 서구사회에서 일어난 테러 등이 영화나 언론 등을 통해 학습되어 특정 국가 출신 이주민들에 대한 경계심과 우려감이 상존하고 있는 점은 부인하기 어렵습니다. 이러한 인식의 바탕에서 한국교회의 역할을 제시하고자 합니다.

1) 이주에 의해 국가안보와 인간안보가 위협받을 때 교회는 어떤 태도를 취해야 합니까?

모든 범죄에 대한 법률의 적용은 공정해야 하고, 그 결과는 정의로워야 한다는 것이 성경의 가르침입니다. 하나님께서 인류를 위한 구원의 길을 여실 때도 예수그리스도의 십자가를 통해 보여주신 것이 있습니다. 사랑과 공의(정의)입니다. 하나님은 그리스도의 십자가를 통해 인류의 죄를 심판하셨고, 또한 인류를 사랑하시기에 그리스도를 십자가의 죽음에 내어 주셨습니다. 그러므로 교회는 세상이 잘못된 길을 갈 때 공의(정의)를 주장해야 하고, 미리 예방하는 역할도 해야 합니다. 그런면에서 성경에 나오는 6개의 피난처(민수기 35:14)는 무조건 포용하는 것이 아니라 사랑과 정의가 실현되는 피난처였음을 기억해야 합니다. 이는 정부에 대해서도 마찬가지입니다.

2) 국가나 국민에 의해 이주민이 위협을 받을 때 교회는 어떤 태도를 취해야 합니까?

(1) 난민 정책은 국가마다 차이가 있습니다. 얼마 전까지만 해도 EU 회원국들은 난민 이주에 대해 적극적인 수용 의사를 나타냈지만, 경제적 침체와 우파 정권의 등장, 중동, 중앙아시아, 아프리카 지역 난민의 유럽행이

계속되자 난민 유입을 막기 위해 물리적인 장벽을 속속 설치하고 있습니다. 벨라루스는 난민이 독일로 갈 수 있게 폴란드 측에 '인도주의 회랑'을 열어 달라고 요구했으나 폴란드는 이를 거부했고, 폴란드 정부는 자국의 국경을 넘으려는 이주민과 난민을 즉각적으로 강제 추방하고 망명 신청을 거부할 수 있도록 난민 관련법을 제정했습니다. 덴마크는 시리아 난민에 대해서는 망명권 부여를 거부하고 본국으로 돌려보내고 있지만 우크라이나 난민에게는 거주 허가를 내주고 교육, 취업 등의 편의를 제공하는 제도를 마련해 주었습니다. 이에 대해 난민 전문가인 라미스 압델라티 미국 시러큐스대 교수는 "우크라이나인은 백인이고, 기독교인으로 인식되고 있지만, 아프가니스탄인 등은 그렇지 않다"고 지적했습니다.[11] 사회통합의 용이성과 특정 종교에 대해 우선 선별 난민 정책이 작동된 것입니다.

> "이주민을 분리·구별하는 정책, 인종차별 인식을 강화 시킬 수 있어" 미국, 유럽 등에서 아시아계 사람을 대상으로 하는 온라인 상 혐오 댓글, 언어폭력, 서비스 거부, 침을 뱉는 등의 모욕적 행위, 폭행 등 범죄행위가 급증하고 있는 사실이 각종 통계와 사례연구를 통해 확인되었고, 최근에도 뉴욕에서 한 남성이 뚜렷한 이유가 관측되지 않는 상황에서 쇼핑가를 방문한 83세 한국계 여성에게 침을 뱉고 주먹질을 하여 피해자가 기절하는 사건이 있었으며, 담당 지방 검사는 인종에 기반한 혐오범죄 혐의를 두면서 "혐오범죄는 모두에게 영향을 주며 공포 분위기를 조성한다"고 밝혔다(2021.03.19. 국가인권위원회 위원장 최영애).

예수님은 지연, 학연, 혈연 등에 개의치 않으셨으며, 아무도 차별하지 않으셨습니다. 오히려 나그네들을 돌아보고, 과부와 고아들을 돌보아 주라고 가르치셨습니다. 모든 교훈은 사랑에 근거한 것입니다. 한국교회는 마땅히 예수님의 뜻을 따라야 합니다. 그래서 한국 기독교가 아가페 교도소를 지었듯이, 난민들을 위한 숙소를 지어 그리스도의 가르침을 실천하기를 기대해 봅니다.

(2) 독일의 경우, 전통적인 보수당 출신인 메르켈 총리는 반 이민주의에 대해 반대의 입장을 거듭 표명했음에도 불구하고 반 이민 정책은 우파주의자들에 의해 주도되고 있고, 그들의 주장은 이주민들로 인해 국가적 안보와 정체성이 위태롭게 된다는 논리가 만들어져 유럽 전 사회로 확대되고 있습니다. 이러한 논리대로 라면 유럽 사회는 유럽과 반유럽이라는 프레임으로 양분되는 것입니다.[12] 문제는 이주민들이 정당과 계파의 정치적 이해관계의 희생물이 되고 있다는 점입니다. 대표적인 사례가 영국의 유럽연합 탈퇴(Brexit)입니다.[13] (3) 이주민들은 사회적 약자이며, 그들은 나그네들입니다. 그래서 성경은 "너희도 애굽에서 나그네였음을 기억하고 그들을 도우라"고 강조하고 있습니다. 현대 이주의 흐름은 이민을 수용하는 국가의 이민정책에 의해 결정되므로 법률을 제정하는 국회의원들을 잘 선출해야 하고, 정책을 추진하는 관리들의 책임이 큽니다. 그러므로 교회는 현장의 목소리를 전달하는 역할도 해야 하지만 적극적인 매니페스토(Manifesto) 활동을 통해 민의가 국정에 반영되도록 해야 합니다. 또 선거 과정에 부정과 부패가 미치지 못하도록 철저한 감시를 해야 합니다. 뿐만아니라 정부의 손길이 미치지 못하는 사각지대를 찾아 지원하는 역할도 앞장서서 해야 합니다.

⑷ 교회는 사회복지 안전망을 만들어 이주민들의 사회복지 영역도 감당할 수 있어야 합니다. 국민들은 교회가 이주민들을 위해 무슨 일을 하는지 잘 알지 못합니다. 한국교회는 과거에 비해 사회적 역할이 많이 위축되었다는 평가를 받고 있습니다. 하지만 복음 전도와 함께 사회적 책임을 감당하는 것이 교회에 주어진 책무임을 잊지 말아야 합니다. 그 일 중의 하나는 정부가 추진하는 사회통합프로그램(www.socinet.go.kr)에 참여하여 이주민들의 교육과 사회화를 돕는 일입니다. 교회는 선교 정책의 고유성을 지켜가야 하지만 사회통합 프로그램을 통해 이주민들의 교육을 돕는 일은 직접적인 전도는 아닐지라도 전도의 기회를 만들 수 있고, 크게 보고, 멀리 보면, 이 또한 선교의 영역이라 할 수 있습니다.

◇ 토의질문

1. 테러나 범죄 예방을 위한 이주민 관리·감시 정책과 이주민의 기본권 보호는 어떻게 균형을 이룰 수 있을까요? 9.11 테러 이후 미국의 '애국자법'과 같은 강력한 규제가 필요한지, 아니면 인권 보호에 더 중점을 두어야 할지 토론해 보세요.

2. 종교나 문화적 차이로 인한 갈등(예: 히잡 착용 문제, 할랄 식품 문제 등)을 다문화 사회에서 어떻게 해결해야 할까요? 프랑스의 세속주의적 접근과 타문화 수용적 접근 중 어느 것이 더 바람직한지, 한국의 상황에서는 어떤 방식이 적절할지 논의해 보세요.

3. 난민 수용에 있어 인도주의적 책임과 안보적 고려를 어떻게 조화시킬 수 있을까요? 일부 유럽 국가들의 선별적 난민 수용 정책의 정당성과 문제점을 검토하고, 한국이 취해야 할 바람직한 난민 정책 방향에 대해 토론해 보세요.

08

이주의 게토화 현상

1. 이주의 게토화란?

2. 게토의 어원

3. 게토의 역사적 배경

4. 게토화의 요인

5. 이주의 게토화가 사회 통합과 관련하여 문제가 되는 이유

6. 이주의 게토화된 지역 사례

7. 게토화 지역에 대한 정부 정책

8. 이주민 밀집지역 (게토)에 대한 교회의 역할

08

이주의 게토화현상

스티븐 스필버그 감독이 연출한 영화 〈터미널〉은 공항 터미널에 사는 사람의 이야기입니다. 주인공인 빅터 나보스키(톰 행크스)가 입국하는 사이, 고국 크로코지아 공화국에 쿠데타가 일어났습니다. 빅터 나보스키는 미국에 들어올 수도, 그렇다고 돌아갈 수도 없는 처지가 되어 터미널에서 살게 되었습니다. 그런데 놀랍게도, 영화 속 이야기와 유사한 사건이 한국 인천공항 제1터미널에서 실제로 발생했습니다. 앙골라에서 온 루렌도 가족 사례입니다. 그들은 공항에 갇힌 뒤 3년 만에 난민인정을 받고 공항 '게토'에서 벗어날 수 있었습니다.[1]

1. 이주의 게토화란?

게토화(C ghettoization)란, 특정 인종, 민족, 혹은 사회 집단이 지역 내에서 모여 살아가는 현상을 말합니다. 이는 종종 경제적인, 사회문화적인, 정치적인 이유로 발생할 수 있습니다. 게토화된 지역은 특정 집단이 점유하고 다른 집단과는 분리되어 있는 경우가 많아, 그러한 지역은 특정 문화, 언어, 식사 습관 등을 유지하게 되고, 이는 해당 지역의 독특한 특징을 형성할 수 있습니다. 게토화는 종종 사회적 불평등과 관련이 있을 수 있으며, 그로 인해 이주민, 소수 민족, 경제적으로 취약한 집단 등이 다른 곳에 비해 더욱 제한된 기회에 직면할 수 있습니다. 게토화는 세그리게이션(segregation: 분리, 격리, 차단)의 한 형태로도 볼 수 있으며, 주거, 교육, 고용 등 다양한 영역에 영향을 미칠 수 있습니다.

2. 게토화 어원

'게토'의 어원은 두 가지 설이 있습니다. '게토'는 '인연을 끊겠다는 뜻을 통고하는 문서(絶緣狀)'라는 뜻을 지닌 히브리어 'get'과 '채석장'을 의미하는 이탈리아어 '케토'('ghetto')의 뜻이 합쳐져 돌을 떼 낸 장소에 유대인을 집어넣어 관리하는 지역 이름으로 굳어졌다는 설과 '주물공장'을 뜻하는 이탈리아어 '게타레'(getare)에서 파생됐다는 설이 있습니다. 오늘날 일반적으로 받아들여지는 '게토'의 의미는 유대인들을 격리시키기 위한 목적으로 이주시킨 장소를 뜻합니다. 그래서 게토의 의미는 유대인뿐 아니라 유색인종을 비롯한 수많은 인종들을 격리하고 차별하고 배제하는 용어로 사용되어 왔습니다.

3. 게토의 역사적 배경

 게토는 처음 유대인에게 해당되었고, 유대인이 게토의 희생자로 인식될 정도로 게토와 유대인의 관계는 깊습니다. 1516년 3월 베네치아 의회는 세계 최초로 '유대인 거주제한에 관한 법'를 제정하고 베네치아에 거주하는 유대인들을 운하로 갇힌 섬에 격리 수용하였는데 이 거주지를 베네치아 게토(VeneziaGhetto)라고 이름을 붙였습니다.[2] 그 후 게토는 유대인들을 강제로 집어넣어 격리하고 관리하는 차별의 용어가 되었습니다. 그러나 게토의 의미는 알려진 사실과 달리 유대인들을 보호하기 위해 만든 것이라고도 전해지고 있습니다. 1090년대 말 십자군의 광기에 (하인리히 4세의 유대인 보호 칙령에도) 신성로마제국 곳곳에서 유대인 학살이 자행되자 12세기 슈파이어의 주교가 유대인 주거지에 성벽을 두르고 자치권을 주어 학살로부터 보호하려 했다고 합니다. 십자군은 주교 궁에 숨은 유대인까지 무자비하게 죽였기 때문입니다. 물론 게토의 어원은 베네치아에서 유래되었고, 최초의 게토라 불린 곳도 베네치아 공화국의 유대인 강제수용 지역이었습니다. 게토는 높은 벽으로 둘러싸여 있어 바깥 사회와 격리되어 있었고, 게토에서는 유대인 공동체로서 어느 정도의 자치를 허용했으나 시민권을 절대 주지 않았다고 합니다. 게다가 게토 밖으로 나갈 때는 유대인임을 증명하는 노란색 옷과 챙이 달린 뾰족 모자를 걸치고 표식까지 달아야 했습니다. 또 해가 진후에는 게토 밖으로 나가는 것이 완전히 금지되고 감시되었습니다. 거주지 제한 때문에 게토의 유대인들은 건물을 높이 지을 수밖에 없었으며, 서유럽에서는 19세기부터 점점 없어져 1870년 로마를 마지막으로 폐지되었다고 전해지고 있습니다.

4. 게토화(분리 지역)의 요인

게토화가 발생하는 요인은 다양합니다. 차용호는 게토화를 '좋은 분리'와 '나쁜 분리'로 구분하고, '좋은 분리'는 긴밀한 사회적 유대와 지원 네트워크를 특징으로 하는 민족 문화적 그룹의 집중을 의미하고, 나쁜 분리는 직업의 분리, 집단 내 결혼, 모국어 유지로 인해 개인 소득에 부정적인 결과를 초래하며 이러한 장기간의 공간 분리는 경제적 성공을 저해한다고 주장하였습니다.[3]

1) 토마스 스케링의 인종분리 요인에 의하면, 자신과 같은 타입의 이웃이 30% 이상이라면 자신의 거주지에 머물고, 30% 미만일 경우 다른 거주지로 옮긴다고 가정한다면 자신과 같은 타입의 이웃은 30%가 있어야 한다는 '약한 선호도'가 같은 타입의 이웃을 점점 더 많이 모이게 하여 70%보다 큰 분리된 이웃을 갖게 한다는 분리 시스템을 제시합니다.[4]

2) 일반적으로 외국인이 스스로 상호 부조의 필요와 네트워크 구축을 위해 밀집 지역을 형성하는 경우입니다. 즉 스스로 비즈니스 타운 조성, 인력 공급망 형성 등 경제효과는 지역 경제에 도움이 되기도 합니다.

3) 특정 지역 출신 지역별 국가별로 이루어진 형성된 경제 공동체 또는 비즈니스 타운이 조성되는 경우입니다. 예를 들면, 안산시 원곡동, 인천 차이나타운, 부산시 차이나타운, 서울시 동부이촌동 일본인 마을 등입니다.

4) 김윤경은 부산시의 경우 단순 기능 외국인과 유학생이 외국인 밀집 거주에 영향을 미치고, 사글세와 월 세 가구 수가 많을수록, 쇼핑, 문화시설과 보육시설이 적을수록, 종교시설이 많을수록 외국인 밀집 거주가 높게 나타난다고 하였습니다. (김윤경 외, 2014)[5]

5) 스웨덴 밀집 지역에 거주하는 이주민은 사회적 배제나 거주지 분리 현상을 겪어 왔습니다. 스웨덴은 오랜 기간동안 이민정책과 포용적 이주민 정책의 대표적 사례였으나 2013년 봄 스톡호름 근교 휴스뷔에서 발생한 이주민 청년 폭동 사건으로 포르투칼계 이주민 청년이 경찰의 총을 맞고 사망한 것이 발단이 되었습니다. 이 사건으로 이주민들, 특히 무슬림 청년들이 차량에 불을 지르는 등 격렬하게 저항하게 되었습니다. 또한 이주민에 적대적인 국수주의 정당인 스웨덴 민주당이 2010년 총선에서 5.7%의 득표율로 의회에 진출하게 되었는데 이는 반이주민 정서가 위험수위에 도달했다는 것을 보여줍니다. 스웨덴 거주 이주민의 게토화 원인은 사회적 배제와 경제적 어려움이 가장 큰 원인입니다.[6]

6) 종교적 갈등 해소를 위해 게토화하는 경우입니다.
1516년 3월 베네치아 의회는 세계 최초로 '유대인 거주제한에 관한 법'를 제정하고 베네치아에 거주하는 유대인들과 기독교인들을 분리시키기는 정책을 추진했습니다. 그 이유는 베네치아는 대부분 기독교인 지역이어서 유대인과의 충돌을 막기 위해 분리시킨 것이라는 주장이 설득력을 얻고 있습니다. 그러나 게토화는 근본적으로 '차별'의 결과로 나타나고 있다는데 주목해야 합니다.

7) 그 밖의 폴란드 바르샤바에서는 무슬림 공동체 게토화가, 중국에서는 일본에 의해 유대인 게토화가 형성되었다고 전해지고 있습니다.

5. 이주의 게토화가 사회 통합과 관련하여 문제가 되는 이유

이주민의 게토화는 이주민뿐만 아니라 현지 사회에도 문제를 야기할 수 있으며, 사회 통합을 위해서는 많은 노력과 상호 이해, 문화 교류, 언어 교육 및 경제적 지원 등의 방안이 필요합니다. 이주의 게토화가 어떤 문제를 발생시키는지 몇 가지를 살펴보겠습니다.

1) 이주민들은 자신의 출신 국가에서 가져온 문화적인 가치관과 생활양식을 유지하려는 경향이 있습니다. 그런데 게토화가 되면 그로 인해 이주민 사회는 별개의 문화 체계를 형성하게 되며, 현지 사회와의 상호작용과 이해가 어려워질 수 있습니다.

2) 이주민은 자신의 언어를 통해 의사소통을 하고자 합니다. 그런데 게토화되면 그로 인해 현지 언어에 능숙하지 않은 이주민은 일상생활에서 소외되거나 제한적인 기회에 직면할 수 있습니다. 언어 장벽은 교육, 직장 및 사회활동 등 다양한 분야에서 사회 통합을 저해합니다.

3) 이주민은 경제적으로 취약한 계층에 속하는 경우가 많습니다. 그 결과 이주민은 좁은 지역에 주로 거주하게 되고, 저소득이나 노동력 부족 등의 문제를 겪을 수 있습니다. 그로 인해 이주민 사회는 경제적으로 제한된 상황에 놓이게 되며, 이는 사회 통합에 부정적인 영향을 미칠 수 있습니다.

4) 게토화된 이주민 지역은 종종 강조된 문화적 유사성과 함께, 현지 주민과의 상호작용이 제한되는 공간으로 인식될 수 있습니다. 그로 인해 문화적 갈등, 편견, 불신 등의 사회적 문제가 발생할 수 있으며, 이는 사회 통합을 어렵게 만드는 요인이 됩니다.

5) 게토화된 이주민 지역의 위치는 종종 교통 및 기타 시설 접근성이 제한된 지역에 위치하게 됩니다. 그로 인해 현지 사회의 인프라, 서비스 및 기회에 대한 접근성이 낮아지고, 이주민은 평등한 기회와 자원에 제한을 받게 됩니다.

6. 이주의 게토화된 지역 사례

'게토'는 미국에서 많이 쓰이는 용어로 빈민 거주지역을 의미합니다. 또한 소수 인종이나 소수 민족, 또는 소수 종교집단이 거주하는 도시 안의 특정 구역을 가리키는 말입니다. 주로 빈민가를 형성하며 사회, 경제적인 압박을 받는 곳입니다. 그래서 게토는 오늘날 차별과 배제의 상징이 되었습니다. 베네치아의 게토 사례는 오늘날에도 나타나고 있고, 이주민들의 자발적 선택에 의한 게토화 현상도 나타나고 있습니다.

1) 아메리카 원주민 게토 '인디언 보호지역'

　미국은 아메리카 원주민(인디언)의 나라에 세워진 국가입니다. 하지만 유럽에서 건너온 백인들이 아메리카 원주민의 나라에 이주하면서 지배하게 되었습니다. 이주 초기에는 아메리카 원주민들을 독립된 주권 국가로 인정하기로 하였으나 두 개의 국가가 된다는 이유로 초기 정책을 버리고, 원주민들을 와해시켜 백인 주류문화에 동화시키려고 하였습니다. 백인들의 국가로 통합시키려면 원주민 국가를 인정해서는 안 된다는 논리였습니다. 19세기 초반과 20세기 중반의 원주민 정책은 미시시피강 서쪽에 '인디언 보호지역'을 만들어 강제로 이주시키는 계획을 추진했습니다. 미국은 1887년 '도스법'[7] (토지 할당을 통한 동화정책)으로 불리는 일반 할당법을 만들어 원주민들을 백인 이주민 사회에 동화시켜 그들의 생활 수준을 향상시키려고 하였으나 도리어 원주민들이 소유하였던 토지가 백인 이주민들의 소유로 넘어감에 따라 원주민들의 생활 수준은 더욱 어렵게 되었고, 원주민들을 더욱 궁지에 몰아넣는 결과가 되었습니다. 제2차 세계 전쟁 이후 미국은 인디언 자치 정부를 인정하지 않았고, '원주민 보호구역'을 폐지였으며, 연방정부의 인디언 부족 공동체에 대한 사법권도 인정하지 않았습니다. 또한 의료보험, 교육프로그램을 비롯한 재정적인 지원을 철회하였습니다. 이에 원주민들은 부족공동체와 보호구역을 떠나 도시지역으로 생활의 터전을 옮기게 되었습니다.[8]

2) 남아프리카공화국의 게토 '반투스탄'

　대한민국 면적의 약 6분의 1(17,364km²)에 불과한 작은 내륙국인 에스와티니(옛 국가명칭은 스와질란드)는 식민지 시절부터 시작된 인종 분리 정책으로 국토 일부를 남아공에 빼앗기고 남아공 백인 정권 시절에는 극단적인 유색인종 차별 정책인 '반투스탄'(흑인 격리 시설)으로 인한 아픔을 겪었습니다. 현재 남아공 음푸말랑가주(州)에 속하는 '카웅과네' 지역은 본래 스와질란드 일대에 거주하는 반투어계 스와지족 거주지로 국경 서쪽과 북쪽을 따라 서로 떨어진 두 개의 구역으로 이뤄져 있습니다. 문제는 스와질란드가 1907년 영국의 식민지가 되면서 시작되었습니다. 남아프리카공화국은 영국 연방의 일원이었던 남아프리카연방 시절부터 인종차별정책을 지속하여 1951년 '반투 자치법'(Bantu Authorities Act)과 1959년 '반투스탄 자치 촉진법'(Promotion of Bantu Self-government Act)을 제정하였는데, 그로 인해 '아파르트헤이트 정책'이 실시되었습니다. 이 정책은 남아프리카 공화국에서 행해졌던 극단적인 인종차별 정책과 제도로서 인종 격리 정책입니다. 이에 따라 남아공 정부는 자국 내의 흑인들을 인종과 언어를 기준으로 분류하여 10곳의 '반투스탄'에 분리 거주하도록 하였습니다. 반투스탄은 명목상의 자치국 지위를 부여받았으나 대부분 쓸모없는 땅이어서 흑인들은 삶의 터전을 잃고 극빈층으로 전락하였으며, 남아프리카공화국 국민이 아닌 외국인 체류자 신분이 되어 저임금에 노동력을 착취당하기도 하였습니다.

3) 이스라엘의 가자 지구 봉쇄 조치로 인한 게토

　팔레스타인 무장세력이 이스라엘군의 가자지구 침공작전에 대한 보복으로 로켓 공격을 감행하자 에후드 바라크 이스라엘 국방장관은 물자 공급로를 차단하기 위해 가자지구로 연결되는 모든 통로를 잠정적으로 폐쇄하였습니다. 가자지구에서 벌어지고 있는 전쟁은 점점 확대되고 있어서 제3차 세계 전쟁으로 발전할 수 있는 우려가 제기되고 있습니다. 최근 제2기 트럼프 정부가 들어서면서 미국은 가자 지구를 미국의 영토에 편입시켜 개발하겠다는 구상을 발표했습니다. 뿐만아니라 가자지구 주민들을 인근 지역인 요르단, 이집트 등 다른 국가로 이주시키겠다고 주장했습니다. 그렇게 되면 가자지역 주민들은 더욱더 게토화될 것이 분명합니다.

4) 이주민이 스스로 형성한 게토화 사례

오늘날의 게토화 현상은 어느 특정 지역에 이주민들을 강제로 이주시켜 관리하는 것이 아닌 이주민 스스로 자신들의 필요에 따라 형성되는 게토화 현상도 나타나고 있습니다. 예를 들어, 제조업 사업장이 밀집되는 한 지역에 이주민이 증가하면서 그들의 거주지가 민족 별로 특정 지역에 모여 사는 현상이 나타나게 되면서 게토화 문제가 사회적으로 논의되기 시작했습니다. 다문화가족이나 유학생이 아닌 이주 노동자들에게서 게토화 현상이 나타나는 이유는 계약 노동자 신분이라 동반한 가족이 없고, 종교가 같거나 경제적으로 주거비용이 저렴한 지역을 선호하게 되고, 언어나 문화 소통이 가능할 뿐 아니라 스스로를 보호하는 데도 도움이 되기 때문입니다. 하지만 이주민들이 집적하여 형성되는 지역(밀집지역)을 게토화 지역이라고 칭하기에는 지나친 확대해석이라는 점에서 논의가 필요합니다.

5) 아미시 게토 사례

필자는 현대 문명을 거부하고 전통적인 삶을 유지하는 마을인 '아미쉬 공동체'를 방문한 적이 있습니다. 그들은 현대적인 편의 시설을 선호하지 않고 매우 평범하고, 단순하게 살아가고 있었습니다. 전기, 전화, 텔레비전, 자동차, 컴퓨터 등 현대 문명의 혜택을 마다하고 과거의 전통적인 생활방식으로 살아가는 사람들이었습니다. 미국에서는 이들을 '아미쉬'(Amish)라고 부릅니다. 18세기 초 유럽에서 종교적 박해를 피해 미국으로 건너온 '아미쉬'는 18세기에 펜실바니아 주로 이주하기 시작했고, 펜실바니아 주 랭케스터 지역에 정착하였으며, 현재 미국과 캐나다에 17만 명 정도 거주하고 있다고 합니다. 언어는 영어도 사용하지만, 독일어의 방언인 펜실바니아식 독일어를 사용하고 있습니다. 그들은 믿음을 따라 생활하는 아주 엄격한 종교 관행을 가지고 있는데 종교적 원칙에 충실한 삶을 사는 사람들입니다.

6) 자연인 게토

TV 프로그램을 통해 널리 알려진 '나는 자연인이다'는 개인 스스로가 게토를 택한 사람들에 관한 이야기입니다. 이들의 특징은 한결같이 '사연'이 있다는 점입니다. 그런데 현대인들 가운데 이 프로그램을 시청하는 사람들이 많은데 그 이유가 '그렇게 살고 싶은 사람들이 많기 때문'이라고 합니다. 스스로 자연인이 된 사람들이 얼마나 되는지는 알 수 없으나 이들의 이주는 또 다른 게토 사례입니다.

7) 성경에 나타난 게토

사마리아는 성경에 나타난 대표적인 게토 지역입니다. 유대인들은 남쪽 유대 지방에서 북쪽 갈릴리 지역으로 가려면 사마리아를 통과해야 하는데, 유대인들은 그 지역을 지나지 않으려고 멀리 돌아서 갔다고 알려지고 있습니다. 예수님이 어느 날 사마리아 수가성에서 물을 길으러 온 여인에게 마실 물을 달라고 하자 여인이 대답하기를 "유대인인 당신이 어찌 사마리아인인 나에게 물을 달라고 하느냐"며 당황하였습니다. (요한복음 4장 9절). 당시 유대인들은 사마리아인들과 상종하지 않았기 때문입니다. 이를 통해 유대인들은 철저하게 사마리아 지역을 게토화시켰음을 알 수 있습니다. 이렇게 된 데는 기원전 8세기에 북이스라엘이 멸망하면서 사마리아에 살던 사람들이 앗시리아로 강제 이주되었고, 또한 앗시리아 식민지 사람들이 사마리아로 이주해 살게 되면서부터입니다. 그 결과 문화와 종교도 섞이게 되었고, 또한 사마리아에 살던 유대인들과 이주민들이 혼인을 하게 되면서 자녀가 태어나자 남쪽 유대 왕국의 사람들은 북쪽의 사마리아인들을 배척하게 되었습니다. 그 결과 사마리아에는 다양한 문화와 종교가 혼재하게 되었고, 유대인과 이주민 간의 혼인으로 태어난 자녀들 때문에 남쪽 유대 왕국의 사람들은 사마리아인들을 더욱 멀리하게 되었습니다. 에스라서에는 바벨론 포로 생활에서 돌아온 유대인들이 이주민과 결혼한 가족들의 결혼을 무효화시키는 일까지 하였는데, 이러한 극단적 행동은 유대인들이 혈통을 중시하는 민족주의 영향 때문입니다. 한국도 순혈주의를 선호하는 경향이 강한데, 다문화 사회로 진입하면서 갈등의 요인이 되고 있습니다.

8) 종교 게토화

전통적인 종교인 기독교, 불교, 천주교인들은 종교 게토 현상을 찾기 보기 어렵지만, 소위 '이단'이나 '사이비 종교'는 그 실체와 성격을 일체 비밀로 하고 있다는 점에서 스스로 게토화를 택하고 있습니다. 이는 그들이 믿고 따르는 교주를 신격화하고 있고 반사회적인 교리를 가르치기 때문입니다. 그들에게서는 정상적이고 보편적인 사회화 과정을 찾을 수가 없습니다. 따라서 그들 스스로 게토를 택한다고 밖에 볼 수 없습니다. 신천지, 통일교, 하나님의 교회가 대표적 사례입니다. 그런데 최근 한국 개신교회에 대한 게토화를 우려하는 이들이 많아지고 있습니다. 예전의 교회는 어려운 이웃의 친구나 사회의 정의를 위해 일하는 인식이 강했으나, 최근에는 지식인들과 청년들 사이에서 부정적 여론이 형성되면서 교회의 게토화가 심화되고 있습니다. 이들의 주장에 따르면, 1980년도 이전까지 한국교회는 이 땅의 가난한 사람들과 소외된 사람들을 돌보는 교회, 이들의 권익을 대변해 주는 교회, 나눔과 섬김을 실천하는 교회였으나 1980년대 이후 한국교회는 자기 게토화에 빠져 변질되기 시작했다는 것입니다. 이에 대해 강연안 교수는 "교회가 자기만의 언어를 사용하고, 자기만의 삶을 추구하면서, 주위의 문화와 사회로부터 격리되는 현상이지요. 보편 언어나 공통언어에 대해서 너무 무지해요. 교회 안에 갇히게 된 것이죠." "교회는 타인의 고통에 대해 공감할 수 있느냐, 없느냐 라는 것이 지금 큰 숙제이고, 도전이죠" (세월호 사건, 이태원 참사 사건, 산사태나 오송 지하도 홍수사태, 일본 후쿠시마 원전 오염수 방류 관련 어민들의 아픔, 코로나19 등) 최근의 조사에 의하면 한국인들이 종교를 선택한다는 가정하에 어느 종교를 선택하겠느냐는 질문에 천주교, 불교, 원불교, 개신교 순으로 나타나 충격을 주었습니다. 여론조사 기관마다 어떤 질문지를 사용했느냐에 따라 결과가 달라지겠으나 코로나 19이후 한국교회에 대한 신뢰도가 낮아진 것은 사실입니다.(2023년 한국교회신뢰도 21%, 74%는 '신뢰하지 않는다' 고 응답하였습니다. (기윤실, 2023년사회적 신뢰도 발표)

9) 시작 글에서 언급했지만 인천공항 출국장에서 게토를 택하여 생활하는 이주 여행객들이 상당히 많다고 합니다. 이들은 입국도, 출국도 하지 않은채 지내고 있다고 합니다. 여행객 중 상당수가 특정 국가 국적자들인데 이들이 출국장에서 지내는 이유는 기회가 되면 미국이나 캐나다 등으로 가기 위해서라고 합니다. 영화에서나 나올 법한 이야기가 인천공항에서 일어나고 있는 것입니다. 이 이야기는 개인 정보에 관한 것이므로 더 이상 밝힐 수 없음을 이해해 주시기 바랍니다.

10) 우생학을 내세운 혈통 주의

독일 총독부는 1939년 10월에 폴란드의 피요트루크 트리부날스키 지역에 첫 게토를 설립하였습니다. 나치 독일은 게토 설립을 통하여 유대인들을 일시적으로 분리, 통치하고 궁극적으로는 베를린의 나치 정권이 유대인을 말살하고자 하는 계획을 실현하고자 했습니다. 히틀러가 유대인을 학살하고 게토화 시킨 이유는 '우생학'을 바탕으로 왜곡된 인종주의 이론을 내세워 우수한 게르만 민족의 순수성을 보존하려면 열등한 유대인과 피가 섞여서는 안 된다고 주장했기 때문입니다. 그리고 히틀러는 정치적인 논리를 교묘하게 조작해서 반유대주의가 팽배하던 정서를 왜곡시켜 유대인과 집시, 러시아인 등 약 천만 명 이상을 죽였습니다. 히틀러는 세계사를 '약육강식'과 '적자생존의 원칙'이 지배하는 인종들 간의 끊임없는 투쟁으로 인식

했습니다. 그리고 국제적 금융자본주의와 사회주의를 이끌고 있는 유대인들이 게르만 민족의 생존을 위협하며 유럽을 불안하게 만들고 있다고 봤습니다. 히틀러는 1933년 1월에 나치당의 대표로 독일의 총리가 되자마자 유대인 박해를 시작했습니다. <유대인의 역사>를 쓴 폴 존슨은 홀로코스트(번제)에 대해 말하기를 "2,000년대에 걸친 기독교와 성직자들, 평민들, 세속인들, 이방인들의 반유대주의적 증오가 히틀러에 의해 하나의 거대한 괴물로 합쳐져서 유래를 찾아보기 힘든 엄청난 파괴력을 발휘했다."고 평가하였습니다(게토 홀로코스트 백과사전).

11) 이주민의 종교공동체 형성

　이주의 증가로 인한 동일 민족들이 따로 모여 사는 특정 지역이 생겨나고 있습니다. 그들만의 독특한 문화와 가치관과 세계관이 나타나는데 '종교적 신념'이 크게 작용합니다. 이혜경은, '인도인들은 한 사람 또는 소수가 이민 정착 국에 정착한 이후, 가족들을 초청하여 이민자 집중 거주지(ethnic enclave)를 형성하고, 경제권을 강화, 장악하는 특성을 보여준다'고 하였습니다.[9] 한국에서는 힌두교, 회교, 시크교, 등을 중심으로 커뮤니티가 형성되고, 게토화 현상도 나타나고 있습니다. 그 이유는 저렴한 주거를 구하기 쉽고, 언어소통, 일자리 구하기가 용이하고, 요긴한 정보수집에 유리하기 때문입니다. 그들과는 약간의 차이가 있지만 미국에 있는 '아미쉬 마을'은 그들의 전통(문명 거부)과 신앙을 유지하려는 자발적 선택으로 게토화를 선택한 경우입니다. 한국에서도 박태선의 '신앙촌'이 대표적인 게토화를 선택한 경우입니다. 게토화 형태는 집단거주에서 동일한 사상이나 종교를 가진 개별적인 게토화 형태도 나타나고 있습니다.

12) 침략국의 이주 정책

일제 강점기(1910-1945) 동안 다양한 이유로 수많은 한국인들이 일본으로 강제로 이주하게 되었습니다. 이 이주는 강제 징용, 직업 기회 찾기, 경제적인 이유 등 다양한 요소에 의해 발생했습니다. 특히, 제2차 세계대전 중인 1944년에는 일본이 계획적으로 한국인 노동자들을 모집하여 일본 내 공장 및 채광 현장에서 강제로 일하게 했습니다. 이런 강제 징용은 당시 한국인들에게 씻을 수 없는 상처와 고통을 남긴 인권침해로 여겨지고 있습니다. 이들 가운데 상당히 많은 한국인 들이 게토화된채 일본에 거주하고 있습니다.

7. 게토화 지역에 대한 정부 정책 사례

1) 덴마크 정부, 게토 지역 대대적 단속 추진

덴마크 정부는 지난 20년 동안 게토 지역을 없애기 위해 6번의 시도를 하였지만 모두 실패했고, 2030년까지 '게토 없는 하나의 덴마크'를 만들기 위해 노력하고 있는 중입니다. 덴마크 정부가 게토를 없애려는 이유는, 게토 지역은 다른 지역에 비해 많은 수의 이민자, 높은 범죄율, 낮은 교육 레벨, 낮은 임금 등의 특징을 보이기 때문입니다.

2) 한국의 경우, 이주민 집중 거주지역인 게토에 대한 정부 정책을 찾기

는 어렵습니다. 대림동의 중국인 집중지역을 중심으로 영화가 제작되어 사회적 반향을 불러온 적은 있지만, 이주의 게토가 큰 문제가 된 적은 없습니다. 반면 한국 중앙정부나 지자체의 경우 대표적 게토 지역인 '안산'이나 '대림동, 구로, 금촌 등 남부 3개 구(區)와 '광주광역시 고려인 마을' 등을 이주민 특성화 지역으로 활용하는 정책은 많이 있습니다. 그러나 그러한 정책이 과연 옳은 방향인지는 다툼의 여지가 있습니다. 서울시 교육청의 경우 한때 구로, 금천, 대림동 등 남부 3개 구(區)의 초·중·고를 이중언어 특구로 지정한다는 소문으로 지역주민과 학부모들의 반발에 직면한 적이 있기 때문입니다. 주민들은 "조선족 특구를 만들겠다는 거냐" "중국인들이 더 늘어 동네가 급격하게 슬럼화될 것"이라며 반대했습니다. 만약 영어, 일본어, 러시아어, 아랍어, 스페인어의 특구를 만들겠다해도 반대했을지 궁금합니다. 이주민 문제를 다룰 때, 가장 고려해야 하는 점이 바로 집단 거주지화(게토화)가 되는 것입니다. 이주민의 집단 거주지화 즉, 게토화는 필연적으로 등장하지만, 이로 인한 부작용은 대단히 심각합니다. 특정 지역이 특정 국가 출신으로 집단 주거지 화 되는 순간, 이주민의 사회통합은 대단히 어려워지고, 집단적인 민원과 갈등이 발생하게 됩니다.

서구사회에서 이주민 폭동사태가 벌어진 곳은 대부분 특정 국가 출신들이 집단거주지화가 이뤄진 '게토'에서였습니다. 일부 지자체장들이 다문화 정책을 편다며, 특정 지역을 '중국인촌', '베트남촌', '고려인 마을'을 만들려고 하는데 이는 바람직하지 않은 정책으로 생각합니다.[10] 이러한 점에서 싱가포르의 정책을 눈여겨 볼 필요가 있습니다. 싱가포르는 중국계 화교가 인구의 70%를 점하고 있습니다. 그 외 인도계가 15%, 말레이계와 인도네시아계, 그리고 태국계가 섞여 살고 있습니다. 그들은 특정 국가 출신의 집단거주지 화를 우려해서 '인종 할당 정책'(Ethnic Integration Policy을 통해 아파트 분양조차 주민 구성 비율대로 분양을 하고 있습니다. 즉, 100가구 아파트라면 중국계 70가구, 인도계 15가구, 이런 식으로 분양을 하는 것입니다. 그러므로 전국 곳곳에 형성되고 있는 이주민 게토지역에 대한 적극적인 사회화 노력이 필요합니다. 정부나 지자체는 게토화를 지원할 것이 아니라 지역 주민들과의 상생을 위한 사회통합정책을 강화해야 합니다.

8. 이주민 밀집지역 (게토)에 대한 교회의 역할

미국에서 이주민 빈민들을 선교하는 친구가 있습니다. 한 번은 메일을 보냈는데, 그가 하는 일은 노숙자들에게 천막을 제공하는 일을 하는데 태풍(허리케인)이 불어 천막이 모두 날아가서 노숙자들의 집이 모두 없어졌다는 것입니다. 필자는 친구의 메일을 읽으며 안타까워하고 있을 친구와 노숙자들의 모습을 생각하니 하염없이 눈물이 흘러나왔습니다. 다음날 작은 후원금을 보내며 기도했습니다. 이주민들은 그 신분이 어떠하든 이주국에서는 나그네이며, 외롭고 힘들 수 밖에 없습니다. 그들을 돕는 것이 선교이고, 교회가 해야 할 역할입니다.

1992년 4월 29일은 LA 폭동이 일어난 지 25주년 기념식이 열린 날입니다. 제가 그날을 소개하는 이유는 화해의 행사가 열린 날이기 때문입니다. 기념식은 흑인 사회의 중심인 퍼스트 AME 교회(FAME)에서 열렸습니다. 이 자리에는 한인과 흑인 공동체 지도자, 4·29 L.A 폭동 피해자 및 가족, 정치 지도자들이 참석해 화해와 아픔을 기억하고 커뮤니티 간 화해와 화합을 위해 노력하기로 다짐했습니다.[11] L.A 지역에서 일어난 12번째 흑인 폭동은 L.A 한인타운의 피해가 막심했던 사건으로 기록되었습니다. 흑인 청년 로드니 킹을 백인 경찰들이 무자비하게 구타하는 현장이 TV로 공개되면서 흑인들의 분노가 촉발되었으며, 흑인들은 거리로 쏟아져 나와 폭력, 방화, 약탈, 살인을 자행했습니다. 주 타격 대상이 된 한인타운에 대한 습격이 극심해 피해를 본 한인업소가 2,800여개에 달했고, 지금까지도 한인 이민 역사상 가장 아픈 기억으로 남아 있습니다.

폭동이 일어난 이후 한인교회는 L.A 지역 빈민가인 게토를 찾아가 흑인들과 준비해 간 음식을 나누며 화해의 시간을 가졌습니다. 한인 교인들은 같은 처지의 이주민인데도 흑인들을 무시했음을 인정했고, 흑인들도 의도적으로 한 것은 아니었는데 한인들에게 피해를 끼쳤음을 사과했다고 합니다. 필자가 L.A 폭동이 일어난 지 25주년 기념식을 언급한 이유는 교회의 본질에 대해 강조하기 위해서입니다. 최근 한국교회가 게토화 되고 있다는 지적을 많이 받고 있습니다. 과거 유럽에서 유대인들이 게토 안에 격리된 것처럼 한국교회가 한국 사회에서 점차 격리되어 가고 있는 것은 아닌지 우려스럽습니다.

1) 코로나 팬데믹에 대한 인식

이 문제는 가장 가슴 아픈 사건으로 오랫동안 기억될 것입니다. 코로나에 대한 대응은 진보적인 교회와 보수적인 교회의 입장이 확연히 다르게 나타났습니다. 물론 목회자들마다 태도는 달랐지만, 대부분의 보수적 교회는 성전 예배가 곧 교회가 지켜야 할 가장 중요한 가치였다고 생각하여 대면 예배를 강행했습니다. 반면 진보교회나 사회의 인식은 어려울 때 함께 울어주고 고난에 동참하는 교회 상을 기대했습니다. 정부는 대면예배에서도 코로나 환자가 급증하자 비대면 랜선(온라인) 예배를 요청했습니다. 문제는 비대면 예배를 거부한 교회에 대해 국민 여론은 아픔에 동참하지 않은 교회라며 외면하기 시작했습니다. 코로나는 전 세계적으로 경제, 사회, 문화, 인구이동 등에 부정적 영향을 끼쳤습니다. 교회도 예외는 아니었습니다. 교인의 숫자는 반토막이 났고, 마치 수마가 할퀴고 간 논밭처럼 피해를 주었습니다. 교회는 대면 예배는 지켰지만 사회적 저항과 신뢰를 잃었다는 지적이 많습니다. 비기독교가 아니라 반기독교라는 오명(?)이 씌워졌습니다.[12] 국민들은 자기들이 알던 교회, 즉 국가나 백성들이 어려울 때 함께 울고, 함께 어깨동무했던 교회가 아닌 낯선 교회의 모습에 당황해하고 있습니다.

2) 일부 목사의 극우 정치화

일부 언론의 지적만이 아니라 목회자들의 우려가 현실로 나타나면서 교회나 목사의 정치화를 우려하는 목소리가 곳곳에서 들려옵니다. 특히 일부 목사의 극우적 주장에 한국교회에 어두운 그림자가 드리워져 있습니다. 나라를 사랑하는 방식은 개인마다 다를 수 있고, 그 표현 방식에도 차이가 있을 수 있습니다. 문제는 기독교의 본질에서 벗어난 주장들이 난무하고 있어서 복음의 내용과 교회의 본질을 왜곡시키고 있다는 점입니다. 그 주장들의 내용은 다음과 같습니다. '이슬람이 한국을 지배할 것이다', '이슬람 테러 세력이 난민으로 위장하여 한국에 침투하고 있다', '현 정권은 종북 정권이다', '현 정권이 한국교회 말살 정책을 추진하고 있다',(지난 정권이라서...) '좌파가 대형교회를 죽여서 기독교를 붕괴시키려 한다', '동성애로 에이즈가 창궐하게 된다', '신좌파가 동성애를 통하여 교회를 말살하려고 한다' 등등. 대부분 지난 정권에 대한 비판적 주장들입니다. 이러한 주장이 오염되면서 지역감정이 꿈틀거리고, 교인 간에도 갈등이 표면화되었습니다. 코로나를 지나면서 한국교회는 쇠락의 길로 들어섰다는 우려가 현실이 되었습니다.(뉴스앤조이, 2023. 02. 16.) 더 큰 문제는 이러한 주장이 옳으냐, 그르냐의 시시비를 가리는 것보다는 기독교를 바라보는 사회적 시각이 매우 부정적이라는 데 있습니다. 필자가 평소 알고 지내는 지인들 가운데 "목사님, 어디 가서 목사라고 하지 마세요. 사람들이 목사를 가장 싫어해요"라는 말을 여러 번 들었습니다. 그분은 목사를 염려해서 그런 말을 했겠지만, 사실 마음은 많이 아팠습니다. 교회가, 목사가 왜 이렇게 되었습니까? 혹여 "말세에 신자들이 핍박을 받는 것이라고, 성경에 기록되었다고 하지 않았느냐"며 변명해서는 안 될 것입니다.

그럼에도 불구하고 게토화되고 있는 상황에서 교회는 어떤 역할을 해야 합니까?

첫째: 교회와 교회 안의 게토화를 막기 위해서는 교회나 목회자는 나눔의 실천이 일상화되어야 합니다. 나눔은 마음이 열려야 합니다. 물질을 나

누고, 아픔을 나누고, 삶을 나눌 때 교회의 게토화는 극복될 수 있습니다. 필자가 운영하는 다문화국제학교와 다문화센터는 2023년 12월과 2025년 1월에 뜻밖의 선물을 받았습니다. 16곳의 기관과 교회가 모은 선물 상자를 기아대책본부를 통해 받은 것입니다.

둘째: 교회는 사회적 역할에 충실해야 합니다. 교회의 사회적 책임은 하나님께서 교회에 맡기신 사역입니다.

교회는 지역사회를 회복하는 창의적 문화를 만들어 가야 합니다. 특히 다문화 사회에서의 교회의 역할은 지역주민들과 이주민들의 사회화를 위해 노력해야 합니다. 사회화는 이주민들이 우리 지역사회에 성공적으로 정착하도록 돕는 일입니다.

셋째: 교회의 성결성이 회복되어야 합니다.

'털어서 먼지 안 나는 사람은 없다'는 속담이 있습니다. 누구나 한, 두 가지 결점은 가지고 있다는 의미입니다. 필자는 신학을 공부할 때 들은 말 중에 세 가지가 기억이 납니다. 목사는, '물욕, 성욕, 명예욕' 이 세 가지를 조심해야 한다는 것입니다. 한마디로 '성결한 삶'과 '청빈의 실천'을 목사의 덕목으로 알고 지키며 살아야 한다는 가르침입니다. 안타까운 일이지만 목회자들조차 이 세 가지에 실패할 때가 많습니다. 이단이 번성하는 이유는 교회가 무속화, 세속화를 극복하지 못하고, 사회적 행동(사회적 책임)에 침묵했기 때문은 아닌지 반성하고, 회개해야 합니다.

◇ 토의질문

1. 이주민들의 자발적 게토화(특정 지역 집중 거주)를 어떻게 바라봐야 할까요? 이주민들의 정체성 보존과 상호 부조라는 긍정적 측면과 주류사회와의 분리로 인한 사회통합 저해라는 부정적 측면을 비교하여 토론해 보세요. 싱가포르의 '인종 할당 정책'과 같은 적극적 개입이 필요한지도 함께 논의해 주세요.

2. 특정 지역을 '중국인촌', '베트남촌', '고려인 마을' 등으로 지정하는 정부와 지자체의 정책이 과연 바람직한가요? 문화적 다양성 증진이라는 장점과 게토화 심화라는 단점을 고려하여, 이주민 밀집 지역에 대한 바람직한 정책 방향을 토론해 보세요.

3. 한국 교회가 게토화되고 있다는 지적에 대해 어떻게 생각하나요? 코로나19 대응이나 정치적 편향성 등의 사례를 통해, 교회가 사회와의 소통과 연대를 회복하기 위해 어떤 노력을 해야 할지 토론해 보세요.

09

이주의
계층화
현상

1. 이주의 계층화 정의

2. 이주의 계층화 요인

3. 세계적으로 이주의 계층화가 심화된 국가들

4. 이주의 계층화를 해결하기 위한 정책

5. 이주의 계층화를 해결하기 위한 교회의 역할

09

이주의
계층화현상

사람이 사는 곳에는 항상 계층(불평등)이 존재합니다. 국가에 의한 제도적 계층은 과거 고려 시대나 조선 시대에도 있었고(양반, 중인, 상민, 천민 등,... 민주주의의 시대인 오늘날에도 여전히 존재합니다. 이 글에서는 이주민들의 계층화를 진단하고, 이를 개선하기 위한 정부 정책과 교회의 역할을 모색하려고 합니다.

1. 이주의 계층화

이주의 계층화란, 이주민들을 수용하는 국가 또는 지역에서 다른 사회 집단과의 사회적, 경제적, 문화적인 차별이나 격차를 경험하는 현상을 말합니다. 이주민 집단 간에도 이러한 계층화가 나타나고 있습니다.

2. 이주의 계층화 요인

마르크스는 계층을 생산수단의 소유 여부 즉, 경제적 요인에 따라 지배계층과 피 지배계층으로 분류된다고 보았습니다. 반면 막스베버는 경제적 요인뿐만 아니라 사회문화적, 정치적 요인에 따라 다차원적으로 분류하였습니다. 현대 사회의 신분은 세 가지로 분류되고 있습니다. 첫째는 재산 혹은 소득에 따른 상류층, 중산층, 빈곤층입니다. 둘째는 교육 수준에 따라 소위 SKY 대학 출신자들이 높은 연봉을 받고 좋은 직장에 취직하게 됩니다. 셋째는 직업에 따른 계층화인데 소위 전문직이나 안정적인 수입을 보장받는 의사나 변호사 직종에 속한 계층입니다. 국내 이주민 가운데서도 계층화 현상이 구체적으로 나타나고 있습니다.

이주민들은 이주국에서 어느 나라 출신이냐? 어떤 비자를 받아 이주했느냐? 현재 무슨 일에 종사하느냐? 가 그들의 경제, 사회적 계층을 알게 해주는 바로미터로 작용합니다. 이주민 중에서도 비숙련노동자나 난민, 불법체류자 신분인 이주민들은 빈곤계층으로 분류될 수밖에 없습니다. 이주민은 이주국에서 다양한 요인으로 형성된 계층 구조 속에서 살고 있습니다. 예를 들어, 출신 국가, 교육 수준, 경력, 언어능력, 법적 지위 등 다양한 차이로 인해 계층화가 발생하는 것입니다. 이주의 계층화는 주로 경제적, 사회적, 문화적 측면에서 나타납니다. 계층화가 나타나는 몇 가지 요인들을 구체적으로 살펴보려고 합니다.

1) 경제적으로는 소득이 낮거나 작업 능력 부족, 경제적 불안정 등을 겪

으면서 사회적으로 하위 계층으로 전락하기 쉽습니다. 그러나 1988년 1월부터 최저임금제 시행(2025년 시급 10,300원)으로 임금수준은 개선되고 있고, 숙련기능인력(E-7-4)으로 전환하는 단순인력(E-9)의 경우 심리적 안정감이나 경제 환경이 눈에 띄게 좋아지고 있습니다. 반면 전문직이나 고급 기술이 요구되는 일자리에 종사하며, 경제적으로 안정된 전문 직종에 종사하는 이주민들은 상위 계층에 속할 가능성이 높습니다. 결혼이민자의 경우도 본국에서의 학력, 경제력, 전문직 경험과 한국인 남편의 사회적 지위나 경제력이 높을 경우, 또 거주하는 지역에 따라 차이가 날 수 있습니다.

2) 사회적으로는 언어능력, 법적 지위나 체류자격 여부에 따라 계층화에 영향을 받습니다. 합법적으로 체류하고 언어능력이 뛰어난 영주자격자나 국적을 가진 이주민들은 사회적으로 안정되었다고 볼 수 있으며, 이와 달리 불법 체류자나 난민의 경우는 심리적, 사회적인 제약이 불가피해 보입니다. 무엇보다 직업을 구하기 어렵고, 구한다 해도 사업장 내에서 인권 침해나 임금 체불 등 불이익을 받을 가능성이 높습니다. 지역마다 매년 열리는 이주민 축제도 신분이 불안정하면 참가하지 못하고, 몸이 아파도 병원 치료를 꺼리는 등 스스로 게토를 택할 가능성이 높습니다. 또 한 사회적 네트워크의 부족, 이주국 시민들과의 상호작용의 어려움, 사회적인 거리감 등이 계층화를 촉진할 수 있습니다.

3) 이주민들의 문화 욕구는 점차 높아가는데 출신 국가의 문화, 언어, 종교, 신념, 관습 등의 차이로 인해 이주국의 문화와 충돌하므로 고립된 느낌

을 받거나 문화적 차별을 당할 수 있으며, 사회에서 문화 계층화가 형성될 수 있습니다. 반면 보다 높은 수준의 교육과 문화적 자원을 가진 이주민들은 상위 계층에 속할 가능성이 높지만 그렇지 못한 이주민들은 하위 계층에 속할 가능성이 높습니다. 필자는 같은 동족인 이디오피아 출신 난민신청자와 유학생 또는 사업자들 간에도 큰 장벽이 있는 것을 알게 되었습니다. 그 이유는 체류자격의 차이로 서로의 처지나 입장이 다르기 때문입니다. 또한 이슬람 국가 출신 노동자들 간에도 종교적 신분의 차이로 인해 함께하지 못하는 경우를 접한 적이 있는데, 계급이 낮은 무슬림들은 신분이 높은 무슬림들이 오자 자리를 떠나는 것을 보았습니다.

이주의 계층화는 다양한 요인으로 형성되므로 이를 고려하여 이주민들의 복지와 권익을 보호하기 위한 정책과 조치가 필요합니다. 포용적인 이주 정책, 다양성과 평등을 존중하는 사회 문화 환경을 조성하고, 경제적 지원 및 기회 제공 등의 조치를 통해, 이주민들이 주어진 사회에서 공정하고 평등한 환경에 통합될 수 있도록 돕는 것이 필요합니다.

3. 세계적으로 이주의 계층화가 심화된 국가들

앞에서 언급한 것처럼 구조적으로 계층이 없는 국가는 없습니다. 그러한 이유로 세계적으로 이주의 계층화가 심화된 국가를 특정한다는 것이 불편한 일입니다. 몇 개 국가를 언급하지 않을 수 없습니다.

1) 미국은 이주민들에 의해 세워진 다문화 국가입니다. 그래서 다양한 문화적 배경과 국적을 가진 이주민들이 미국으로 이주하여 사는 동안, 사회 및 경제적으로 계층화되는 현상이 나타나고 있습니다. 미국은 설립 초기와 달리 백인 중심이 아닌 다양한 민족이 이주하면서 다원주의 국가가 되었으며, 언어 역시 다양합니다. 이주민들은 자신의 신념, 언어, 문화, 국적 등이 다른 배경을 가지고 있으며, 그로 인해 이주민 사회 내에서 다양한 계층이 형성되었습니다. 이주민들은 종종 특정 지역이나 도시에 집중되어 사는 경향이 있으며, 이는 이주민 사회 내에서의 지리적인 계층화를 야기시켰습니다.

또한, 이주민들은 경제적으로도 다양한 계층으로 나뉘게 되는데, 일부 이주민들은 고급 직업이나 교육 기회에 접속(access) 하고 성공적으로 사회적인 이동을 이루는 반면, 다른 이주민들은 저급 직업이나 경제적인 어려움에 직면하여 사회적인 계층에서 밀려나기도 했습니다. 최근 흑인들을 대하는 미국 경찰들의 비인권적 태도를 보면서 미국 사회의 계층화 현실을 피부로 느끼게 되었습니다. 최근 트럼프의 재집권과 미국 우선주의 정책은 우방국 사이에서도 불럭화(block化)를 촉진시키고, 게토화를 형성할 가능성이 커지고 있습니다.

2) 프랑스는 오랫동안 이주민 문제와 관련된 사회통합의 어려움을 겪어온 나라입니다. (20여 차례의 이주민 폭동) 프랑스 사회의 계층화 요인은 경제적, 사회적, 문화적 요소에 기인한 것으로 보입니다. 경제적으로는 고소득층과 저소득층 사이의 소득 격차가 커지면서, 상위 계층은 부의 축적과 경

제적 안정을 누리는 반면, 하위 계층은 양극화와 빈곤 문제에 직면하게 되었습니다.

　사회적으로는 교육, 직업, 거주지 등에서의 격차가 심각합니다. 상위 계층은 높은 교육 수준과 직업 안정성을 가지며, 좋은 주거 환경을 누리지만, 하위 계층은 낮은 교육 수준과 일자리 불안정성, 불량 주거 환경 등으로 인해 사회적 이동성이 제한되는 현실을 맞고 있습니다.

　또한, 문화적으로는 상위 계층은 예술, 음악, 영화 등의 고급문화에 접근할 수 있는 기회와 자원을 가지고 창작과 엔터테인먼트 산업에서 주도적인 역할을 담당합니다. 반면 하위 계층은 이러한 고급문화에 접근하기 어려우며, 대중문화에 노출되는 경향이 강합니다.

　3) 독일은 20세기 이후 많은 이주민을 받아들인 국가입니다. 이주민이 없으면 국가가 운영되기 어려울 정도로 이주민 의존도가 높습니다. 그러한 이유로 사회통합정책에 국가의 장래를 걸고 있습니다. 그러나 최근에는 이주민들의 적응과 통합에 어려움을 겪고 있으며, 심지어 사회통합에 실패했다는 선언까지 했습니다. 독일 사회는 이주민들의 경제적, 사회적 진출에 대한 불평등과 갈등이 증가하고 있습니다. 경제적으로는 소득에서, 사회적으로는 교육, 직업, 거주지 등에서 격차가 큽니다. 또 문화적으로는, 프랑스 경우처럼 상위 계층은 예술, 음악, 문학 등의 고급문화에 접근할 수 있는 기회와 자원을 가지고 있는 반면 하위 계층은 이러한 고급문화에 접근하기 어려우며, 대중문화에 노출되는 경향이 큽니다.

4) 영국은 유럽 연합 탈퇴를 결정한 "브렉시트" 이후 이주민 문제에 직면하였습니다. 이주민들과의 사회적인 갈등 및 통합에 어려움이 장기화되고 있는 상태입니다. 영국 사회도 다양한 요인으로 인해 사회적 계층화 현상이 나타나고 있는데, 이는 경제적, 사회적, 문화적 요소에 영향을 받고 있습니다.

경제적으로는 소득 격차와 부의 불균형이 큰 문제로 지적되고 있습니다. 특히, 최근 몇십 년간의 금융위기와 노동 시장 변화로 인해 일자리 불안정성이 증가하고, 일부 지역에서는 경제적인 빈곤과 양극화 문제가 심각해졌습니다.

사회적으로는 교육, 직업, 거주지 등에서의 격차가 크게 나타나고 있습니다.
교육은 사회적 이동성과 발전에 큰 역할을 하는데, 상위 계층은 고등 교육을 받아 고급 직업에 종사하는 경향이 강하지만, 하위 계층은 낮은 교육 수준과 직업 불안정성을 겪는 경우가 많아 사회적 이동성이 제한되고 있습니다. 또한, 거주지의 선택과 환경도 사회 계층에 영향을 미칠 수 있으며, 좋은 주거 환경은 주로 상위 계층에게 더 많이 제공되고 있습니다.

문화적인 계층화 현상은, 상위 계층은 고급 예술, 음악, 문학 등의 문화 활동에 접근할 수 있는 기회와 자원을 가지고 있는 반면, 하위 계층은 이러한 고급문화에 접근하기 어려우며, 대중문화에 노출되는 경향이 큽니다.

5) 사우디아라비아의 계층화 요인은, 주로 경제, 종교, 성별 등 다양한 요인에 기인합니다. 경제적으로 사우디아라비아는 석유 산업에 의존하고 있으며, 그로 인해 상당한 부의 불균형이 존재합니다. 상위 계층은 석유 산업에서 창출된 재산과 고수입을 누리는 반면, 하위 계층은 낮은 소득과 경제적 어려움을 겪는 경우가 많습니다.

종교적으로는 이슬람 국가이며, 이슬람 법률인 샤리아 법이 적용됩니다. 종교적인 신앙과 도덕적인 가치들은 사회적 라이프스타일에 큰 영향을 미치며, 종교 지도자 그룹은 사회 내에서 권력과 영향력을 행사합니다. 종교적 신잉과 직입직 지위는 종종 관련뇌어 있으며, 송교 지도자나 공공 서비스 부문에서 활동하는 사람들은 사회적으로 존경받는 위치에 있습니다.

성별 적으로는 여성들이 사회적 계층화에서 제한을 받는데, 여성들은 남성들보다 더 적은 기회를 가지고 있으며, 주로 결혼, 귀가, 일자리 등에 제약이 있습니다. 그러나 최근 몇 년 동안 여성의 권리와 기회를 확대하기 위한 변화가 발생하였으며, 여성들이 고등 교육을 받고 직장에 종사하는 비율이 증가하는 추세입니다.

사우디아라비아 정부는 최근 사회 개혁을 추진하고 있으며, 경제 다각화 및 여성의 권리 강화를 통해 사회적인 공정성과 평등을 실현하려는 노력을 기울이고 있습니다.[2] (여성들에게 운전면허증 발급 등)

6) 남아프리카공화국은 장기간에 걸쳐 인종 차별과 경제 격차로 인해 이주의 계층화 문제를 겪고 있는 국가입니다. 인종적인 분리주의인 아파르트헤이드 정책[3] 때문에 여전히 사회적인 불평등과 갈등이 존재하고 있습니다.

4. 이주의 계층화를 해결하기 위한 정책

한국의 경우 이주민들이 비닐하우스나 컨테이너 숙소 또는 지하 방에서 사망하는 사례가 발생하고 종종 발생하고 있습니다.[4] 정부나 지자체는 실태조사와 주거환경 개선을 위한 지원을 하고 있지만 사후약방문일 때가 많고, 또한 일시적이고 너무 무계획적일 때가 많습니다. 예를 들어 사건이 터질 때마다 이주노동자들에게 안전한 거주지를 구할 것을 요구합니다. 그 결과 주거를 구하지 못한 이주민들은 동료들의 거주지를 전전하는 상황이 반복되는 것입니다. 또한 원주민이 많이 거주하는 곳은 월세방 구하기도 어렵습니다. 이주노동자를 위한 거주지 확충 등 중장기정책 없이 모든 책임을 그들에게 떠넘기는 일이 반복되어서는 안 된다고 봅니다. 한국은 공식적으로 이민 국가는 아니지만 민주주의 국가이고 시장 경제 체제를 채택하고 있으므로, 이주민의 기본생활복지를 위해 노력해야 합니다.

다만 다문화가족에게는 예외적으로 저소득층 국민에 준하는 지원이 되고 있습니다. 따라서 이주민 전체를 대상으로 계층화 현상을 완화시키는 정책의 방향에 대해 몇 가지 제언을 하려고 합니다.

1) 교육 정책은 균형있게 실시되어야 합니다. 현재 공교육 현장에서는 (미

등록 불체자를 제외하고) 학교장의 재량에 의해 이주민 자녀들에게 교육을 받을 수 있는 기회를 주고 있습니다. 다만 학교장의 재량이기에 거부할 수도 있다는 뜻입니다. 예를들어 중도입국청소년 중 특히 고교생들은 취학하기가 어렵습니다. 학교에서 받지 않으려 하기 때문입니다. 반면 탈북청소년은 선호합니다. 이들은 한국으로의 이주 전부터 한국 국적을 보장받기 때문이기도 하지만 대학에서 이들을 선호하기에 이들의 대학 진학율은 학교의 성적으로 연결이 됩니다. 초등학교와 중학교에서는 의무교육 대상이라 중도 입국 학생의 입학은 비교적 쉽고, 이들을 위한 특별학급이 지정되어 있으며, 한국어 교육이 비교적 잘 운영되고 있습니다. 반면 고등학교에는 그러한 시스템이 마련되어 있지 않고, 입시 준비에 몰두하느라 중도 입국 학생들에게는 신경을 쓰지 못한 실정입니다. 엄밀히 말하면 교육 당국은 유엔의 아동권리 협약을 50% 정도 지키고 있는 것입니다. 성인들을 위해서는 법무부의 사회통합프로그램이 체류자격 갱신과 영주자격 취득, 귀화를 위한 한국어와 한국사회 이해, 특별 사회교육이 실시되고 있습니다.

2) 여성들의 고용기회 확대를 위한 기술교육은 여성새로일하기 센터를 통해 실시되는 정도입니다. 교육은 결혼이주여성과 국민 여성을 대상으로 실시합니다. 이 교육은 결혼이주민 여성들에 고용기회를 제공하고, 경제적인 계층 문제를 해결하는데 도움이 됩니다.

3) 이주민들을 위한 영주 및 귀화 상담 확대와 상호문화 이해 촉진, 안전과 안전 보장, 기초법 교육 및 법률 상담, 법적 보호와 인권 상담 등 사회통

합 분야도 강화해야 합니다.

　4) 노동자 보호 및 권리 강화에 힘써야 합니다. 정부 정책이나 이주 근로자를 위한 법률이 없는 것이 아니지만 현장에서는 잘 지켜지지 않습니다. 그 이유는 인력의 부족에 있겠으나 인건비 절약을 위해 불법체류자를 선호하기 때문입니다. 현장에서 이주노동자의 지위는 일하는 도구에 불과합니다. 그러므로 이주노동자 보호와 권리를 강화하여 이주노동자들이 안전하고 공정한 일자리를 찾을 수 있게 하고, 그에 알맞은 대우를 받을 수 있는 정책추진이 필요합니다. 예를 들어, 불법 노동과 노동자 착취를 방지하는 법률을 강화하고, 이주노동자의 차별금지와 권리를 보장하는 정책을 시행해야 합니다.

　5) 한국의 이주 노동정책은 직업선택의 자유, 사업장 이동의 자유를 제한하고 있습니다. 한국은 이민이 자유로운 국가가 아니고, 노동자의 순환 정책을 채택하고 있기 때문에 현재의 고용허가제도는 많은 문제를 안고 있는 것이 사실입니다. 더구나 2023년 9월부터는 지역이동조차 금지한다고 합니다. 이는 노동자의 지역 쏠림을 막기 위함인데, 정부의 이민정책을 결정하는 것은 법무부고, 노동 인력은 고용노동부 소관입니다. 필자의 소견은 지역 경제 계층화를 막겠다는 정부 의지를 이해하지만 유독 고용허가제도(3회 이동 가능)에 속한 이주노동자들만 이동권과 직업선택권을 제한하는 것은 인권침해 소지가 많습니다. 이제는 시장경제 원리에 맡기는 것이 분쟁의 소지를 줄이고, 경쟁력을 갖추는 기회라고 생각합니다.

5. 이주의 계층화를 해결하기 위한 교회의 역할

한국교회는 가난하고 소외된 이웃들을 위해 헌신적으로 봉사한 소중한 경험을 많이 가지고 있습니다. 이주민들의 계층화를 해결하기 위한 거창한 계획은 아닐지라도, 사회적으로 소외되고 차별받으며, 어려움에 처한 이들을 돕기 위한 노력을 아끼지 않아야 합니다. 몇 가지 제안은 드립니다.

1) 많은 교회가 지역 커뮤니티를 통해 사회적으로 취약한 이주민들을 돕기 위한 봉사활동을 실시합니다. 이러한 활동은 식량 나눔, 길거리 홈리스(homeless: 이슬을 맞으며 사는 사람)에게 밥 제공, 옷 나눔, 난민 후원 동참 등으로 나타나고 있습니다.

2) 교회는 이주민지원단체 등을 통해 의료, 교육 등의 서비스를 제공 할 수 있습니다. 대형교회는 의사면허를 가진 의료봉사단을 만들어 이주민 집중거주지역을 찾아 의료 서비스를 제공하여 많은 이주민에게 큰 도움을 주고 있습니다.

3) 교회는 이주민들을 위한 교육 공간을 마련하여 이주민들의 교육을 진행할 수 있습니다.

4) 많은 교회가 사회적인 정의와 인권에 대한 운동에 참여하고 있습니다. 이러한 운동에는 인종 차별, 여성차별, 성소수자 인권 등과 관련된 이슈들을 다루는 것이 포함됩니다. 아쉬운 점은 한국교회 가운데 보수적인 교

회들이 복음 전파와 영혼 구원에만 집중하고 있어 사회적인 문제에 참여한 경험이 적다는 것입니다.

5) 교회는 지역사회 한가운데 있습니다. 지역사회를 떠나서는 교회가 존재할 수 없습니다. 그렇다면 교회는 지역사회의 발전과 변화를 돕기 위해 이주민과 함께하는 지역 개발 프로젝트를 추진할 수 있습니다. 이는 공동체의 인프라 개선, 직업 훈련 프로그램 제공, 소규모 사업 지원 등을 포함할 수 있습니다. 이러한 활동은 사회적 불평등을 해소하는데 도움이 됩니다.(생활협동조합 등)

◇ 토의질문

1. 이주민의 체류자격이나 출신 국가에 따른 계층화 현상이 심화되고 있습니다. 전문직 종사자, 결혼이민자, 단순노동자, 난민 등 서로 다른 지위를 가진 이주민들 간의 사회경제적 격차를 해소하기 위해 어떤 정책이 필요할지 토론해 보세요. 특히 고용허가제도의 제한적 특성이 이주노동자의 계층화에 미치는 영향도 함께 논의해 주세요.

2. 이주민 자녀들의 교육 기회 불평등 문제를 어떻게 해결해야 할까요? 특히 중도입국 고교생의 취학 거부 문제와 의무교육 대상이 아닌 청소년들의 교육권 보장 문제에 대해, 구체적인 해결방안을 토론해 보세요.

3. 이주민의 주거 환경 개선을 위해 정부와 시민사회는 어떤 역할을 해야 할까요? 비닐하우스, 컨테이너 숙소 등 열악한 주거환경에서 발생하는 사고를 예방하고, 이주민의 주거권을 보장하기 위한 중장기적 정책 방향에 대해 토론해 보세요.

10

이주의 세계화 현상

1. 이주의 세계화

2. 이주의 세계화가 발생하는 요인

3. 이주의 세계화로 인한 문제

4. 이주의 세계화에 대한 정부 정책

5. 이주의 세계화에 대한 교회의 역할

10

이주의 세계화현상

1. 이주의 세계화

이주의 지역화가 지리적인 영역(특정지역 내에서의 인구이동)에서의 이주 현상이라면, 이주의 세계화는 국경을 넘어 전 세계적으로 이주 현상이 나타나는 것을 의미합니다. 이주의 역사는 세상이 창조된 이후 지속되어 온 현상이지만, 20세기 이후 급격히 증가하면서 이주의 세계화가 더욱 확대되고 있습니다. 이주의 세계화는 전 세계적으로 영향을 미치는데, 정치, 경제, 문화, 사회, 기술, 스포츠 등의 다양한 영역에서 국가 간의 상호작용, 경제 변화, 문화적 교류 등을 초래합니다. 세계화란 용어가 공식적으로 사용된 것은 1996년 세계경제포럼의 주제로 채택된 Sustaining Globalization에서부터이고, 1997년 동아시아 금융위기로 세계화의 개념이 표면화되었습니다.¹ 세계화의 개념에 대해서는 다양한 정의가 시도되고 있습니다. 세계화란 세계 경제의 통합을 통한 자유무역의 확산이라는 견해가 있고, 경제적 또는 비경제적 측면 모두에서 지리적 국경을 초월하는 과정으로 초국가적 양상을 보이는 사회적 변화의 모든 형태를 망라한다는 견해가 있습니다. 결과적으로 세계화는 통합, 상호의존, 다자주의, 개방, 보편성, 지리적 압축 등의 이념으로 표출됩니다.

2. 이주의 세계화가 발생하는 요인

이주의 세계화 현상은 전 세계적으로 이루어지는 인구이동과 관련이 있으며, 주로 경제적, 정치적, 사회적 요인으로 인해 발생합니다. 이주의 세계화는 여러 요인 간의 상호작용을 증진시키고, 다양성과 긍정적인 영향도 있지만 동시에 도전과 과제도 가지고 온다는 사실을 알아야 합니다.

1) 경제적인 요인: 가장 일반적인 이주 형태로 경제의 글로벌화로 인해 국가 간 경제적 연결성이 증가하면서, 이주민들은 더 나은 기회를 찾기 위해 다른 국가로 이동하는 경향을 보입니다. 경제적으로 안정되고 더 발전된 국가에서 더 많은 기회를 찾기 위해 저소득 국가로부터 이주하는 것입니다. 그러나 최근 이주의 경향은 과거의 남방 구에서, 북방 구로의 남북 간 이주에 그치지 않고, 북남, 북북, 남남, 동서 이민에 이르기까지 전 지구적으로 확대되고 있습니다.(이혜경, 이민정책론:10,11)

각 방향별 이민의 규모와 비중 (2010년, 2013년)[2]

자료	남→북		북→북		남→남		북→남	
	규모	%	규모	%	규모	%	규모	%
UN(2010)	86.9	41	32.8	15	87.2	41	7.4	3
UN(2013)	81.9	35	53.7	23	82.3	36	13.7	6

2) 정치적인 요인: 전쟁과 내전, 정치적 갈등과 탄압, 경제적 불안정, 이주노동자 정책 등으로 많은 사람이 이주를 선택합니다. 구체적으로는 시리아, 아프카니스탄, 예멘의 내전(전쟁)의 영향, 인권침해와 탄압을 피해 인접 국가로의 이주, 경제난민으로 불리는 이주 현상은 국가 경제가 안정되지 못해서 이주하거나 특정 산업 분야에 대한 정책의 변화(법무부 2023년 8월 24일 발표: 특화비자제도 F-2-R, E-7 숙련기능인력 3만5천명 확충 등) 등이 이주를 촉진합니다. 탈북자의 경우 경제적인 이유도 있으나 자유로운 삶을 위해 이주한 경우라고 볼 수 있습니다.

3) 사회문화적 요인: 인도계 영국인 살만 루슈디는 소설 '악마의 시'를 써서 생명의 위협을 받아 미국으로 이주하였고, 영화배우 최은희, 신상옥씨는 속아서 북한에 갔다가 자유를 찾아 탈출한 것은 대표적인 사례입니다. 이들은 자신들의 문화적 신념과 가치를 보존하거나 존중받을 수 있는 다른 국가로 이동하였습니다. 그 밖에도 문화적, 언어적, 인종적 차이로 인해 고통받는 지역에서 탈출하기 위해 이주하는 일이 종종 일어납니다. 한국에 온 이주노동자들 가운데는 향수병을 견디지 못하고 귀국하기도 하고, 한국인 사업주의 언어폭력과 인종차별적 태도를 견디지 못해 본국으로 돌

아가기도 합니다.

    4) 정보통신의 발달로 인한 요인: 이주의 세계화는 인터넷과 같은 정보통신 기술의 발달로 인해 가속화되고 있습니다. 이러한 기술적 발전은 이주민들에게 이주와 관련된 정보를 쉽게 접할 수 있는 기회를 제공합니다. 또한, 국제 항공 노선과 국제 배송 네트워크의 확대로 인해 더 많은 사람이 다양한 국가로 이동할 수 있게 되었습니다. 또 정보력의 발달이 이주민들을 이동시키는 요인이 되기도 합니다. 이주노동자들이 타지역으로 이탈하는데 정보통신이 악용되는 사례입니다.

3. 이주의 세계화로 인해 발생하는 문제

    이주의 세계화는 인력의 공급 등 긍정적인 효과도 있지만 부정적인 문제도 발생합니다.

    1) 불법체류자 증가: 세계화로 인해 이주가 더욱 증가하면서 합법적으로 이주하였으나 일자리 연장 등의 이유로 난민 신청이나 불법적으로 체류하는 이주민들이 많아지고 있습니다. 불법체류는 유입국과 송출국에 부정적인 영향을 미칠 수 있는데, 범죄와 노동력 남용 등을 야기할 수 있습니다. 이를 해결하기 위해 정부는 체류관리에 힘쓰고 있으나 인력이 부족한 지역에서는 도리어 이들을 선호하는 현상도 나타나고 있습니다.

    2) 사회적인 불안감 조성: 이주는 종종 이주민과 현지 주민 간의 문화적, 경제적, 사회적 충돌을 초래할 수 있습니다. 이주민들과 현지 주민들 간의

상호작용과 통합이 어려울경우 사회적인 불안감이 높아질 수 있습니다. 이주민 밀집지역에 거주하던 원주민들이 살던 지역을 떠나는 지역이탈 현상도 나타나고 있습니다.(안산, 구로구, 광주시 광산구 고려인 밀집 지역 등)

 3) 경제적 영향: 이주민들의 대규모 이동은 수요와 공급, 노동 시장 등에 영향을 줄 수 있습니다. 이주민들의 노동력을 활용하면서도 현지 원주민들의 일자리와 임금에 영향을 미칠 수 있습니다. 한때 코로나로 인해 이주노동자의 유입이 어려워지자 농촌 및 제조업 분야는 심각한 인력 부족 현상을 겪기도 했는데 그로 인해 불법체류자의 일시적 합법화(비공식적)가 논의되기도 했습니다.

 4) 인권 문제: 이주의 세계화는 이주민들의 인권 문제를 초래할 수 있습니다. 이주민들은 종종 차별, 인신매매, 노동력 남용, 재난 상황에서의 취약성 등과 같은 위험에 직면할 수 있습니다. 한국 최초의 이주 노동력으로 활용되었던 산업 연수제가 실패한 이유는 임금체불, 인권침해, 불법체류 등이 문제였습니다. 정부는 연수제를 보완하기 위해 고용허가제를 도입했지만 사업장 이동의 제한, 이주노동자보다는 사업주의 입장에 유리한 제도라는 오명 등 인권 문제가 나타났습니다. 지금도 종종 발생하는 안전사고의 희생자는 주로 이주노동자들입니다. 그런데 이들은 대부분 하청업체 소속으로 안전교육을 제대로 받지 못하고 사고를 당하는 것입니다. 하청업체에서는 일용직 노동자를 고용하고 있어서 안전교육도 받지 못한채 현장에 투입되었다가 사고를 당하는 경우가 많습니다.

5) 갈등과 분열: 이주의 세계화는 종종 이주민과 현지 주민들 간의 갈등과 분열을 초래할 수 있습니다. 문화, 언어, 종교, 인종 등 다양한 차이로 인해, 개인적인 편견과 공포가 생길 수 있으며, 이는 사회적인 갈등과 분열을 일으킬 수 있습니다. 이를 해결하기 위해서는 상호 이해와 문화 교류를 촉진하는 프로그램과 대화형 공간을 조성하는 것이 중요하지만, 동성애를 조장하는 퀴어축제나 이슬람의 모스크 건립은 교회와의 갈등 요인이 되고 있습니다. 퀴어축제는 국민정서와 맞지 않고, 이슬람은 샤리아법을 적용한다는 점에서 한국 경제정책과 충돌할 가능성이 큽니다. 또 한 한국인들은 과격한 무슬림(IS)의 파괴적 행동이 언론을 통해 알려져 대체로 부정적 반응을 보입니다. 특히 무슬림에 의한 9.11테러는 한국인들에게 무슬림 거부 정서를 갖게 했습니다.

4. 이주의 세계화에 대한 정부 정책

이주의 세계화와 관련하여 한국의 역대 정부의 외국인 정책을 살펴볼 필요가 있습니다. 공통적으로 나타나는 것은, 역대 정부는 국가 경제성장을 위해 해외 투자자 유치와 관광 정책에 중점을 두었다는 점입니다. 특히 박정희 정부는 국가안보와 관련하여 무역 협력 및 외국인 투자에 집중하였으며, 세계화에 강조점을 두고 정책을 추진한 정부는 김영삼, 노무현 정부인 것으로 나타나고 있습니다. 김영삼 정부는 새로운 "시장개척"과 "이주의 세계화를 중요한 정책으로 제시" 했으며, 노무현 정부는 "대한민국의 국제화"와 "외국인 개방 정책을 강조" 하였습니다. 아래 도표는 역대 정부의 세

계화와 관련 내용입니다.[3]

< 역대 정부의 외국인 정책: 박정희→ 문재인 >

	대통령	재임 기간	세계화 정책	외국인정책	기여도	국제관계	기타
1	박정희	1961-1979		국가안보를 고려한 외국인 정책/외국인 투자 유치	수출산업의 성장과 국제 경쟁력 강화를 위해 외국인과의 무역 협력을 활성화	한국의 국제적 입지를 입지를 높이기 위해 노력	
2	전두환	1980-1988		외국인 투자 유치와 수출 확대를 위해 노력	인권보호, 복지 지원 강화		관광산업 주력하여 관광산업 기여
3	노태우	1988-1993	경제 개방과 국제화	외국인 투자의 유치와 외국 기업의 진출	외국과의 무역을 촉진/무역 협정 및 자유무역협정을 체결	소련/ 중국 수교	관광 산업 발전
4	김영삼	1993-1998	"새로운 시장개척"과 "새로운 사회적 계약"을 강조하며 이주의 새계화를 중요한 정책으로 제시	외국인 투자를 유치/경제 개혁을 진행	재외동포들이 고국에 귀화하여 투자 촉진		대한민국최초의 문민정부 / IMF국제 구제금융지원받음

대통령	재임 기간	세계화 정책	외국인정책	기여도	국제관계	기타
5 김대중	1998-2003	그린 경제 발전과 인권 존중	외국인 투자 유치와 국제 협력을 강화	외국인에게 법인설립과 부동산 투자 등 다양한 경제 활동의 기회를 제공	외국인에게 법인설립과 부동산 투자 등 다양한 경제 활동의 기회를 제공	적극적이고 개방적인 외국인 정책을 통해 한국의 경제 발전과 국제적인 인지도를 높이는 데 기여한 것으로 평가받음.
6 노무현	2003-2008	대한민국의 국제화와 외국인 투자 유치	외국어 교육의 강화, 외국인 투자 유치를 위한 인센티브 도입, 해외에서의 비즈니스 네트워킹을 촉진	외국인 개방 정책을 강조한 한국 대통령		북한과의 대화와 평화를 추구하며, 외국인들과 함께한 남북경제협력사업인 금강산 관광 등을 통해 국제사회와의 협력을 강화
7 이명박	2008-2013		외국인 투자 유치와 국제 협력을 강화하는 방안을 중점	경제 발전과 문화 교류를 통해 국제적인 인지도를 높이는 데에 기여한 것으로 평가		특별경제구역의 유치와 관련 법률 개정, 정부 부처 간 협력 등을 통해 외국인 투자를 유도/ 또한, 비자 절차 간소화와 외국인 법인 설립 지원 등을 통해 외국인 기업들의 진출과 활동을 촉진

대통령	재임기간	세계화 정책	외국인정책	기여도	국제관계	기타
8 박근혜	2013-2017	경제 성장과 국제적인 역할 강화를 중심으로 외국인 정책을 추진	외국인 투자 유치, 관광 산업 발전, 문화 및 교육 분야의 협력 확대 등을 주요한 정책 목표로 설정/관광 산업 발전을 위해 박근혜 대통령은 비자 절차 간소화와 해외 마케팅 홍보, 관광 인프라 개선 등을 추진	K-POP, 한국 드라마, 영화 등을 통해 한국 문화의 매력을 알리고 외국인들에게 한국에 대한 이해와 관심을 높이는 데에 기여/경제 성장과 문화 교류를 통해 국제적인 입지를 강화하는 데에 기여	국제 협력을 추진하여 한국과 다른 국가들 간의 교류촉진	외국인 투자 유치를 위해 박근혜 대통령은 특별경제구역의 개선과 법인세 인하, 투자 환경 개선 등 다양한 정책을 실시
9 문재인	2017-2022	인권과 다문화 사회를 존중하면서도 안정적인 이주 정책을 추구	이주민의 인권 보호를 강조하고, 정상 이주 절차를 통한 합법적인 이주와 불법 이주 문제를 분리하여 다루는 것	이주민들에게 적절한 보호와 참여 기회를 제공하고, 다문화 사회에서의 조화를 이루기 위해 노력		이주민과 함께 대한민국에서 삶을 영위하는 모든 사람들을 포용하는 다문화 사회의 구현을 목표

그 외에도 매년 5년마다 추진하는 외국인정책기본계획 안에는 정부의 세계화 방향이 담겨져 있습니다.

1차 기본계획의 (2008-2012) 비전은 " 외국인과 함께하는 세계인류국가",

2차(2013-2017) 비전은 "세계인과 더불어 성장하는 활기찬 대한민국", 3차(2018-2022)는 "이민 관련 국제협력 증진"이 포함되기는 했으나 국내 이주환경에 집중하는 경향이 나타나 우수 인재 유치, 이민자 통합 및 지역사회 참여 확대, 이주민 인권 강화, 동포와 난민 정책, 중앙정부와 지자체, 시민단체 간의 협력 및 정책기반 구축에 중점을 두었습니다.

4차 기본계획은 (2023-2027) 2024년 2월에야 발표되었습니다. 기본계획은 2022년 마련했으나 이민청 설치와 맞물려 발표 시기가 다소 늦어진 것입니다. 또 한 한국은 국내 거주 3년이상 되고 지자체에 등록된 영주자격자에게 기본조건을 전제로 참정권 기회를 허용하고 있으며, 난민 정책에서는 난민 인정자를 대상으로 보편적 경로 유학생 제도를 두고 있습니다. 난민법도 아시아 최초로 제정하여 세계화 기준에 맞추는 등 난민 이주자의 인권 보호에 힘쓰고 있습니다.

5. 이주의 세계화에 대한 교회의 역할

일찍이 교회는 세계 선교를 위해 지구상의 거의 모든 나라를 이주한 경험을 가지고 있다 해도 과언이 아닐 것입니다. 교회는 사도행전 1장 8절의 "오직 성령이 너희에게 임하시면 너희가 권능을 받고 예루살렘과 온 유대와 사마리아와 땅끝까지 이르러 내 증인이 되리라 하시니라"는 주님의 약속 명령에 따라 국내뿐 아니라 세계 선교에도 힘쓰고 있습니다. 이주의 세계화에 교회의 기여가 매우 크다고 생각합니다.

1) 한국교회는 지난 30년이 넘도록 국내에 이주한 이주민들의 정착과 고충 해결을 위해 지속적인 봉사에 힘써왔습니다. 초기에는 이주민 사역자들이 앞장섰으나 현재는 많은 교회가 참여하고 있습니다. 이주민 선교센터에서는 주로 복음전도, 인권보호, 임금체불, 숙소제공, 고충 상담, 한국어 교육 등을 통해 이주민의 정착을 돕고 있습니다.

2) 한국교회는 정부가 추진하는 사회통합프로그램에 운영기관(총 320개 중 80%는 이주민 사역자가 담당)으로 참여하여 이주민들이 한국어를 습득하는 데 앞장서고 있고, 체류자격 갱신과 영주 자격 취득, 국적 취득에 큰 도움을 주고 있습니다. 뿐만 아니라 이주민들에게 복음을 증거하고, 선교사로 훈련시켜 본국으로 역 파송함으로써 세계화에 기여하고 있습니다.

3) 기독교인 가운데 국적, 종교, 신분을 초월하여 이주 청소년들의 정착과 교육을 위해 대안학교를 설립하여 운영하고, 아이들의 사회화에 힘쓰고 있는 분들이 많습니다. 이 아이들이 청년이 되면 한국뿐 아니라 세계에 진출하여 훌륭한 사회인으로 그 역할을 감당하게 될 것입니다.

4) 한국교회는 이민자를 돕는 지도자 양성에도 힘쓰고 있습니다. 한국은 이주민 300만 −500만 명 시대를 앞두고 있습니다. 경제, 사회, 문화 영역뿐만 아니라 도시, 농촌, 항만, 환경, 난민, 인구, 기후 등 분야별 전문가가 필요합니다. 이를 위해 기독교 정신으로 설립된 대학들이 앞장서서 이민정책 학위과정을 개설하여 전문가 양성에 앞장서고 있습니다.

◇ 토의질문

1. 이주의 세계화가 가속화되는 상황에서 한국은 어떤 이민정책 방향을 설정해야 할까요? 정부가 추진해 온 경제 중심의 외국인 정책(투자 유치, 산업인력 확보 등)을 넘어, 인권 보호와 사회통합을 고려한 포괄적 이민정책으로 나아가야 한다는 주장에 대해 토론해 보세요.

2. 불법체류자 증가와 같은 이주의 세계화로 인한 부작용을 어떻게 해결할 수 있을까요? 단순한 통제와 처벌 강화보다 현실적인 해결책이 필요하다는 의견이 있습니다. 산업현장의 인력난과 불법체류자 문제를 동시에 해결할 수 있는 정책 방안을 토론해 보세요.

3. 한국교회는 이주의 세계화 시대에 어떤 역할을 해야 할까요? 기존의 복음 전도와 인도적 지원을 넘어, 이주민 선교사 양성, 다문화 교육, 사회통합 촉진 등 더 포괄적인 역할이 필요하다는 주장에 대해 토론해 보세요. 특히 종교 간 갈등(이슬람 문제 등)을 어떻게 해결할 수 있을지도 함께 논의해 주세요.

11

이주의 교육화 현상

1. 이주의 다문화 교육화 현상

2. 다문화 교육이 필요한 현실적인 이유

3. 다문화 교육은 어떻게 이루어져야 하는가?

4. 다문화 교육의 목적을 이루기 위한 교육 내용

5. 외국의 다문화 교육 사례

6. 정부의 다문화 교육 관련 법률 및 정책

7. 다문화 교육을 지원하기 위한 교회의 역할

11
이주의 교육화현상

　순혈주의와 단일민족국가 전통을 자랑스럽게 여겨온 한국 사회가 이주민의 급증으로 다문화사회로 진입하자 교육 현장에서도 다문화 교육의 필요성을 인식하게 되었고, 교육 과정에 반영하기 시작했습니다. 그런데 다문화 교육은 이주민뿐만 아니라 모든 국민을 대상으로 실시되어야 하지만 그렇지 못한 것이 현실입니다. 또한 교육 내용에 있어서도 '타문화 이해'와 '다문화 이해'를 혼동하는 일까지 발생하고 있어서 매우 안타까운 마음입니다. 다문화를 이해하는데 타문화에 대한 정보나 지식이 필요하지만, 이것이 다문화 교육과는 차이가 있음에도 이를 혼돈하고 있다는 점은 유감스러운 일입니다. 다문화 교육이 필요한 이유는 상호 간에 다양한 문화적 배경을 이해하고 존중하는 능력을 키워 다양성을 수용하는 사회 분위기를 만들기 위함입니다. 다문화 교육은 인종, 언어, 문화적 차이가 있는 사람들과 함께 일하는 능력을 키우고, 상호문화 간의 이해와 소통을 촉진할 수 있다는 점에서 모든 사람들에게 필요한 교육입니다.

1. 이주의 다문화 교육 현상

이주의 다문화 교육 현상은 이주민의 증가에 따른 다문화 교육의 필요성이 고조되는 현상을 말합니다. 이제는 국내 어느 곳을 방문해도 이주민들을 만날 수가 있게 되었고, 다양한 문화적, 언어적 배경을 가진 이주민들과 함께 살아가는 환경이 되었습니다. 다문화 교육은 이주민과 내국인이 서로의 문화를 나누고 경험하므로 다양성을 포용하고 이해하는 세계시민 의식을 함양하는 데 목적이 있습니다.

2. 다문화 교육이 필요한 현실석인 이유

다문화사회는 다양한 문화현상이 공존하는 복합문화 사회입니다. 따라서 서로 다른 문화차이로 인해 오해와 다툼이 일어날 수 있습니다. 특히 요즘은 세대, 지역, 경제, 문화, 정치적 견해 차이로 갈등이 표출되기 쉽습니다. 이러한 때 가장 기본적인 태도는 사람을 대하는 태도입니다. 즉 인권을 존중하는 마음을 갖는 것입니다. 모든 사람은 하나님의 형상을 따라 지어졌기에 소중한 존재입니다.(창세기1:26-31) 다문화 교육이 무엇입니까? 단순히 타문화에 정보를 얻고, 경험하는 것이 아닙니다. 사람을 인격적으로 대하는 태도를 배우는 것입니다. 성경은 사람을 외모를 보고 판단해서는 안된다는 것을 가르치고 있습니다. 나보다 배우지 못했다고, 나보다 가난한 나라 출신이라고, 나보다 계급이 낮다고 무시해서는 안됩니다. 특히 한국은 세 번의 인구절벽을 경험했습니다.(1983, 2001, 2017) 또한 코로나 펜데믹을 겪으면서 인력의 소중함도 배웠습니다. 오늘날은 초국가 시대이고, 세계인과 더불어 살아가야 합니다. 그러기에 더더욱 다문화 교육이 필요합니다.

1) 한국은 1990년대 이후 이주의 급증으로 이미 다문화사회에 진입하였습니다. 그러므로 다문화사회 현실에 적응하고, 이주민들과 내국인들에게 체계적인 지원을 위한 다문화 교육 프로그램을 마련해야 합니다. 현재 정부가 추진하는 다문화 교육은 쌍방향이 아닌 동화형 한국화 프로그램 위주입니다.

2) 이주민 학생들은 문화 및 언어적 차이로 인해 교육적인 어려움을 겪고 있는 것으로 조사되었습니다. 그러므로 학생들의 학업 성취도 향상을 위해서는 이주민 학생들의 문화적, 언어적 배경을 고려한 교육 방법과 프로그램을 개발해야 합니다. 그뿐만 아니라 이주민 학생들이 보다 적극적으로 교육에 참여할 수 있는 환경을 조성해야 합니다.

3) 다문화 교육은 이주민 학생들뿐만 아니라 한국인 학생들에게도 필요한 교육입니다. 다문화 교육을 통해 다양한 문화에 대한 이해와 존중을 배울 수 있으며, 인종차별이나 편견을 개선할 수 있습니다. 이는 다문화사회에서 상호 이해와 공존을 위해 필요한 시민 의식을 형성하는 데 도움이 되기 때문입니다.

4) 현대의 교육은 단지 지역 내에서만 이루어지는 것이 아닌, 글로벌시대에 맞추어 글로벌 시민성을 기반으로 해야 합니다. 이주민 학생들과 현지

학생들이 함께 교육을 받고 교류하며, 서로의 문화와 언어를 존중하는 경험은 학생들이 글로벌 시민으로서 성장하는 데 도움이 됩니다. 그러한 점에서 법무부가 실시하는 사회통합프로그램(KIIP)은 매우 유용합니다. 하지만 지나치게 한국화 중심이어서 교육생들이 다양한 국가 문화를 이해할 수 있도록 개선이 필요합니다.

3. 다문화 교육은 어떻게 이루어져야 하는가?

다문화 교육은 상대방에 대한 존중과 배려를 바탕으로 하는 인권 교육이 중요합니다. 하시만 필요성을 인식한다 해도 그 방법을 알지 못할 수 있습니다. 다음의 내용은 다문화 교육을 제공하는 방법을 알기 원하는 분들이 참고하면 좋을 것 같습니다.

1) 다문화 교육을 위해서는 우선적으로 한국인들의 다문화에 대한 인식과 이해를 확대해야 합니다. 다양한 국적이나 문화적 배경을 가진 사람들에 대한 편견과 선입견을 없애고, 포용적인 태도와 개방적인 마음가짐을 갖는 것이 중요합니다. 필자는 외교부 선교회와 함께 2012년부터 초, 중등학교를 대상으로 글로벌 시민교육을 실시하고 있습니다.

2) 교육 과정에서 다문화 교육을 반영할 수 있도록 다문화 콘텐츠를 포함시킨다면 이를 통해 학생들은 다양한 문화와 역사에 대한 이해를 높일 수 있으며, 차별과 혐오를 예방하는 교육 기회를 얻게 될 것입니다.

3) 다문화 교육은 기본적으로 인간에 대한 바른 이해와 존중하는 마음을 갖게하는 교육입니다. 그러므로 타문화를 지식적으로 이해하도록 가르치는 것에서 만족해서는 안됩니다. 물론 교사라면 문화 간 이해와 다양성에 대한 지식을 갖추어야 합니다. 교사는 학생들이 다양한 문화를 존중하고 이해할 수 있도록 도와줄 필요가 있습니다. 다문화 교육에 대한 교사 교육 프로그램을 제공함으로써 교사들의 역량을 강화할 수 있습니다. 교육부는 2009년 서울교육대학교와 경인교육대학교를 통해 이주민 가운데 다문화 교사 양성과정을 진행한 적이 있습니다. 그런데 일선 초등학교에 다문화 강사로 활동하던 분들이 난감한 상황에 처하게 되었습니다. 강사는 중국 출신인데 학교에서는 중국 외에도 여러 나라의 문화이해 강의를 요구했기 때문입니다. 컨텐츠 개발 역시 강사 스스로 준비하도록 했습니다. 교육 당국이 체계적인 준비를 못한 결과입니다.

4) 학생들은 다문화 교육을 통해 다양한 문화를 체험하고 경험할 수 있는 기회를 갖게 됩니다. 문화교류 프로그램, 다문화 이벤트, 체험활동 등을 통해 학생들은 다른 문화의 가치와 역사를 이해하고 함께 배우는 경험을 하게 됩니다. 실제로 다문화 이해 프로그램에 참여한 학생들이 그렇지 않은 학생들에 비해 다문화 감수성 지수가 높게나왔습니다.

5) 다문화 교육은 학생들의 참여와 창의성이 중요합니다. 학생들이 자유롭게 의사소통하고 자신의 의견을 표현할 수 있는 환경이 필요합니다. 교사는 문제해결과 협력을 통해 다양한 관점에서의 학습과 성장을 이룰 수 있

도록 지원해야 합니다.

6) 다문화 교육은 학교뿐만 아니라 가정과 지역사회의 협력이 필요합니다. 학부모들은 학교의 다문화 교육 프로그램에 적극적으로 참여하고 지원하는 것이 중요하며, 지역사회의 리더들과의 협력을 통해 다문화사회의 성장과 발전을 도모할 수 있습니다.

4. 다문화 교육의 목적을 이루기 위한 교육 내용

대표적인 다문화 교육학자인 뱅크스(Banks, 1993)는 학생들에게 "평등한 교육 기회를 제공하는 것"이 다문화 교육의 가장 중요한 목표라고 하였습니다. 하지만 이것만으로는 교육 내용으로 충분치 않습니다.

1) 다양한 문화적 배경을 가진 친구들과 함께 공부하고, 함께 생활하면서 자연스럽게 문화적 다양성을 이해하고 경험할 수 있는 교육이 되어야 합니다.

2) 다문화 교육은 학생들의 다양한 언어 능력을 배우고 나누는 기회를 포함해야 합니다. 다른 언어를 사용하는 학생들과 소통하며 다른 문화를 이해하기 위해 필요한 언어적 능력을 기를 수 있습니다.

3) 학생들은 자신의 정체성을 존중받으면서 동시에 다른 문화에 대한 호기심과 이해를 키울 수 있도록 교육해야 합니다.

4) 다문화 교육은 학생들에게 공존과 협력을 배우는 기회를 제공해야 합니다. 다양한 배경을 가진 학생들 간의 문제해결과 협업을 통해 학생들은 상호적으로 이해하고 돕는 능력을 개발할 수 있습니다.

5. 외국의 다문화 교육 체계

소개하는 국가의 경우 다문화 교육 내용이 포함되지 않아 아쉽지만 교육 시스템은 갖추고 있습니다.

1) 캐나다는 다문화주의적인 교육체제를 가지고 있으며, 다양한 문화와 언어를 가진 학생들을 포용하는 시스템을 운영하고 있습니다. 이들은 ESL(영어를 모국어로 하지 않는 학생을 위한 영어 교육) 프로그램과 함께 다양한 문화적 자원뿐만 아니라 학교 내에서 다문화 교육을 강화하기 위한 교육자 및 커뮤니티 지원을 제공합니다.

2) 호주는 다문화사회에서 다문화 교육을 강조하고 있습니다. 다문화 교육은 교육 기관의 교육 과정에 통합되어 있으며, 다양한 문화와 언어를 가진 학생들에게 필요한 지원을 제공합니다. 이는 ESL 프로그램, 교사 교육, 다문화 교육 자료 및 교육 방법론 개발 등을 통해 이루어집니다.

3) 미국은 다문화 교육을 위한 법률인 Equal Educational Opportunities

Act(교육기회균등법: EEOA)를 도입하여 다양성과 공정성을 강조하고 있습니다. 이를 통해 학생들에게 공정하고 평등한 교육 기회를 제공하고, ESL 프로그램과 다문화 교육 자원을 제공하여 문화적으로 다양한 학생들을 지원합니다.

4) 독일은 다문화 교육을 위해 이주민 학생들을 위한 교육 지원 프로그램을 제공하고 있습니다. 예를 들어 환영수업(Willkommensklassen)이라는 이주민 학생들을 위한 특별 반을 운영하여 독일어 학습과 독일 교육체제에 대한 이해를 돕습니다. 또한, 교사 교육 프로그램과 다문화 교육 자료를 개발하여 교사들의 능력을 향상시키는 데에도 주력하고 있습니다.

6. 정부의 다문화 교육 관련 법률 및 정책

1) 다문화가족 지원법 제10조(아동 보육·교육), 제6조(생활정보 제공 및 교육 지원) 근거하여, 다문화가족 자녀를 차별하지 않고 신속한 학교생활을 지원하며, 결혼이민자 등이 대한민국에서 생활하는데 필요한 기본적 정보를 제공하고, 사회적응교육과 직업교육·훈련 및 언어소통 능력 향상을 위한 한국어 교육 등을 받을 수 있도록 지원한다고 규정하고 있습니다.

2) 청소년복지지원법 제18조는 다문화가족의 자녀, 중도입국청소년, 탈북청소년을 지원한다고 규정하고 있습니다. 지원 대상은 만 9세~24세 이주 배경 청소년으로 「다문화가족지원법」 제2조 제1호에 따른 다문화가족

의 청소년, 그 밖에 국내로 이주하여 사회 적응 및 학업 수행에 어려움을 겪는 청소년(북한이탈·중도입국)이 대상입니다.

3) 교육과학기술부도 다문화 교육을 적극적으로 추진하고 있으며, 이주 학생들에게 알맞은 교육 지원을 제공하고자 학교별 다문화 교육과 함께 이주 학생 교육지원 계획을 수립하여 실행하도록 권고하고 있습니다.

6) 교육법은 국민 모두에게 평등한 교육 기회를 제공하고 국민의 다양한 문화, 언어, 신념을 인정하며 포용하는 교육을 추구해야 한다고 규정하고 있습니다. 이 법은 학교가 국내외 다양한 문화와 언어적 배경을 가진 학생들을 위해 적절한 교육 프로그램을 제공하도록 규정하고 있습니다.

7. 다문화 교육을 지원하기 위한 교회의 역할

한국은 다문화사회가 되었습니다. 따라서 이주민과 한국인은 사회구성원으로서 함께 살아가야 하기에 다문화 교육은 중요합니다. 특히 이주민들은 한국에서 소수자들이기에 소수자를 향하신 하나님의 마음을 가져야 합니다.

1) 교회는 사랑, 기쁨, 평화, 호의, 인내, 선의, 온유, 절제, 충성의 성품을 갖도록 교육해야 합니다. (갈라디아서 5:16-26) 이러한 교육은 개인, 인간관계, 신앙생활 속에서 열매로 나타나도록 도움을 주어야 합니다.

성경은 사랑과 배려를 중요하게 가르치고 있습니다. 심지어 행함이 없는 믿음은 죽은 믿음이라고 하였습니다.(야보보서2:26) 이러한 가르침은 이주민 학생들과 그들의 가족들에게 희망이 되며, 상호 간의 이해와 존중감을 갖도록 도와줄 수 있습니다.

2) 교회는 모든 사람이 하나님 앞에서 평등하고, 존중받아야 할 하나님의 형상으로 지음 받은 자라는 가르침을 받아왔습니다. (창세기 1:26-31, 요한일서 3:1-10). 그러므로 타 인종, 타민족에 대한 편견과 차별 등, 인권 문제를 중요하게 여기고 가르쳐야 합니다.

3) 교회나 기독교 단체는 이주민 학생들과 그 가족들에게 상담 및 지원 서비스를 제공할 수 있습니다. 또한 어학 교육이나 학업 지원, 가정에서의 문제해결 등 다양한 분야에서 도움이 될 수 있습니다.

4) 교회는 자원봉사 활동을 통해 이주민들을 도울 수 있습니다. 예를 들어, 언어 교육이나 학습 지원, 문화교류 프로그램 등 다양한 자원봉사 활동을 통해 이주민들의 교육 경험을 개선할 수 있습니다. 이를 위해 지역의 이주민지원단체와 협력할 수 있습니다.

5) 교회는 교육적인 어려움을 겪는 이주민 학생들을 위해 교육 기회를 제공하고, 더나아가 이주민 학생들을 위한 소규모 대안학교를 설립하여 운영할 수 있습니다.

◇ 토의질문

1. 한국의 다문화 교육이 '이주민의 한국화'에 초점을 맞추고 있다는 지적이 있습니다. 진정한 다문화 교육은 타문화 이해를 넘어 상호 존중과 포용을 바탕으로 한 쌍방향 교육이 되어야 한다는 주장에 대해 토론해 보세요. 특히 다문화 교육과 타문화 이해 교육의 차이점도 함께 논의해 주세요.

2. 다문화 교육의 실효성을 높이기 위해 교사 교육은 어떻게 이루어져야 할까요? 다문화 강사 양성 정책이 실패한 사례를 통해, 체계적인 교사 교육과 교육 콘텐츠 개발을 위한 구체적인 방안을 토론해 보세요.

3. 다문화 교육이 학교만이 아닌 가정과 지역사회의 협력 속에서 이루어져야 한다는 주장에 대해 어떻게 생각하나요? Banks와 Nieto 등 다문화 교육학자들의 관점을 참고하여, 학교-가정-지역사회가 연계된 효과적인 다문화 교육 방안을 토론해 보세요.

12

이주의 사회통합 현상

1. 사회통합 현상

2. 사회통합을 위한 세 가지 과제

3. 정부의 사회통합을 위한 정책 노력

4. 한국형 사회통합 모형을 설계해야 한다.

5. 한국형 사회통합 모델 제시

6. 사회통합의 내외요건

7. 사회통합의 정책 방향이 명확하지 않으면 어떤 문제가 생기는가?

8. 사회통합 정책에 대한 한국교회의 역할

이주의 사회통합현상

초국가 시대로의 이주의 변천은, 이주의 사회화, 이주의 경제화, 이주의 정치화 등에 대한 논의가 활발하게 전개될 수밖에 없고, 결과적으로 사회통합의 필요성과 정책과제로서의 사회 통합정책에 주목하게 됩니다. 이주민과 원주민과의 통합은 살아온 문화나 역사적 배경이 다르고, 사회적 갈등이 뒤따르기 때문에 이주민을 수용하는 국가는 사회통합 정책을 첫 번째 과제로 수행하게 됩니다. 그러면 다문화사회에 진입한 한국 사회는 어떤 사회통합 정책과 방향성을 가져야 할까요? 특히 우리보다 먼저 이민을 받아들인 유럽 국가들의 사회 통합정책을 참고하는 것도 도움이 되지만 한국 상황에 적합한 정책을 마련할 때가 되었다고 판단 됩니다.

1. 사회통합 현상

사회통합 현상은 다양한 사회 집단 또는 개인들이 상호작용하고, 함께 살아가면서 공동체와의 유대감을 형성하는 것을 의미합니다. 이는 사회적, 경제적, 문화적 차이를 극복하고 서로 간의 이해와 존중을 바탕으로 조화롭게 연대하는 사회를 구축하는 과정입니다. 사회통합은 모든 구성원이 동등한 권리와 기회를 가질 수 있도록 하는 것을 목표로 하며, 다양성을 포용하고 사회적 불평등을 해소하는 것이 중요한 가치입니다. 사회통합의 핵심은 모든 사회 구성원이 상호 협력하고 상호 의존하는 관계를 형성하여 통합된 사회를 만들어 가는 것입니다. 그렇다면 우리 사회는 사회통합을 위해 어떤 노력을 해왔는가를 점검해 보아야 합니다. 또한 사회통합의 로드맵을 만들어야 합니다. 사회통합에 대한 목표와 다양한 이론에도 불구하고 삶의 현장에서 느끼는 이주민에 대한 편견과 차별은 여전하기 때문입니다.

2. 사회통합을 위한 세 가지 과제

1) 사회통합의 책임을 이주민에게 지우는 태도를 지양해야 합니다.

지금까지 우리 사회는 사회통합을 말하면서도 사회통합의 성격이나 문제에 대해서는 파편적인 논의에 그치는 경향이 많았습니다. 특히 사회통합의 책임을 이주민에게 전가하는 경향이 강했고(동화적 프로그램), 이주민의 정체성 혼란이나 그들을 맞아야 하는 우리 국민의 심리적 부담감은 고려 대상조차 되지 않았습니다. 그 결과 이주민들이 한국어와 한국 사회를 이해하기 위해 열심히 공부해야 한다고 생각해 왔습니다. 사실상 사회통합의 책임을 그들에게 지운 것입니다. 하지만 사회통합은 쌍방향 통합이어야 하기에 상호간의 노력이 필요합니다. 특히 이주민들을 직원이나 가족 구성원으로 받아들여야 하는 한국인들의 고충(정서)도 크다는 것을 잊지 말아야 합니다. 하늘을 나는 새도 두 날개가 있어야 날 수 있듯이 우리가 모두 함께 배려하고 노력해야 합니다.

2) 이주민에 대한 그릇된 인식을 바꾸어야 합니다.

2007년 여수 이주노동자 화재 참사 뒤 한 이주노동자가 한 말입니다. "한국 정부는 이주노동자의 '일하는 기계' 부분만 사고 싶겠지만, 살아있는 인간이 바다를 건너오는 것이다. 우리는 범죄자가 아니고 노동자다. 우리는 건전지가 아니다."라며 절규했습니다.

코로나19가 한창일 때 인력을 구하지 못해 어려움을 겪고 있던 어느 사업자는 불법체류자를 소개해 달라는 요청을 해왔습니다. 인력을 구하기가 쉽지 않을 때인지라 얼마나 어려웠으면 그러하겠나 싶었습니다. 그런데 그게 아니었습니다. 불법체류자는 적은 임금으로도 사용할 수 있고, 어려운 일도 마다하지 않는다는 이유로 선호하는 것입니다.

30대 후반으로 추정되는 한국인이 국제결혼을 하고 사회통합프로그램을 신청하기 위해 부인을 데리고 왔습니다. 그래서 열심히 가르쳤습니다. 그런데 1년 후 다른 여성을 부인이라며 데리고 왔습니다. 이혼하고 재혼한 것입니다. 정확한 이유는 알 수 없지만 그 후 수년이 지난 어느 날 그는 다른 여성과 살고 있었습니다. 이렇게 빈번한 혼인을 방지하기 위해 법무부는 비자 신청일 기준 과거 5년 이내에 다른 외국인 배우자를 결혼 동거 목적으로 초청한 사실이 있으면 초청을 제한하고 있습니다. 결혼하는 이주여성들은 일하는 기계가 아니며, 함부로 다뤄도 되는 사람들이 아닙니다. 그들은 코리안 드림을 꿈꾸고 한국에 왔습니다. 문제는 아직도 이주민에 대한 왜곡된 인식을 가진 이들이 많다는 점입니다.

3) 사회 통합정책의 방향성 부재는 시급히 해결해야 할 과제입니다.
　그동안 사회통합을 위해 정부나 이주민 지원단체는 열심히 노력해 왔습니다. 특히 민간 단체들은 사회통합프로그램을 위해 자비를 들여가며 운영해 왔습니다. 안타깝게도 정부는 임대료, 화재보험, 냉난방비 등 운영에 필요한 재원을 지원해 주지 않고 있습니다. 그러면서도 운영의 책임을 민간 단체에 떠넘기고 있습니다. 이는 반드시 개선되어야 하며, 정부 책임제가 도입되어야 합니다. 그러함에도 사명감을 가지고 하는 것은 이주민들을 우리 사회에 잘 정착시키는 일이 중요하기 때문입니다. 그런데 가장 중요하고 시급한 일은, 사회 통합정책의 방향성(로드맵)을 세워야 하는데 2025년 6월 현재, 16년의 시간이 흘렀는데도 아직 확정되지 않고 있습니다. 그래서 국민들은 우리 사회가 어떤 다문화사회로 가는지도 알지 못합니다. 국내 이주 역사가 34년이 지났는데도 아직도 방향성이 부재한 상태입니다. 이는 직무 유기라고 말하지 않을 수 없습니다. 정부는 2008년부터 5년마다 외국인 정책 기본계획을 세워 추진하고 있습니다. 그런데 기본계획은 총리실 산하 3개 부처(법무부, 여가부, 고용부)가 각자 추진하고 있어서 체계통합이 시급합니다. 무엇보다 효율성에 의문이 생깁니다. 또 계획 추진 당시 상황에서 문제가 되는 지나간 이슈들을 반복한다는 느낌까지 듭니다. 기본계획이 연도별 과제를 포함하고는 있다고 해도 과거의 쟁점들을 해결하기 위해 소환하는 경우가 많고, 적어도 5년 이상 10년 이후까지를 단계적으로 발전하는 계획을 세워야 하는데 중복되는 정책들이 많습니다. 그렇게 된 원인은 무엇 때문일까요? 정책순서가 바뀌어 추진되어 왔기 때문입니다. 즉 [체계통합]이 먼저이고, [가치통합]이 다음인데 지난 16년여 간의 정책을 되돌아보면 드러난 사회적 문제 해결에 급급했던 것 같습니다. 또한 사회통합은 어느 한쪽으로 동화시키거나 단일한 목소리를 내도록 강요해서 되는 것은 아닙니다. 서로의 다름을 인정하고 존중하는 방향이어야 합니다. 그리고 통합의 결과는 물리적 결합만이 아니라 공동체의 신뢰 위에 다름을 인정하고, 협력으로 시작하는 화학적 새로움으로 나타나야 합니다. 사회통합의 과정은 갈등과 분열, 배제를 극복하고 공존을 위해 협력하고, 결속으로 향해가는 여정'입니다.

2025년의 한국은 "어떤 다문화사회를 만들 것이냐?"라는 물음에 답해야 할 과제를 받았습니다. 가장 시급한 일은 사회통합이라는 자동차가 달릴 수 있는 길(사회통합을 위한 로드맵)을 만들어야 합니다. 또 정책 성과도 중요합니다. 그러나 정책 성과는 참여 인원이 몇 명이었고, 몇 회기를 했느냐가 아니라 이 정책으로 인해 지역사회나 이주민들에게 어떠한 발전과 변화가 나타났느냐가 되어야 합니다. 이주민과의 '동행과 동역의 시대'가 시작되었기 때문입니다.

3. 정부의 사회통합을 위한 정책 노력

정부의 공식적인 사회 통합정책 원년은 2007년부터입니다. 물론 2006년에도 사회통합 논의가 없었던 것은 아니지만 2007년에 이르러 '재한외국인처우기본법'이 제정되었고, 2008년에는 '다문화가족 지원법'이 제정되었습니다. 이러한 법률에 근거하여 '출입국외국인정책본부'가 신설되었고 명실공히 범국가적인 외국인 정책이 시작되었습니다. 재한외국인처우기본법의 목적은 '이 법은 재한외국인에 대한 처우 등에 관한 기본적인 사항을 정함으로써 재한외국인이 대한민국 사회에 적응하여 개인의 능력을 충분히 발휘할 수 있도록 하고, 대한민국 국민과 재한외국인이 서로를 이해하고 존중하는 사회환경을 만들어 대한민국의 발전과 사회통합에 이바지함을 목적' 한다고 규정했습니다.

 이 법의 제정으로 매년 5월 20일이 국가 기념일로 '세계인의 날'이 되었고, 무엇보다도 이주민의 처우를 최초로 법률로 규정했다는 점이 중요합니다. (필자는 4월 27일 법사위에 토론자로 참여하여 5월 20일을 세계인의 날로 정하자는 제안하였고 그대로 되었습니다) 또 한 5년마다 외국인 정책 기본계획을 만들어 시행하는 등 법적인 근거를 마련하게 되었다는 점입니다. 또한 이 법의 목적을 수행하기 위해, 사회통합프로그램을 추진하였고, 2009년 이후 현재까지 전국적으로 실시되고 있습니다. 2025년 현재, 340여 개의 민간 단체(대학 포함)에서 사회통합프로그램을 운영하고 있습니다. 이주민의 사회통합을 위한 한국어 교육, 사회 문화 이해 교육, 조기 적응 등 교육 표준화가 이루어지게 되었습니다. 사회 통합 프로그램은 학습자들의 체류자격과 연동된다는 점에서 큰 호응을 받고 있습니다. 그러나 사회통합 정책에서 가장 중요한 부분은 정책 방향과 정책 목표를 명확히 하는 것입니다. 사회통합 정책 방향은 하드웨어와 소프트웨어 차원의 모델을 만드는 것과 같습니다. 전자는 한국은 초국가 시대에 맞는 "어떤 다문화사회를 만들 것인가?"에 대한 큰 그림(설계)을 그릴 수 있어야 하고, 후자는 소프트웨어에 해당하는 구체적인 목표를 설계하는 것입니다. 하지만 한국 상황은 어떤 집을 지을 것인가? 보다는, 집안에 어떤 가구로 채울 것인가에 관심을 기울이고 있는 형국입니다. 필자는 앞에서 [체계 통합과 가치통합]의 필요성을 언급한바 있습니다. 그렇게 된 이유는 다음과 같습니다.

첫째, 단일민족, 순혈주의 사상의 벽이 높은 데다 부처 간의 실적 위주의 단기성과에 급급했기 때문입니다. 특히 이주민에 대한 한국어 교육에도 충돌과 갈등이 많았습니다. 이는 오해에서 비롯된 것으로, 법무부의 사회통합프로그램의 목적은 귀화자의 사회 이해와 언어 수준이 너무 낮아 그들의 실력을 높이기 위한 것이었고, 여성가족부는 귀화자의 사회 정착에 필요한 한국어 향상이 목적이었습니다. 그런데도 마치 강제 규정으로 알려져 정책 대결로 확대된 것입니다. 그 후 사회통합프로그램은 모든 이주민들을 대상으로 확대되었고, 본래 취지와는 다른 체류자격 전환을 목적으로 바뀌었습니다. 여성가족부 역시 법무부의 사회통합프로그램과 동일한 과정(이수 시간, 단계별 과정 등)으로 만들어 시행하고 있습니다.

둘째, 사회통합 정책 추진체계가 만들어지기 전에 이주민의 유입이 이루어졌기 때문입니다. 이에 따라 부처 간의 충분한 논의 없이 정책이 추진되었습니다. (이주 유형에 따른 교재 개발 등)

셋째, 사회환경의 변화가 빠르게 전개된 것도 요인입니다. 저출산 고령화에 따른 인구절벽 현상은 미래 산업인력의 부족, 초, 중, 고 대학의 취학생 부족으로 인한 폐교 속출, 병역 인력 부족, 지자체의 인구감소(소멸 위기)나 코로나19 같은 유사 전염병 확산, 기후 위기 도래(영토의 사막화, 해수면 상승,

폭설과 폭우, 폭염)는 사회안전망을 흔들고, 인구이동을 촉진하여 기존의 정책 흐름을 바꾸거나 방해하는 요인들입니다. 특히 제조업과 지자체의 인력 부족 문제는 매우 심각한 상태입니다.

이를 해결하기 위해서는 중앙정부와 지자체 간의 긴밀한 협력이 필요합니다. 그동안 지자체는 이주 인력의 도입 권한(비자)을 요구해 왔습니다(광역지자체). 이는 신속한 인력 부족을 효율적으로 대처하기 위해서였습니다. 이러한 요구를 '풀뿌리 체류 제도'로 수용할 수 있다고 생각합니다. 그러나 필자의 의견은 인력 도입 권한을 100% 지자체가 갖기보다는 지역 고용노동부와 지역 출입국 사무소와 지자체 간의 실제적인 정책 협의체 구성이 먼저 이루어져야 한다고 생각합니다. 그 이유는 지자체가 능력이 부족해서가 아니라 이주 행정을 감당하는 것은 지역 출입국 외국인 사무소(청)의 역할이고, 외국인력 도입과 관리는 고용부 역할이기 때문입니다. 지자체는 고용부와 협력하여 인력의 배분과 관리, 지역에 맞는 정책 개발 및 추진, 전달체계인 사회단체와의 협력에 집중한다면 효과가 클 것으로 사료 됩니다.

넷째, 실무경험이 있는 사회통합 정책 전문가의 부재입니다. 정책 초기 정부의 사회통합정책은 독일 모델로 시작했지만 2007년 당시 이민정책을 전공한 학자가 부재한 가운데 사회학자, 경제학자, 법학자, 행정학자들이 순차적으로 참여했습니다. 이는 이민 문제가 사회와 경제문제의 시급한 현안으로 떠오른 데다 이를 다룰 마땅한 전문가를 찾기도 어려웠기 때문입니다. 이는 정책 초기부터 전문가 집단에 의한 종합적인 검토와 준비가 충분하지 않았으며, 서둘러 추진되었음을 방증하는 것입니다. 그 이유는 이주민 유입 역사가 짧고, 축적된 자료와 연구 부족, 더구나 현장 전문가나 이민정책을 전공한 학자의 부재입니다. 그래서 처음에는 사회학적 측면에서 연구를 시작되었고, 사회통합모델은 독일의 모델이었지만 다문화주의 국가를 추구한 호주 모델이 연구되기도 했습니다. 그러나 독일과 호주와 한국은 이주민에 대한 정책이 전혀 다른 국가체제여서 적용하기가 어렵습니다. 호주는 전통 이민 국가이고, 한국은 순환 정책을 추진하고 있습니다. 무엇보다도 두 국가는 이민이 자유로운 정책을 추진합니다.

한편 한국의 이민정책은 사회학자에 이어 인류학자, 역사학자, 법학자, 한국학자, 행정학자 등이 속속 참여하여 오늘에 이르렀습니다. 여기에 이민정책을 전공한 신진 학자들을 배출하는 대학도 많아지고 연구 영역도 점점 확대되고 있습니다. 반면 이들의 진로와 관련하여 해결해야 할 과제가 많습니다. 가장 큰 문제는 이민 시장이 형성되지 않았다는 점입니다.

4. 한국형 사회통합 모형을 설계해야 한다.

한국의 이주(移入) 역사는 34년이 넘었지만, 지금까지 세계적으로 알려진 통합 모델들을 제시할 뿐 한국형 모델을 마련하지 못하고 있습니다. 그 이유는 아마도 서구 사회에서의 활용되는 사회통합 정책을 도입하면서 한국 내부의 여러 상황(순혈주의와 단일민족 사상 등과의 갈등)과의 갈등 때문으로 판단됩니다. 특히 이민 국가의 정책 모델을 도입한다는 것은 추진 과정에서 어려움이 있을 수밖에 없습니다. 이제는 한국적 사회통합모델이 개척(개발)되어야 할 필요가 있습니다.

<서구의 사회통합 모델>

	Castles · Miller(2008)의 사회통합 모델	
1	차별배제 모형 (differential exclusion model)	독일, 일본, 한국
2	동화주의 모형(assimilation model)	영국과 프랑스
3	다문화주의 모형(multiculturalism model)	미국, 캐나다. 스웨덴, 호주

위 모델들은 서로 간의 장, 단점이 있으며, 최근에는 모델 간에 병용하는 현상이 나타나고 있습니다. 그렇다면 한국 상황에 가까운 통합 모델을 찾거나 만드는 것이 필요합니다. 이에 대해 차용호 박사는 한국의 사회통합 정책 모델을 [다문화주의와 동화정책의 장점을 병용하는 것]이라고 주장한 바 있습니다. 하지만 그가 말한 장점은 무엇이고, 단점은 무엇인지가 명확하지 않을뿐더러 어떻게 병용한다는 것인지, 궁금합니다.

이렇게 한국의 사회통합 정책은 5년마다 기본계획을 세우고는 있으나 질적인 변화는 단시간에 이루어지기 어렵기 때문에 통합의 속도를 조절할 필요가 있고, 가치통합의 방향으로 조정해야 합니다. 그러나 2008년부터 추진되어 온 외국인 정책 기본계획은 한국화로의 동화정책 기조에, 다문화주의가 부분적으로 포함되어 있음을 확인할 수 있었고, 외국인 근로자에게는 순환형 차별배제 정책이 적용되었음을 알 수 있습니다. 그러면 왜 그렇게 되었는지 객관적인 이유가 설명되어야 합니다. 객관적으로 나타난 사실은, 앞에서 주지한 바처럼 정책을 생산하는 주무 부처의 칸막이가 높고, 이를 통제할 국무총리실의 역할이 부족했다고 생각됩니다. 더구나 총리실에 3개 위원회(외국인 정책위원회, 다문화가족 정책위원회, 외국인 인력 정책위원회)는 각 부처의 입장을 먼저 고려하는 관계로 하나로 통합시키지 못한 것으로 판단됩니다. 즉 체계 통합조차 이루어지지 못했다는 것입니다. 그러나 그 피해는 이주민과 국민들에게 돌아갈 수밖에 없다는 점에서 정책을 결정하는 이들의 책임이 크다고 할 수 있습니다. 세계는 분초를 다투며 빠르게 진화하고 있습니다. 따라서 한국은 인구절벽에 직면하여 이주민의 수요와 정책적 요구가 점점 높아지고 있다는 점에서 한국적 상황에 적합한 사회통합 정책을 추진할 모델이 필요합니다.

5. 한국형 사회통합 모델 제시

필자는 사회통합을 위한 [체계통합]과 [가치통합]의 큰 틀이 우선적으로 검토되어야 한다는 전제하에 이주민 중심의 단계론적 통합론을 제시하고자 합니다.

< 단계론적 사회통합론 개요 >

신발을 구입하는 일반적인 기준은, 개인의 취향도 중요하지만 자기 발에 맞는 사이즈를 선택해야 합니다. 이처럼 이주민이 급증하는 상황에서 한국 정서와 별개의 모델을 적용하는 것은 오히려 혼란을 초래할 수 있는 위험한 선택이 될 수 있습니다. 사회통합 정책 방향에 대한 필자의 입장은 이주 초기부터 수용과 적응기를 거쳐 정착을 위한 통합단계에 이를 수 있는 모델[단계적 모델]이 적합하다고 봅니다. 마치 인생의 4계절을 살아내는 과정과도 같습니다. 필자가 제시하는 사회통합모델은 이주민들의 4단계 욕구에 기반하여 [생존의 욕구]☞ [문화적 욕구]☞ [자기 성취 욕구]☞ [사회참여 및 봉사의 욕구]입니다.

1단계: 외로움으로 인한 고립감을 호소하는 시기

유입국에서의 이민 1단계는 한국어 소통의 어려움, 낯선 문화에 대한 이질감, 외로움, 이주국 대한 경계심과 거절당함 등으로 인한 고립감은 이주 초기에 공통으로 경험되는 것들입니다. 이주 초기는 생존의 욕구가 비교적 강하게 나타나는 시기입니다. 과연 새로운 나라에서 마음 편히 살아갈 수 있을까? 라는 불안감이 도사리고 있기 때문입니다. 이 시기에는 정부의 정책과 교회를 포함하여 시민사회단체의 역할이 절대적으로 필요합니다. 정부는 조기 적응 프로그램을 적용하고, 시민단체나 교회는 환대의 자세가 필요합니다. 이는 외로움과 고립감을 해소하는 데 도움이 될 수 있습니다. 특히 교회의 환대 적 자세는 안정감을 심어줄 수 있습니다. 초기 이민자들의 심리상태는 뿌리째 뽑혀 옮겨심은 나무와 같아서, 이주국에서 살아가려면 극복해야 할 일이 많습니다. 이들에게 당장 필요한 것은 '생존'의 문제인데, '우리도 사람입니다'라는 요구는 당연합니다. 따라서 정부는 1단계에 필요한 세밀한 정책을 마련해야 합니다. 공급자 입장이 아닌 수요자가 필요로 하는 도움을 주어야 합니다. 최근 몽골에서 이주한 남학생은 2개월 만에 다시 본국으로 돌아갔습니다. 이 학생은 언어가 통하는 친구가 없었으며, 게임에 중독되어 수업에 충실하지 못했습니다. 한국어를 가르치려고 노력했으나 어느 날 갑자기 돌아가겠다는 문자를 남기고 떠났습니다. 이주 초기에는 친구 같은 멘토가 필요합니다.

2단계: 문화접변(병용) 현상을 극복하며 수용하는 시기

2단계는 수용의 시기로서 기초적인 소통과 사회화의 과정에 입문합니다. 이 시기는 문화 사춘기에 해당하는 이중문화를 경험하면서 혼란의 시기를 겪게 됩니다. 부천 지역에서 사역하는 몽골교회 목사님이 급하게 전화가 왔습니다. 몽골 출신 중도 입국 학생들이 중학교에 입학하여 1개월 정도 다녔는데 갑자기 학교를 자퇴하겠다며 대안학교를 세워달라는 요구를 했답니다. 그 이유는 초등학교 때는 몰랐는데 중학생이 되면서 자신의 정체성에 혼란이 왔다는 것입니다. 즉, 반은 한국인 같고, 반은 몽골인 같아서 학교생활을 못 하겠다는 것이 이유입니다. 더구나 아이들은 자기가 선택해서 이주한 것도 아니기에 문화 사춘기 현상이 심했던 것 같습니다. 하물며 스스로 이주한 성인들도 문화병용 현상을 겪는데 어린 학생들이야 오죽했을까? 라는 생각이 들었습니다. 이주민들은 수용의 과정에서 본국의 문화와 이주국의 문화 사이의 차이를 알게 되고, 이주국에서 느끼는 차별과 배제, 편견과 무시를 경험하게 됩니다. 청소년들의 경우 스스로 선택한 것이 아닌 상태에서 계속 살아가야 한다는 부담감과 혼란으로 스트레스가 많을 수밖에 없습니다. 하지만 점차 이주국의 언어, 문화, 가치관 등을 수용하며 자신감을 회복하기도 합니다. 스스로 타지방을 다녀오고, 간단한 행정적인 일 처리도 가능하게 되면서 자신감을 얻게 됩니다.

 20년 전 아내가 이주여성을 찾아다니며, 포천시 제1호 방문교사로 한국어를 가르칠 때 일입니다. 태국 출신 결혼이민자인데 어느 날 작은 쪽지 편지를 보내왔습니다. "선생님 저 혼자서 서울 다녀왔어요"라고 쓴 서툰 한국어 편지였습니다. 아내는 그 편지를 자동차 계기판에 붙여 놓아 저도 보았는데 너무 감동적이고 큰 보람을 느꼈습니다, 2단계 시기는 결혼 이주자뿐만 아니라, 이주노동자들도 유입국 사회의 차별과 편견을 느끼지만 그럴수록 적응하려는 노력이 나타나는 시기이기도 합니다. 이 시기에는 정부나 사회단체 특히 교회의 도움이 필요합니다.

정부는 이주민들에게 가장 필요한 한국어와 한국 사회 이해 등 사회생활에 필요한 교육과 상담 지원을 해주어야 합니다. 교회는 이주민 중에서 본국에서 신앙생활을 한 이들의 신앙을 지원하고, 고립되고 있는 이들은 없는지 세심한 관심이 필요합니다. 교회는 복음을 전하여 믿음 안에서 문화사춘기의 혼란을 이겨낼 수 있도록 돌아보아야 합니다. 실제로 이들에게는 고향과 가족, 친구들에 대한 향수가 짙어 돌아가는 이들이 많습니다. 교회는 이들의 정서적 필요와 상담으로 이들의 사회화를 도울 수 있습니다. 매년 명절 때마다 필자를 찾아오는 형제가 있습니다. 난민인정을 받기까지 도움을 주었기 때문에 부모로 여기며 찾아오는 것입니다. 그 형제는 회사에서 인정받는 훌륭한 일군입니다.

3단계: 재정착을 통한 가치통합 시기(사회보장과 권리 보호 시기이며 자아 성취와 인정받고 싶은 시기)

이주의 중요성과 필요성은 코로나 팬데믹을 겪으면서 더욱 선명하게 드러났듯이 이주민들은 더 이상 주변인(가장자리: Marginality)이 아닌 우리 사회의 일원으로 받아들여야 한다는 인식이 점차 확대되고 있습니다. 2단계 과정이 이주민들이 우리 사회에 수용되느냐, 이탈하느냐의 문화접변의 혼란기였다면 3단계는 우리 국민과 이주민이 서로 협력하며, 동행하는 단계라고 할 수 있습니다.

장점이 커지면 단점이 가려지는 것처럼 통합의 참모습은 이주민과 이주국 국민이 서로 존중하고 협력하는 사회화가 이루어질 때입니다. 한국의 다문화사회 기반은 송출국이나 수용국 모두 1차 적 요구는 다양하며(유학, 혼인, 자유 등) 대부분 경제적 필요를 채우기 위해 이주했다고 볼 수 있습니다. 이주민이나 수용국 사회는 이주의 목적을 타 문화를 수용하여 문화융성을 이루기 위함은 아니었을 것입니다. 수용국은 경제적 이익에 초점을 맞추었고, 값싼 노동력이라는 인식이 자리를 잡았습니다. 이러한 인식은 이주민에 대한 편견이나 차별로 이어졌고, 갈등이 나타났습니다. 이주민을 대하는 태도는 중요합니다. 이주민을 [사람]으로 보느냐, [노동력]으로 보느냐에 따라 달라지기 때문입니다. 한국은 수치상으로는 다문화사회에 진입했다지만 정서상으로는 이주민들을 수용할 마음의 공간이 부족하다는 생각이 듭니다. 그러나 세월이 흐르고 여론도 점차 바뀌고 있습니다. 적절한 비유인지는 모르겠으나 그것을 '에펠탑 효과' 또는 '단순 노출 효과'라고 합니다.[2] 이주민을 위한 기본법 단계에서 그들과 함께 살 수 있는 영주나 귀화제도가 체계화되고, 차별과 배제가 아닌 수용의 대상이 되었습니다. 부분적으로나마 가족 이민보다 낮은 형태인 가족 결합 또는 가족 생성이 가능해졌고,[3] 일반 귀화자도 증가하고 있습니다. 준 이민 국가로 진행되고 있는 조짐도 곳곳에서 나타나고 있습니다. 예를 들어 E-7-4R(숙련 기능인력) 비자는 가족을 초청하여 거주할 수 있는 노동 이민 비자입니다.

특히 이주의 정치화(참정권 부여)는 우리 사회가 이주민을 사회 구성원으로 인정하는 다문화사회가 되어가고 있음을 시사합니다. 하지만 다문화사회 [다움]을 이루려면 이주민에 대한 기본적인 인권 보호와 질 높은 일자리를 위한 기능교육 기회 제공, 본국의 학력 및 경력자원 인정, 만 19세 이후 국내에서 고등학교를 졸업한 중도 입국 청소년의 취업 기회 부여(아니면 체류 자격 외 자격으로 취업), 미등록 자녀의 출생등록 제도 구축 등이 뒤따라야 합니다. 이것이 가치통합 사례입니다.

이주민들은 이주국에서 자신들의 자원과 능력을 인정받고 싶어 합니다. 더 좋은 일자리를 얻기 위한 자격과 기능을 갖추기 위한 노력도 합니다. 그 과정에서 법과 제도의 벽이 생각보다 높다는 것을 실감하면서 비차별 법제화를 요구합니다. 중도 입국 자녀들은 국내에서 고등학교를 졸업하고, 국가 기능 자격을 취득해도 취업에 제한을 받습니다. 국가에서 무료로 훈련시키는 직업교육도 받을 수 없습니다. 후견인이 되는 부모와 거주해도 마찬가지입니다. 그 이유는 국민이 아니라는 이유입니다. 그러므로 [가치통합]을 위한 법제화가 필요합니다. 이주민들은 사회 속의 이주민으로서의 사회에 기여하고 싶어 하고, 참여하기를 원합니다. 정부와 지자체는 이들이 대한민국에서 안정적으로 정착할 수 있도록 사회화에 힘써야 합니다.

4단계: 사회참여 및 봉사의 욕구 시기

사회통합의 최종 단계는 사회에서 자신의 역할을 발휘하며 정착하는 것입니다. 왜냐하면 그들도 인정받고 싶은 욕구가 있기 때문입니다. 필자는 이주민들이 지역 방범 활동에 참여하거나 자신의 재능을 활용하여 빵(제빵 제과)을 만들어 양로원이나 도움이 필요한 곳을 찾아가 봉사하는 단체를 알고 있습니다. 그것도 15년 이상을 지속하고 있습니다. 처음에는 서너 가족이 모여 시작했습니다. 자녀들에게 봉사의 본을 보이자는 취지도 있었습니다. 무엇보다도 다문화가족이 이 사회에 필요한 존재라는 것을 알리고 싶었습니다. 그런데 십 년이 지나고 15년이 되면서 이제는 습관이 되어 큰 보람이 되고 있습니다. 자녀들도 봉사활동을 당연하게 생각합니다.

그 외에도 지역 출입국 사무소에서 이주민들의 행정편의를 도와주는 이주민들을 만나는 일은 어렵지 않습니다. 이주민들의 사회참여 기회가 많을수록 사회통합은 가까워집니다. 앞으로는 이주민들의 자원을 체계적으로 관리하여 사회참여를 유도하고 활성화를 지원해야 합니다. 지자체가 앞장서서 지원해야 하지만 그렇지 않다면 사회단체나 교회가 앞장서야 합니다.

6. 사회통합의 내외요건

1) 국민의 동의가 전제되어야 한다.

이주민 5%가 다민족, 다문화사회에 진입하는 기준이라는 가짜 뉴스가 국민의 눈과 귀를 사로잡았던 적이 있습니다. 그러나 5%는 시사하는 바가 있습니다. 이주를 관리하고 활용할 뿐만 아니라 함께 동행해야 한다는 것을 일깨워 준 것입니다. 그러나 한국 국민 대다수는 단일민족, 순혈주의 의식이 강합니다. 이것이 한국의 솔직한 정서인데, 정서를 반영하는 사회통합 정책이 되어야 국민이 공감하고 동의할 것입니다. 그러나 이전 정부도 그랬고, 현 정부 정책도 국민의 동의를 구하기에는 넘어야 할 산과 강이 많아 보입니다. 정권이 교체되면 정책 방향은 좋아지고 개선되기를 바라는 기대는 높아집니다. 하지만 정책의 내용과 정책 방향이 불분명하다면 국민은 길을 잃어버릴 것입니다. 국민이 공감하지 않는다면, 사회통합 정책은 국민의 신뢰를 얻지 못하고 용두사미 처지가 될 것입니다. 국민과 이주민이 믿고 신뢰할 수 있는 사회통합 정책의 개선이 이루어져 초국가 시대의 이민정책이 국가 대계로 추진되기를 바랍니다.

2) 지속 가능한 정책 능력이 필요합니다.

중앙정부와 지방정부 공무원들의 사회통합을 위한 정책 능력이 요구됩니다. 정책 능력은 이 분야에 대한 종합적인 지식과 정보, 연구에서 나옵니다. 그뿐만 아니라 답은 언제나 현장에 있으므로 현장의 목소리에 귀를 열고 들어야 합니다. 또 한 정책을 추진할 때 지역 생태계를 고려한 친화적이고, 창의적인 프로그램을 개발해야 합니다. 최근 정책 담당 공무원들의 학구열이 높아졌다는 말을 많이 듣고 있습니다. 이주민단체들도 과거처럼 목소리를 높여야 해결되는 시대는 지났음을 인식해야 합니다. 정책 능력을 갖추는 노력이 필요한 때입니다.

3) 재정이 확보되어야 사회통합 정책을 힘 있게 추진할 수 있습니다. 어떤 사업이든 비용을 계산하지 않고 추진할 수는 없습니다. 법무부는 15년 전부터 사회통합을 위한 정책 자금 마련 방안을 연구해 온 것으로 알고 있습니다. 그리고 이주민들이 내는 비용(과태료, 범칙금, 수수료 등)을 대안으로 제시하고 국민의 동의를 구하려고 노력해 왔습니다. 무엇보다 수요자 부담으로 추진해야 국민의 동의를 구하기가 쉽기 때문입니다. 그러나 이 방법은 너무나 소극적이고, 국가의 대계를 세우는 막중한 과제를 이주민들에게 책임 지우는 것으로 비춰질 수 있습니다. 국회나 정부가 앞장서서 해야 하지만 부처 간의 칸막이가 높은 상황에서는 서로의 입장을 고수하기보다는 국가의 이익이 무엇인지 이해하고, 타협하는 노력을 해야 합니다.

4) 수평적 협력체계가 구축되어야 합니다.

지속 가능한 사회 통합정책이 추진되려면, 중앙정부와 지방정부 그리고 전달체계의 역할을 맡은 시민사회단체 간의 수평적 거버넌스가 강화되어야 합니다. 그러나 현실은 이에 미치지 못합니다. '관'은 '갑'이고, 시민단체는 '을'이라는 등식이 여전히 존재하기 때문입니다. 최근 정부는 비영리단체인 시민단체에 대한 감사 결과를 발표하고 대대적인 수술을 진행한 바 있습니다. 그런데 마치 시민단체 전체가 무슨 범죄를 저지른 것처럼 오해를 받을 수 있는 사안이 발생하고 있습니다. 그러나 대부분의 시민단체는 비영리로 운영되고 있고, 사업비를 받아 국가가 해야 할 일을 대신하는 것이지 운영에 필요한 급료나 임대료, 공과금을 받아 운영하지 않습니다. 또한 사업비도 철저한 점검과 심사를 통해 평가받고 운영합니다. 비영리단체는 후원자들의 도움으로 운영된다는 점에서 정당한 평가와 가치를 인정받아야 함에도 불구하고, 그 반대 현상이 나타나고 있어서 당황스럽고 안타깝습니다.

사회통합은 수직적 관계가 아닌 수평적 관계로 협력이 되어야 성공할 수 있습니다. 시민단체는 정부(지자체 포함) 정책을 믿고, 법과 규정을 잘 지켜야 하지만 정부(지자체 포함)는 시민단체의 창의성과 헌신적 노력을 인정하는 partnership 자세(정신)를 가져야 합니다.

7. 사회통합의 정책 방향이 명확하지 않으면 어떤 문제가 생기는가?

일단 사회통합을 위한 큰 그림이 준비되지 않으면 목표나 목적이 없이 그냥 달리는 자동차와 같습니다. 차는 도로를 달리라고 만든 것인데 도로가 없다는 것은 자동차를 만든 이유가 사라집니다. 현재 정부는 2008년부터 5년마다 외국인 정책 기본계획을 세워서 사회통합 정책을 뒷받침하고 있습니다. 그런데 통합의 방향(큰 그림)이 없다면 문제가 발생할 때마다 문제 해결을 위해 인력과 재정을 투입하다 보면 일은 열심히 했는데 평가할 방법이 없게 됩니다. 2023년 새만금 잼버리 세계대회가 그러했습니다. 막대한 예산과 엄청난 인력을 동원해서 열심히 준비했지만, 전체적인 그림을 그리지 못하고 부분적인 것에 집착하다 보니 곳곳에서 문제가 드러난 것입니다.

그런데 지금까지도 그러했지만 아무도 책임을 지지 않습니다. 심지어 주무 부처 장관조차도 책임질 마음을 갖고 있지 못합니다. 또한 책임을 묻기도 전에 사퇴해 버리니 방법이 없습니다. 2년이 지났는데 해당 부처는 장관조차 부재 상태입니다. 이렇게 해도 되는지, 임명권자의 태도를 이해할 수 없습니다.

이와 같이 사회통합 정책은 방향도 중요하고, 정확한 진단과 처방이 필요합니다. 말하자면, 한국 사회를 어떤 통합된 다문화 국가로 만들 것인지에 대한 그림이 그려지고, 그에 따른 목표가 제시되어야 합니다. 그런데 지금은 겉으로 드러난 문제 해결에 모든 역량을 집중하고 있는 형국입니다. 숲 전체를 보지 않고, 그 숲속에 들어간다면 길을 잃고 말 것입니다. 2023년 이후 정부의 이민정책은 잘 보이지 않습니다. 정책 환경의 변화가 심한 것도 이유가 되겠지만 정책이 수요를 쫓아가지 못한다는 느낌도 지울 수가 없습니다. 저만 그렇게 느끼는 것일까요?

8. 사회통합 정책에 대한 한국교회의 역할

그동안 사회단체나 교회는 정부 정책수행의 교두보 또는 전달체계 역할을 수행해 왔습니다. (사회통합 프로그램 참여) 또 한 하모니 day 같은 화합의 촉매제 역할을 했습니다. 그러므로 이제부터 교회는 환대의 정책을 통해 이주민들이 의지할 수 있는 환경을 조성해 주어야 합니다.

정부가 추진하는 사회통합 정책이 교회가 할 일이 아니라고 생각하는 이들도 있습니다만, 사회통합프로그램은 이주민들에게 필요한 실제적인 것들을 제공해 줍니다. 즉 한국어와 한국 사회 이해, 체류자격 갱신, 영주 자격 및 국적취득에 실제적인 도움이 됩니다. 무엇보다도 이주민들을 돕는 것은 성경의 가치에 부합합니다. 진정한 통합은 예수 안에서의 믿음으로의 통합입니다. 그렇습니다. 교회는 이 일에 전문성을 가지고 이주민 목회와 선교전략을 세워야 합니다. 이주민들이 하나님을 믿고 그의 백성이 되도록 하려면 구체적인 선교전략이 필요합니다. 이를 위해 구체적인 실천 사항을 제안하고자 합니다. 물론 이러한 제안은 새로운 것이 아니며, 한국교회가 지속적으로 해 온 일들입니다.

1) 교회는 사회적으로 취약한 개인과 집단에 도움을 제공할 수 있습니다. 즉, 경제적으로 어려움을 겪는 가정, 노인, 장애인, 소외된 청소년, 이주민 등에게 실질적인 지원을 제공하고, 사회적인 연대감과 희망을 구축할 수 있도록 도울 수 있습니다.

2) 교회는 가족 및 지역사회의 건강한 발전과 통합을 촉진할 수 있어야 합니다. 가족 구성원 간의 커뮤니케이션과 유대감 형성을 돕고, 지역사회 내에서 상호 도움과 협력을 유도하는 프로그램을 운영할 수 있습니다.

3) 교회는 신앙과 관련된 정신적인 지원을 제공할 수 있습니다. 개인이나 가족이 직면하는 어려움, 스트레스, 우울감 등에 대한 심리적인 지원을 제공하고, 사회적 관계망과 지원 시스템을 형성하여 정신적인 안정을 돕는 역할을 할 수 있습니다.

4) 교회는 교육 프로그램 및 문화 활동을 통해 지식과 교양을 공유할 수 있습니다. 예배, 찬양, 설교, 성경 공부 등을 통해 신앙 교육을 제공하고, 예술, 음악, 체육 등의 다양한 문화적 활동을 통해 사회적 상호작용과 문화 교류를 촉진할 수 있습니다. 특히 이주민들의 정착을 위한 사회통합프로그램을 운영할 수 있습니다. 교회의 교육관은 유용하게 활용할 수 있습니다.

5) 교회는 사회봉사 프로젝트를 통해 지역사회에 기여할 수 있습니다. 재능 기부, 음식 나눔, 환경 보호 등 다양한 사회적인 문제에 대한 봉사활동을 조직하고, 지역사회와의 협력을 통해 사회통합을 촉진할 수 있습니다.

이러한 교회의 역할을 통해 사회통합을 위한 다양한 프로그램과 지원 시스템을 제공할 수 있으며, 개인과 지역사회의 발전과 통합을 위한 중요한 동반자가 될 수 있습니다.

◇ 토의질문

1. 한국의 사회통합 정책이 이주민에게만 책임을 지우는 일방향적인 동화정책에서, 이주민과 한국인이 함께 노력하는 쌍방향적 통합정책으로 전환해야 할까요? 각각의 장단점과 현실적 과제를 고려하여 토론해 보세요.

2. 필자가 제시한 '단계론적 사회통합론'(**생존의 욕구 → 문화적 욕구 → 자기 성취 욕구 → 사회참여 및 봉사의 욕구**)이 한국형 사회통합 모델로 적합한가요? 이 모델의 장단점을 분석하고, 보완이 필요한 부분에 대해 논의해 보세요.

3. 사회통합을 위해서는 국민의 동의, 정책 능력, 재정 확보, 수평적 협력체계가 필요하다고 합니다. 이 중에서 가장 시급하게 해결해야 할 과제는 무엇이며, 어떤 방식으로 해결할 수 있을지 구체적인 방안을 토론해 보세요.

13

이주의 다민족화 현상

1. 이주의 다민족화 현상

2. 다민족국가 형성 배경 및 요인

3. 다민족 국가의 장점

4. 다민족 국가의 단점

5. 다민족화 현상에 대한 정부 정책(법률과 제도)

6. 다민족화 현상에 대한 교회의 역할

13
이주의 다민족화현상

대한민국은 한민족 문화가 지배적이며, 단일민족적 사상이 강하다는 평가받는 국가입니다. 유엔 인종차별철폐위원회는 "한국 사회는 다민족적 성격을 인정하고, 한국이 실제와는 다른 '단일민족 국가' 이미지를 극복해야 한다고 지적한 바 있습니다. 위원회는 "당사국(한국)이 민족 단일성을 강조하는 것은 그 영토 내에 사는 서로 다른 민족, 국가 그룹 간의 이해와 관용, 우의 증진에 장애가 될 수 있다"고 우려를 표시한 뒤, '순수혈통'과 '혼혈'과 같은 용어와 그에 담겨 있을 수 있는 인종적 우월성의 관념이 "한국 사회에 여전히 널리 퍼져 있다는 데 유의한다"고 덧붙였습니다.[1]

대한민국은 2025년 6월 현재 이주 인구가 총 인구의 5%를 초과했습니다. 5%가 다민족, 다문화사회를 결정하는 barometer는 아니어도 정부나 한국교회는 다민족 국가로 발전하는 인구구성의 변화에 대해 준비해야 합니다. 국민들 대부분이 단일민족 사상의 향수에 젖어 있다고 해도 이제는 국민들도 다문화사회로 변화하는 현실을 인정해야 할 것입니다.

1. 이주의 다민족화 현상

이주의 다민족 국가 현상은, 여러 민족이 한 국가나 지역으로 이주하여 다양한 민족이 공존하는 현상을 의미합니다. 한국은 1949년 대만, 미국, 영국, 프랑스, 필리핀(5개국)과 최초로 수교한 이후 2024년 2월 현재 193개국과 수교를 맺고 있습니다. 전체 이주 인구는 2024년 12월 말 현재 267 여만 명이며, 2025년에는 300여 만 명으로 증가할 것으로 예상됩니다. 통계로 보면 대한민국은 이미 다민족 국가이며, 다문화사회입니다.

2. 다민족국가 형성 배경 및 요인

일반적으로 다민족 국가는 역사적, 경제적, 정치적인 이유로 발생하게 됩니다. 다민족 국가는 과거에 외부 세력에 의해 점령되거나 식민지로 사용되었던 역사적 배경을 경험한 경우가 대부분입니다.

1) 인도의 경우: 인도는 1950년 1월 26일에 헌법을 채택하여 공식적으로 "다민족, 다언어, 다문화"의 개념을 수용한 공화국으로 선포하였습니다. 인도는 과거에 많은 외래 정복자들에게 침략을 받으며 다양한 문화적 영향을 받았습니다. 이러한 정복과 침략은 인도에서 다양성을 촉진하는 원인이 되었습니다. {마우리아 왕조, Maurya Empire), 굽타왕족, Gupta Empire), 이슬람 침략 (Islamic Invasions), 1858년부터 영국 정부 직접 통치(열강의 보석)} 또한, 인도의 지리적 특성과 경제적 요인들로 인해 다양한 민족 그룹이 산업, 농업, 상업 등 다양한 분야에서 협력하고 교류하면서 다민족 국가로 성

장하였습니다.

2) 호주의 경우: 호주의 다민족 국가 형성 과정은 18세기 후반부터 19세기 초반에는 주로 영국과 아일랜드 이주자들이 이주했으며, 이후에는 유럽, 아시아, 아프리카 등 다양한 문화와 출신지를 가진 이주민들이 이주했고, 인도, 중국, 한국, 일본, 이탈리아, 그리스, 베트남과 같은 다양한 국가와 배경을 가진 이주민들이 호주에 살면서 자체적인 언어와 문화를 보존하였습니다. 특히 호주 정부는 다문화주의 및 다양성을 존중하고 장려하는 정책을 채택하여 다민족 국가로서의 핵심 가치를 강조하였으며, 이민자들이 사회에 통합되기 쉽도록 다양한 지원 및 자원을 제공하고 있습니다.

3) 대한민국의 경우: 역사적으로 중국, 일본, 몽골 등 다른 국가들의 침략과 지배를 받으면서 이주한 사람들이 한반도에 살게 되었습니다. 이러한 침략은 주변 국가와의 접점이 많은 지리적 위치를 가지고 있었기 때문이며, 이것은 서로 다른 지역과의 교류와 문화적 교환이 자연스럽게 이루어질 수 있는 기회를 제공했습니다. 대한민국의 경제성장으로 1990년 이후 외국의 이주민들이 증가하면서 다민족 국가로 인구구조가 바뀌게 되었습니다.

4) 남아프리카의 경우: 17세기부터 유럽인 이주민들이 도착한 후, 인도, 중동, 중국 등 다른 지역에서도 이주가 이루어졌습니다. 이 인구 이동은 다양한 인종과 문화를 남아프리카공화국에 가져왔습니다. 그러나 남아프리카공화국에서 인종 분리 정책인 아파르트헤이드(Apartheid)가 시행되었고,

이 정책은 백인들을 상위계층으로 취급하고 다른 인종들을 차별하는 것을 목표로 했습니다. 그 결과 다른 인종들은 고립되고 각자의 독립된 사회를 형성하였습니다. 1994년 4월 27일 아파르트헤이드 정책은 넬슨 만델라 대통령에 의해 완전히 폐지되었고, 남아프리카공화국은 다문화주의(Multiculturalism) 정책을 채택하여 인종적 다양성과 문화적 공존을 촉진하였습니다. 남아프리카공화국 정부는 다양한 인종과 문화를 존중하며, 인종평등과 다문화주의를 강조하는 법률을 수립하였습니다. 이는 인권 보호와 다양성 존중을 강조하며, 모든 시민이 동등한 권리와 기회를 누릴 수 있도록 하는 데 목표를 두고 있습니다.

그 외에도 사회, 경제적 요인으로 국제결혼, 취업, 유학, 난민 등 국제 이동으로 인한, 민족, 문화적 다양성이 증가하고 있습니다.

3. 다민족 국가의 장점

이주로 인해 다른 문화, 언어, 신앙, 풍습 등을 갖고 있는 다양한 민족이 한 지역에서 함께 살게되면 어떤 장점이 있을까요? 언어소통이나 문화의 교류가 어렵다면 장점을 찾기란 정말 힘 들것 같습니다. 하지만 정반대로 생각하면, 즉, 소통이 어렵다면, 그로 인해 다양성과 문화적 교류가 오히려 증가할 수 있고, 긍정적인 면과 도전적인 면이 더 커질 수 있다는 생각이 듭니다. 긍정적인 면에서 생각해 보면 다양한 민족이 함께 공존함으로써 문화적 다양성과 상호 이해가 증가할 수 있습니다. 다른 문화를 체험하고 배우는 경험은, 개인과 사회에 큰 가치를 제공할 수 있기 때문입니다. 또한, 이주민들은 자신의 문화적, 경제적 자원의 기여를 통해 국가나 지역의 발전에도 이바지할 수 있습니다. 그러나 동시에 다민족 국가는 도전적인 면도 가지고 있고, 다른 문화나 가치관을 지닌 다양한 민족 간의 갈등과 불일치도 발생할 수 있습니다. 또 언어 장벽, 인종차별, 사회적 격차 등도 문제가 될 수 있습니다. 하지만 이러한 도전들은 이민정책을 기반으로 교육 및 인식 개선, 대화와 상호 이해를 장려하는 환경 조성을 통해 극복할 수 있습니다.

4. 다민족 국가의 단점

사람들은 대부분 새로운 변화를 두려워하고, 익숙한 환경을 유지하려는 경향을 나타냅니다. 반면 다민족 국가의 성격은 언어나 문화적 배경이 다른 이주민과 함께 살아야 하므로 언어 정책, 민족주의, 분리주의, 다문화주의 등의 논쟁이 일어날 수 있습니다. 그 결과 통합에 실패하면 특정한 지배적인 민족이 있는 국가로 쪼개지기도 하고, 반대로 여러 국가가 하나의 다민족 국가로 통합되기도 합니다. 먼저 다민족 국가였다가 쪼개진 국가로는, 1993년 체코슬로바키아입니다.[2] 이 나라는 분리돼서 독립된 국가가 되었습니다. 이는 언어, 문화, 경제 등의 이유로 인해 발생한 분리였습니다. 2011년 수단은, 남수단(기독교+흑인단족)과 북수단(이슬람+아랍인단족)으로 분리되었는데, 종교와 문화의 차이로 분리되었습니다. 인도와 파키스탄은, 1947년에 영국에서 독립한 후 종교적 이유로 분리되었습니다. (파키스탄은 이슬람교 신봉, 나머지는 인도)

그밖에 다민족 국가는 민족이 공존해야 하기에 갈등과 차별, 불평등과 소수자의 권리 침해 등 사회적 불평등이 나타날 수 있습니다.(그 밖에 다민족 국가에서는 여러 민족의 공존 과정에서 갈등과 차별, 불평등과 소수자의 권리 침해 등 사회적 불평등 문제가 나타날 수 있습니다.) 사회적 불평등이란, 사회의 구성원들이 소득, 교육, 직업, 건강, 권력 등의 자원이나 기회를 공정하게 배분받지 못하고, 그 차이가 지속되거나 확대되는 현상을 말합니다. 사회적 불평등은 다민족 국가에서만 발생하는 것은 아니지만, 다민족 국가에서는 민족 간의 갈등과 대립을 촉발할 수 있으므로, 더욱 신중하게 대처해야 합니다.

5. 다민족화 현상에 대한 정부의 법률과 제도

다민족 국가에서는 다양성과 공존을 존중하고, 다른 민족 간의 대화와 이해를 통해 조화로운 공동체를 형성하는 것이 중요합니다. 특히 사회적 불평등이 발생하지 않도록 정부, 사회 및 개인의 노력이 필요합니다.

1) 정부는 2007년과 2008년에 재한외국인처우기본법과 다문화가족 지원법을 제정하고 이주민들의 권리 보호와 안정적인 정착을 지원하고 있습니다. 그뿐만 아니라 전국 의 거의 모든 지자체는 이주민을 돕는 조례를 제정하였습니다. 다만 외국인 주민 조례는 지역 상황과 환경에 맞게 개정이 필요합니다. 전국적인 인구 감소가 진행 중이고, 지역적 특성도 차이가 있기 때문에 이주민 지원 조례는 그러한 상황을 반영해야 합니다.

2) 서로 다른 문화를 존중하고 배려하는 태도와 소통 능력이 필요합니

다. 점점 다문화화 되어가는 한국 사회에서는 서로 다른 문화와 민족을 인정하고 존중하면서 공존하려는 태도를 가지고 살아야 합니다. 그러기 위해서는 다음과 같은 것들이 필요합니다.

① 다문화 이해 교육: 다문화 교육은 다양한 문화와 민족에 대한 지식과 이해를 증진시키고, 편견과 차별을 줄이고, 상호 간의 소통과 협력을 강화하는 교육입니다. 다문화 교육은 학교뿐만 아니라 지역사회와 가정에서도 이루어져야 합니다. 다문화 교육을 통해 시민들은 자신의 문화와 정체성을 인식하고, 타문화에 대한 존중과 배려를 배우고, 다문화 사회에서의 공동체 의식을 갖게 됩니다.

② 민주 시민의 책임과 의무: 민주 시민의 책임과 의무란 민주 정치를 발전시키고, 국가와 사회의 이익을 위해 시민으로서 해야 할 일과 지켜야 할 법률과 규칙이 있습니다. 민주 시민의 책임과 의무에는 선거권 행사, 세금 납부, 병역 의무, 환경 보호, 인권 존중 등이 있습니다. 민주 시민의 책임과 의무를 이행하기 위해서는 시민으로서의 교양을 갖추고, 정치의 성과를 성급하게 기대하지 않고, 다른 시민들의 의견을 존중하고, 사회적 협력을 추구하는 태도가 필요합니다.

③ 다문화 수용의 가능성: 다문화 수용의 가능성이란 우리 사회가 다양한 문화와 민족을 수용하고 통합할 수 있는 잠재력을 말합니다. 우리 사회는 이미 매일 반복되는 일상생활 속에서 알게 모르게 외래의 문화를 수용

하고 있습니다. 예를 들어, 외국 음식, 패션, 음악, 영화 등은 우리의 일상생활에 침투해 있으며, 그 양상과 의미는 다양합니다. 이러한 외래문화의 수용은 우리 사회가 다문화사회로 변화하는 과정에서 긍정적인 역할을 할 수 있습니다. 외래문화 수용은 우리의 문화적 호기심과 관심을 자극하고, 우리의 문화적 경험과 지식을 확장하고, 우리의 문화적 자신감과 자부심을 강화할 수 있습니다.

6. 다민족화 현상에 대한 교회의 역할

"하나님은 한 사람에게서 모든 민족을 만들어 온 땅 위에 살게 하셨으며 각 나라의 연대를 미리 정하시고 그들의 국경을 정해 주셨습니다."(사도행전 17:26) 그러므로 하나님은 본래 다민족 국가를 지향하고 계셨음을 알 수 있습니다. 하나님은 이를 위해 먼저 열국의 아비로서 아브라함을 주목(선택)하고 갈대아 우르에서 불러냈습니다. (창세기 12장) 하나님은 그와 그의 후손을 통해 히브리 민족을 형성하게 하시고, 야곱의 12명의 아들을 각 지파장으로 세우셨습니다. 하나님은 온 열방에 하나님의 뜻을 알리기 위해 이스라엘 민족을 선택하여 온 열방이 하나님의 뜻을 알게 하여 하나님의 세상 경영에 동참하는 계획을 세우셨습니다. 그 경영의 중심에는 예수그리스도와 그의 몸 된 교회가 있습니다. 예수그리스도가 교회의 머리가 되신 것은 살아있는 유기적 관계이기 때문입니다. 그러므로 교회를 핍박하고, 파괴하는 시도는 하나님을 대적하는 일입니다. 하나님은 오직 믿음으로 인류를 구원하실 계획을 가지고 계십니다. 그러므로 대한민국이 다민족 국가로 바뀌는 것은 하나님의 계획이며, 온 인류를 복음을 통해 구원시키는 것은 예수 그리스도를 믿는 믿음으로만 가능합니다. 이제 한국교회는 다민족, 다문화 사회를 맞아 쓰나미처럼 밀려오는 다민족 구성원들인 이주민들을 위해 어떤 역할을 해야 할까요?

1) 하나님의 세상 경영은 교회를 통해서(믿는 성도들) 이루어진다는 사실을 아는 것이 중요합니다. 교회는 복음을 전하고, 사회적 책임을 다하므로 하나님의 세상 경영의 동역자가 되어야 합니다. (고전3:6) 교회는 이주민들도 신앙을 통해 하나님의 세상 경영을 이해하고, 하나님의 동역자가 될 수 있도록 교육해야 합니다.

2) 교회는 특정 민족의 언어, 문화, 예배, 전통에 대해 구별할 줄 알아야 합니다. 무조건적인 수용도 어렵지만 배타적 태도도 지양해야 합니다. 이주민들의 종교나 전통은 존중하되 그들에게 복음을 전해야 합니다. 그들에게는 소중한 것들이 하나님께는 무가치한 것들이 많이 있습니다. 그러나 그렇다고 해서 우리도 그들의 것을 무가치하다고 치부해 버리면 그들과의 연결고리가 단절됩니다. 복음을 전하기 위해 잠시 보류해 두십시오.

3) 교회는 이주민들의 사회적 문제에 관심을 가져야 합니다. 이주민들은 언어소통이 자유롭지 못하고, 외로움에 빠지기 쉽고, 사회문화의 적응 과정에서도 혼란을 겪게 됩니다. 그러므로 교회는 그들을 도울 수 있는 방안을 강구해야 합니다.

4) 교회는 세상 집단은 아니지만 민주주의, 인권, 정의 등과 관련된 주제에 대한 의식을 증진해야 합니다. 교회는 평화와 화해를 장려하고, 인권침해에 대한 목소리를 높이며, 정치적 결정에 나서는 경우도 있습니다. 이러한 역할은 교회가 민족 간 갈등 해결과 조정을 위한 중재자 역할을 수행할 수도 있음을 의미합니다.

◇ 토의질문

1. 유엔이 지적한 것처럼, 한국이 '단일민족 국가' 이미지를 극복해야 할까요? '순수 혈통'과 '단일민족' 의식이 다민족 사회로의 발전에 어떤 영향을 미치는지, 이를 극복하기 위한 구체적인 방안은 무엇인지 토론해 보세요.

2. 다민족 국가의 성공적인 통합을 위해서는 문화의 다양성을 인정하면서도 사회적 통합을 이뤄내야 합니다. 인도, 호주, 남아프리카공화국 등의 사례를 참고할 때, 한국이 채택해야 할 바람직한 정책 방향은 무엇일지 논의해 보세요.

3. 다민족 국가에서 발생할 수 있는 갈등과 분열을 예방하기 위해서는 어떤 노력이 필요할까요? 체코슬로바키아나 수단의 분리 사례를 교훈 삼아, 한국이 준비해야 할 제도적, 사회적 장치들에 대해 토론해 보세요.

14

—

이주의
다언어
현상

1. 이주의 다언어 현상

2. 이주의 다언어 현상이 나타나는 요인

3. 다언어 현상에 대한 정부 정책 실태

4. 교육부 2022년 이중언어 강점 개발 지원

5. 해외 국가의 다언어 정책 실태

6. 다언어 현상과 이민 정책 관련성

7. 다언어 현상에 대한 한국 교회의 역할

14

이주의 다언어현상

전 세계 국가는 약 240여개이고, 사용되는 언어는 약 7,111개인데 5천만 명 이상이 사용하는 언어는 모두 25개 정도라고 합니다.[1] 국가 수보다 언어 수가 훨씬 많은 것은 인구 이동, 역사적인 영향, 지리적인 요소, 인종의 다양성, 언어 상호작용 등 다양한 요인들이 조합되어 다양성과 다언어 현상을 형성하기 때문입니다.

아래 <표>는 5천만 명 이상이 제1 모국어로 사용하는 세계 언어 수.

(단위: 국가 수, 사용자 수는 백만 명)

순위	언어	주요 국가	사용 국가 수	사용자 수
1	중국어	중국	39	1,311
2	스페인어	스페인	31	460
3	영어	영국	137	379
4	힌디어	인도	4	341
5	아랍어	사우디아라비아	59	319
6	뱅골어	방글라데시	4	228
7	포르투갈어	포르투갈	15	221
8	러시아어	러시아연방	19	154

순위	언어	주요 국가	사용 국가 수	사용자 수
9	일본어	일본	2	128
10	란다어	파키스탄	6	119
11	마라티어	인도	1	83
12	텔루구어	인도	2	82
13	말레이어	말레이시아	20	80
14	터키어	터키	8	79
15	한국어	대한민국	6	77.3
16	프랑스어	프랑스	54	77.2
17	독일어	독일	28	76.1
18	베트남어	베트남	4	76.1
19	타밀어	인도	7	75
20	우르두어	파키스탄	7	69
21	자바어	인도네시아	3	68
22	이탈리아어	이탈리아	14	65
23	페르시아어	이란	30	62
24	구자라트어	인도	7	56
25	보즈푸리어	인도	3	52

<출처: 에스놀로그(22판), 2019.2.21.>

한국이 다문화사회로 진입하면서 나타나는 특징 중의 하나는 '이주의 다언어' 현상입니다. 법무부[2]의 출입국 통계자료에 의하면 국내에는 약 25~30여 개 국가 출신 이주 노동자들이 다수를 차지하고 있습니다. (2023년 8월 통계월보) 이들 가운데는 이중언어를 사용하는 이주민들도 다수 있겠지만 최소 25개 이상의 언어가 사용되고 있다는 뜻입니다. 이주의 다언어가 이민 정책에 어떠한 관련성이 있고, 우리 사회에 어떠한 영향을 미치는지 연구하는 것은 이민 정책 차원의 언어정책 연구에 중요합니다.

1. 이주의 다언어 현상

이주의 다언어 현상은 이주민들이 다른 언어를 사용하는 지역사회에 이주하면서 발생하는 현상을 말합니다. 이주민들은 필요에 따라 자신의 모국어와 함께 현지의 주요 언어를 사용하게 되는데 그 결과 양쪽 언어를 혼용하거나 번역 또는 통역이 필요한 상황은 지속적으로 증가할 수 있습니다. 이주의 다언어 현상은 언어 다양성을 증가시키고 문화 다양성을 형성하는 데 기여하는 역할을 합니다. 그러나 이러한 현상은 언어 소외 및 커뮤니케이션 장벽 등의 문제도 동시에 야기할 수 있습니다. 따라서, 이주민들과 현지 사회 간의 상호 이해와 양방향 적인 언어 교류를 지원하는 제도, 정책, 교육 등이 필요합니다.

2. 이주의 다언어 현상이 나타나는 요인

이주의 다언어 현상은 전 세계적으로 발생하는 인구 이동이 그 원인이 됩니다. 섬나라처럼 스스로 고립된 환경을 만들거나 흥선대원군처럼 척화비를 세워서 외국과의 교류를 차단하는 시대가 아니라면 밀려오는 이주에 따른 다언어 현상은 막을 수 없을 것입니다. 역사적으로 보아도 언어는 지역, 문화 및 이주의 영향을 받아 변화하고 성장해 왔습니다. 국내에 이주한 중국이나 구소련동포들만 보더라도 한국어와 한국문화를 지키기 위해 얼마나 치열하게 노력해 왔는지 알 수 있습니다.[3] 이처럼 이주민들은 종종 자신의 원래 언어와 문화를 보존하려는 욕구를 나타냅니다. 이주민들은 자신의 언어나 문자를 사용하는 것은 그들의 정체성을 유지하려는 본능이기도 하지만 같은 동족을 만났을 때 모국어로 소통하는 것은 자연스러운 현상입니다.

또한 모국어를 활용하여 본국과 이주국과의 비즈니스나 관광, 국제회의 등에 활용하는 이들도 많이 있습니다. 이러한 일에 종사하는 이주민들은 이주국의 언어나 문화를 배우려는 노력을 열심히 합니다. 또한 이주민들은 영주 자격이나 국적을 취득하려는 목표도 있고, 더 좋은 체류자격으로 신분을 업그레이드하려는 이들이 많습니다. 자신을 낳아준 부모는 선택할 수 없지만, 일정 요건을 갖추면, 점수제에 의해 영주 자격이나 국적은 자신의 노력으로 취득할 수 있습니다.

한국의 다문화사회는 다양한 배경을 가진 이주민들의 언어가 사용되는 다언어 사회로 발전하고 있습니다. 이러한 다언어 현상은 중앙부처는 정책으로, 지방정부는 전달체계 시스템을 통해 구체화하고 있습니다. 현재 전국 지자체와 교육부, 대학, 이주민 지원단체들은 이중언어 교육 및 이중언어 말하기대회를 통해 엄마 나라 언어 활성화에 힘쓰고 있습니다. 하지만 보완해야 할 부분이 많습니다.

3. 다언어 현상에 대한 정부 정책 실태

한국의 다언어 정책은 이주민들의 사회통합이나 사회 정착과 밀접한 관계성을 가지고 추진되어 왔습니다. 그러다 보니 한국어 습득에 목표를 두는 경향이 많았습니다. 대학은 한국으로 유학 온 학생들에게 한국어 수준을 향상시켜 학업을 마치도록 하는 것에 중점을 두었고, 정부는 가정생활이나 일터에서의 의사소통에 필요한 한국어 수준을 높이기 위한 것이 목표였습니다. 법무부가 주관하는 사회통합프로그램 역시 그러한 범주에서 크게 벗어나지 않고 있습니다. 다만 사회통합프로그램은 이주민들의 비자 갱신, 영주 자격 취득, 국적취득(합격자는 면접시험 면제) 등에 가산점을 부여받는다는 점에서 차이가 있습니다. 그러나 이주민들이 한국어를 배운다는 것은 바람직하지만 다문화사회에서의 다언어 정책과는 거리가 있습니다. 그러한 이유로 "한국은 다언어 정책이 없다"라는 평가받기도 합니다. 한국어 정책은 있으나 다언어 정책이 없는 것은 사실입니다.

초국가 시대에서는 선주민[4]과 이주민이 서로의 언어를 배워서 소통하고 교류해야 합니다. 이주국의 언어만을 배우라고 하는 것은 세계화의 트렌드(Trend)에 맞지 않는 정책입니다. 과거의 교육과정에는 영어, 일본어, 독일어, 불어 등을 제2외국어로 선택하여 가르쳐 왔지만, 다문화사회가 되었으니, 기회가 된다면 중국어, 베트남어, 캄보디아어, 태국어, 몽골어, 아랍어 등도 배워야 합니다. 특히 국민의 배우자인 결혼 이주민들과 귀화한 국민들은 자신의 모국어를 자녀들에게 가르쳐야 합니다. 지금은 세계화 시대입니다. 한국뿐 아니라 전 세계 어디에서도 사용할 수 있는 다언어 교육이 필요합니다.[5] 그러므로 다언어 정책은 국내에서의 사회통합이나 활용도 중요하지만, 초국가 시대의 글로벌 환경에서의 활용을 위해서도 필요합니다. 전 세계는 언어와 문화를 통해 교류합니다. 언어와 문화는 세계를 들여다보는 창문입니다. 다언어 구사는 세계를 바라보는 또 하나의 창문을 소유하는 것과도 같습니다. 따라서 한류 역시 언어를 통해 구체화 되고, 다른 문화에 대해 유연하고 열린 태도를 가질 때 발전할 수 있습니다. 한국 정부는 이주민과 선주민 모두가 서로의 언어를 배울 수 있는 다언어 정책을 마련해야 합니다. 당장은 이주민들에게 한국어 교육을 해야겠지만, 글로벌시대의 한국의 미래를 위해 다언어 정책이 법률화 되도록 힘써야 합니다.

아래 내용은 정부의 언어정책 사례입니다.

1) 2009년부터 교육부는 서울교대와 경기교대를 통해 이중언어 강사 양성 및 강사배치 사업을 시작했습니다. 교육과정은 교양, 교직, 전공(이중언어 교육과 한국어), 교육 실습, 문화 체험 등이며, 6개월 동안 900시간을 교육하여 서울 시내 초등학교에 파견하여 이중언어 수업을 담당하게 하였습니다. 그러나 강사들이 학교 측에서 요구하는 내용을 감당하기에는 너무나 어려웠습니다. 예를 들어 초등학교에서는 중국 출신 강사에게 중국어 외에 러시아, 프랑스 등 다른 나라의 교육을 요구한 것입니다. 베트남 출신 강사에게 베트남의 문화나 언어를 가르치는 것은 가능하겠지만 다른 나라의 강의를 맡기는 일은 이중언어 강사의 한계를 넘는 것입니다. 강사를 양성하는 대학과 일선 교육 현장의 요구가 다른 것을 간과한 것입니다. 또 한 강사들은 강의 준비에 필요한 스터디 모임이나 정보도 제공받지 못하는 등, 한국 정보 환경에 익숙하지 못한 강사들을 지원하는 사후 관리에도 문제점이 드러났습니다.

다음은 서울교육대학교의 이중언어 교사 양성 시간표와 경인교육대학에서 실시한 이중언어 교육생 모집 요강입니다.

2) 2009년부터 교육부와 각 시·도 교육청은 다문화가족의 자녀들에게 부모의 모어를 가르치는 이중언어 교육을 시행하기 시작했습니다. 한국건강가정진흥원의 전신인 전국 다문화가족 사업지원단은 전국의 다문화가족 지원센터 5개소를 대상으로 다문화가족 이중언어 교실을 시작하였고, 같은 해 서울시 교육청은 다문화가족의 부모를 이중언어 강사로 양성하는 프로그램을 운영하고 교육 현장에 배치하기 시작했습니다.[6]

3) 2012년 3월 교육부는 '다문화 학생 교육 선진화 방안'을 발표하고, 다문화학생과 일반학생이 함께 배우는 이중언어 교육 강화를 추진 과제로 설정하였습니다.

(1) 모든 학생들에게 다양한 문화와 이중언어 학습 기회를 부여하고, 각국의 문화, 역사 이해 중심의 방과후 학교, 방학, 주말 이중언어 프로그램 강화합니다. 이를 위해 2015년까지 이중언어 강사를 1,200명까지 확대했습니다.

(2) 이중언어 강사의 질 제고를 위해 이중언어 강사의 양성 과정에 심화 연수 도입하고 해외 초청 교원을 이중언어 강사로 활용합니다.

(3) 이중언어 교재는 수준별로 베트남어, 태국어, 몽골어, 러시아어 등 소

수 언어를 개발하고, EBS 방송 프로그램도 함께 개발, 보급합니다.

이러한 계획을 토대로 2012년에는 이중언어 강사 236명을 양성, 학교에 배치하고, 지역별로는 서울 110명, 인천 30명, 경기 96명을 배치합니다. 이 가운데에는 중국·대만 출신 강사가 11명으로 가장 많고 그다음이 일본 출신 57명, 몽골 34명, 베트남 6명 등으로 중국, 일본 출신의 비중이 높았습니다.

다음 <표>는 이중언어강사 출신 국적 분포 (2012년)입니다.

중국·대만	일본	베트남	몽골	기타	전체
111명 (44.1%)	57명 (24.2%)	6명 (2.5%)	34명 (14.4%)	28명 (11.9%)	236명 (100%)

자료: 교육부 내부자료

4. 교육부 2022년 이중언어 강점 개발 지원

1) 전자책 보급입니다.

다문화 학생의 이중언어 학습 장려를 위해 전자책 형태의 이중언어 교재(총 20종, 5개 언어) 현장 보급 및 활용 안내

2) 이중언어 말하기대회 개최입니다.

다문화 학생의 이중언어 학습을 장려하고 자긍심을 고취하기 위해 민, 관, 학이 협업하여 '전국 이중언어 말하기대회'를 개최하였습니다. 그러나

이 계획은 모든 학생이 아닌 다문화 배경 학생을 위한 것으로 다언어 교육 정책과는 거리가 멀다고 할 수 있습니다.

5. 해외 국가의 다언어 정책 실태

한국은 '다언어 정책'이란 용어를 사용하지 않지만, 해외에서는 '다언어 정책'을 국가의 중요한 정책으로 채택하여 추진하고 있습니다. 세계화 시대를 살아가는 사람들은 서로 간의 의사소통을 위해 자신의 언어만 고집하기보다는 두 개 이상의 언어를 구사하는 능력을 함양해 소통 가능성을 높이고, 이주 등의 이유로 다른 언어 환경에 거주하게 되는 사람도 모국어를 지속해서 학습, 보존하는 언어적 권리를 실현할 수 있도록 하기 위해 다언어 정책이 시행되고 있습니다.[7]

1) 호주 연방 정부는 다언어 사용자들에게 공공 서비스를 제공하기 위해 다언어로 된 문서, 웹사이트, 신문, 라디오 등을 제공하고 있습니다. 이를 통해 다언어 사용자들이 정부의 정보와 서비스에 접근할 수 있습니다. 호주 연방 정부는 이주민의 모국어 지원 정책이 사회적 통합과 개인의 발전에 도움이 된다고 판단하여, 1978년 연방 학교 위원회에서 '다문화 교육 위원회'를 설립하여 '연방 다문화 교육정책'을 수립했습니다. 이는 영어를 모국어로 사용하지 않는 학생들에게도 교육 기회를 제공하기 위함이며, 이러한 다언어 교육은 학생들이 언어적으로 자신감을 가지고 학습할 수 있도록 도와줍니다. 호주는 이러한 프로그램에 대한 예산 지원 등 국가적 정책 시행의 필

요성을 명문화하고 있습니다. 이와 더불어 교사의 자격에 대한 심의를 통해 프로그램의 질적 관리를 구체화하고 현실적인 정책이 이뤄지도록 노력하고 있습니다. 그 외에도 다언어 사용자들이 실시간으로 의사소통을 할 수 있도록 Interpreting 및 번역 서비스를 제공합니다. 이는 법정 절차, 의료 서비스, 교육 등의 다언어 사용자들에게 도움을 줄 수 있습니다.

2) 외국인에 대한 폐쇄성으로 유명했던 일본은 "제도에 있어서는 한국을 앞질렀다"는 평가가 나올 정도로 최근 일본의 이민정책은 혁신적인 변화에 나서고 있습니다. 예를 들어, 한국의 고용허가제는 이직이 불가능하지만 일본은 허용하고 있고, 취업 이민제도 역시 한국은 고용허가제가 제한적인 반면 일본은 무제한 거주가 허용됩니다.[8]

일본은 공식적인 이중언어정책을 수립한 것은 아니지만 '다문화 공생 사회'를 위해 간접적으로 언어정책을 지원하고 있으며, 구체적으로는 '아래로부터 위로'의 시행 체계를 가지고 지자체와 NGO, NPO, 자원봉사 단체 등의 민간 단체를 통해 이뤄지고 있습니다. 일본의 경우 공식적인 정규 교육기관에서의 이중언어교육은 부재한 상황이나, 비공식적으로 사립학교 등에서 영어 이머전 교육(immersion education)[9] 한국어 이머전 교육, 중국어 이머전 교육 등 다양한 이중언어교육이 시행되고 있습니다. 또한, 지역의 교육위원회나 지자체가 민간 단체와 협력하여 '특별 교실'을 바탕으로 언어교육이 이뤄지고 있다고 합니다.

3) 한국은 '제3차 다문화가족 지원 정책 기본계획'에 따라 이중언어 활용 프로그램, 이중언어 부모 코칭, 이중언어 교재보급을 시행하고 있습니다.[10] 근거 법령은 다문화가족 지원법 제6조 (생활정보 제공 및 교육 지원), 다문화가족 지원법 제10조 (아동·청소년 보육·교육), 다문화가족 지원법 제11조 (다국어에 의한 서비스 제공)입니다.

추진 목적은, '다문화가족 자녀가 어릴 때부터 부모의 모국어를 자연스럽게 사용하면서 부모의 언어와 문화를 함께 존중하고 이중언어 사용이 가능한 글로벌 인재로 성장하도록 지원하는 사업(정체성 확립)이며, 아버지 나라 언어와 어머니 나라 언어를 모두 구사할 수 있도록 지원하여 자아 정체감을 형성하는 데 도움을 주고, 언어가 중요한 사회자원으로 자리 잡은 시대이므로 글로벌 인재로 성장하는 발판을 마련하기 위해 이중언어를 사용함으로써 다문화가족에 대한 사회적인 인식을 개선하기 위한 것입니다.' 경기도는 16개 시·군을 대상으로 실시하고 있습니다. (수원, 용인, 성남, 화성, 부천, 남양주, 안산, 평택, 안양, 시흥, 파주, 광주, 오산, 이천, 포천, 동두천)

그러나 전문가들에 따르면 이중언어의 중요성에 대한 인식이 모이고 그 필요성이 증대되고 있지만, 아직 일관된 방향성이 부재하여 영세한 양상으로 진행되고 있다는 점이 지적되고 있습니다. 서울시 교육청의 경우 이주민이 상대적으로 많은 구로구, 금천구, 영등포구를 이중언어 특구로 지정하려 했으나 일부 주민들의 반대에 직면하고 특구 지정 계획은 진전되지 못하고 있습니다.[11]

4) 미국의 이중언어 교육은 전환기적 이중언어 교육과 발달 이중언어 교육, 양방향 이중언어 교육 등 크게 세 유형이 있습니다. 그 중 대표적인 프로그램은 1968년 이중언어 교육법이 제정되면서 시작된 전환기적 이중언어 교육입니다.

전환기적 이중언어 교육은 영어가 아닌 언어를 모어로 구사하는 학생이 우선 자신의 모어로 교육을 받다가, 점차 영어로 수업하는 과목을 늘려나가며 결국 영어만 사용하게 하는 것을 목표로 합니다. 모어는 영어 능력을 갖추게 될 때까지 1년에서 2년이라는 짧은 기간 동안 만 사용하는 한시적인 수단인 것입니다. 소수 언어를 인정하지 않는 동화주의적 정책이라는 점에서 언어소수자들은 끊임없이 불만을 제기하고 있습니다. 이는 이중언어 교육 자체에 문제가 있다기보다 이중언어 교육의 취지가 제대로 실현되지 못하고 있음을 의미합니다. 그나마 이중언어 교육의 대상 언어가 스페인어에 치중되어 있다는 점은 미국의 전환기적 이중언어 교육의 문제점을 심화시킵니다.

캘리포니아주의 이중언어 프로그램이 있습니다. 캘리포니아주에서는 스페인어와 영어를 함께 가르치는 이중언어 프로그램을 운영하고 있습니다. 이 프로그램은 영어를 모국어로 하는 학생들과 스페인어를 모국어로 하는 학생들이 함께 수업을 듣는 형태로 진행됩니다. 이를 통해 양 언어에 능통한 학생들을 배출하고, 이는 국제적인 경쟁력을 향상시키는 데 도움이 됩니다.

또 다른 사례는 뉴욕시의 이중언어 학교가 있습니다. 뉴욕시는 다양한 언어를 사용하는 학생들을 위해 이중언어 학교를 운영하고 있습니다. 예를 들어, 스페인어와 영어를 함께 가르치는 이중언어 학교와 중국어와 영어를 함께 가르치는 이중언어 학교 등이 있습니다. 이러한 학교들은 학생들에게 다른 언어를 배울 기회를 제공하고, 양 언어에 능통한 개인을 육성하여 국제적인 경쟁력을 향상시키는 데 기여하고 있습니다.

5) 유럽은, 미국의 이중언어 교육 정책이 영어가 아닌 모어 구사자를 대상으로 한정하고 있는 데 비해, 유럽은 전 국민이 두 개 이상의 언어를 구사할 수 있도록 하는 다언어 주의를 지향합니다. 유럽연합은 공식 홈페이지를 비롯하여 모든 관보와 규정을 24개의 공용어로 작성합니다. 유럽의 이중언어 교육 정책은 국경 개념이 비교적 느슨한 유럽의 구성원들이 지역 내에서 사회생활을 원만하게 할 수 있게 하기 위한 기능적 목적이 크다고 할 수 있습니다.

유럽의 이중언어 교육은 유럽인들의 가치관 형성을 돕는 의도적인 목적도 가지고 있습니다. 유럽의 결집을 도모하고 공동의 가치와 문화유산을 보존하며, 더 공정하고 민주적이며 관용적인 사회를 만들기 위해 이중언어 교육이 필요하다는 것입니다.

세부적인 언어교육 정책은 유럽연합의 각 회원국이 자율적으로 시행하고 있습니다. 유럽연합은 여러 프로그램을 통해 이중언어 교육에 우호적인 환경을 조성하고 있습니다. 유럽이사회는 회원국들에게 국민들이 어린 시절부터 이중언어 교육을 받을 수 있게 하도록 권고하고 있습니다.

　유럽연합은 1989년 에라스뮈스 프로그램을 시작으로 소크라테스 프로그램에 이어 평생 학습 프로그램, 에라스뮈스 플러스 프로그램 순으로 다언어 주의를 촉진하는 다양한 프로그램을 운용해 오고 있습니다. 이런 정책들을 통해 언어 교육의 교수법을 개발하고, 언어 학습을 통한 각종 연수를 지원함으로써 언어교육 증진과 상호 문화 이해에 실질적인 효과를 거두고 있습니다.[12]
　단, 브렉시트와 함께 흔들리고는 있지만 여전히 유럽인들의 압도적인 다수가 영어를 이중언어의 대상으로 학습하고 있는 편중 현상은 풀어야 할 과제로 남아있습니다. 유럽연합과 회원국 간 언어정책의 갈등과 유럽연합의 공용어를 제외한 소수 언어의 소외 역시 당면한 문제입니다.[13]

　시사점: 그렇다면 한국의 이중언어교육은 앞으로 어떤 방향으로 나아가야 할까요? 먼저, 호주의 사례와 같이 서로 다른 언어와 문화를 가진 사회 구성원들이 서로 소통하고 이해하는 사회적 분위기를 형성하는 것이 중요합니다. 특히 국가적 차원에서 이중언어교육의 지향점을 설정하고, 일회적인 교육에 그치지 않고 체계적이고 총체적인 이중언어교육이 이뤄질 수 있도록 제도적 기반을 마련하는 것이 필요합니다. 또한, 일본의 사례처럼 각 지역의 다문화가족이 실제로 필요로 하는 맞춤형 이중언어교육이 이뤄질 수 있도록 현장의 목소리가 반영된 정책이 시행될 수 있도록 하는 것이 중요합니다.

6. 다언어 현상과 이민 정책 관련성

이민 정책은 한 나라로 이주하는 사람들에 대한 규제와 절차뿐만 아니라 이주민들이 이주국에서 성공적으로 정착할 수 있도록 지원하는 다언어 정책을 포함합니다. 다언어 정책은 이주민의 의사소통뿐만 아니라 이주국의 세계화에도 필요합니다. 다언어 정책은 이주민들이 현지 언어를 습득하고 의사소통을 원활하게 할 수 있도록 도움을 제공합니다. 이는 이주민들이 사회와 경제적으로 통합되는 데 도움이 되며, 다언어 서비스를 통해 사회적 참여와 기회균등을 촉진할 수 있습니다.

또한, 다언어 정책은 이민자들의 문화적 다양성을 존중하고 인권을 보장하는 데에도 중요한 역할을 합니다. 이민자들이 다언어 서비스를 제공받을 수 있다면 그들은 자신의 문화적 자아를 유지하고 존중받는다는 실제적인 경험을 얻게 될 것입니다. 따라서, 다언어 정책과 이민 정책은 이주자들의 다 언어적 요구와 사회 통합을 위한 노력을 함께 고려하여 상호 연결된 개념으로 볼 수 있습니다. 전남대 임채완 교수의 [국내 거주 고려인 동포의 정책 지원 요구] 칼럼은 참고할 가치가 있습니다. 전남대학교 세계한상문화연구단은 2014년 재외동포재단의 연구용역 과제인 "국내 거주 고려인 동포 실태조사"를 실시했습니다. 국내 거주 고려인 동포 486명을 대상으로 이들의 근로환경, 주거환경, 지역 주민과의 관계, 보건의료 환경, 한국어교육 환경, 법·제도적 환경 및 정책 욕구 등 7가지 주제로 진행했습니다.[14]

7. 다언어 현상에 대한 한국 교회의 역할

한국 교회는 다언어 교육에 대한 중요한 역할을 수행할 수 있습니다. 한국 사회에 나타난 다언어 현상은 다양한 국가의 이주민들이 거주하고 있기 때문이기도 하지만, 세계화의 차원에서 이중언어(다언어) 교육의 필요성이 부각되고 있습니다. 하지만 이러한 현상은 단편적이고 치우쳐 있습니다. 한국인 자녀는 영어 중심이고, 다문화가족 자녀는 엄마 나라 언어 중심이며, 유학생이나 근로자, 중도입국 청소년은 한국어 교육 중심입니다. 따라서 한국 내에 거주하고 있는 모든 청소년의 상호 간 언어교육이 균형 있게 이루어져야 합니다. 이러한 상황에서 한국 교회는 어떤 역할을 할 수 있을까요?

첫째로, 한국 교회의 설립 목적은 복음 전파이므로 다언어 교육에 집중하기는 현실적으로 어렵습니다. 다만 이주민들이 자신들의 언어를 사용하여 예배를 드릴 수 있는 환경은 제공할 수 있습니다. 예를 들어, 이주민들에게 그들의 언어로 된 성경, 찬송가, 기도문 등을 제공하여 예배를 드릴 수 있도록 도울 수 있습니다. 이는 이주민들의 종교적 필요성을 충족시키고, 이주민의 다 언어성을 나타내는 데 도움을 줄 수 있습니다. 실제로 한국 교회 중 일부는 이주민들을 위한 예배 공간과 지원을 하고 있습니다.

둘째로, 한국인이 운영하는 이주민 교회가 점점 증가하고 있습니다. 또한 언어권별로 사역하는 교회도 늘어나고 있습니다. 교회의 이러한 노력은 이주민들의 신앙생활과 사회적 통합에 많은 도움을 주고 있습니다. 또한 성서공회를 비롯한 번역선교회는 여러 나라의 언어로 성경을 번역하여 보급하고 있고, 번역되지 않는 나라를 위한 성경 번역과 전도 책자 집필에 힘쓰고 있는 사역자들이 많습니다. 물론 이러한 작업과 노력은 한국 교회가 한 마음으로 지원해 주는 것은 아니지만, 다언어 정책에 기여하고 있는 것은 부인할 수 없는 사실입니다. 앞으로 한국교회가 이주민들에게 한국어 교육 기회를 제공하고, 한국인들도 이주민들의 언어를 배울 수 있는 프로그램을 만든다면 다 언어 확산에 큰 도움이 될 것 같습니다.

셋째로, 한국 교회는 다언어 현상을 통해 사람들 간의 문화적 이해와 존중을 촉진할 수 있는 플랫폼이 될 수 있습니다. 교회 멤버들이 다양한 언어와 문화적 배경을 가진 이주민들과 상호 작용함으로써 서로를 이해하고 존중하는 문화를 형성할 수 있습니다. 이는 한국 교회가 다언어 사회의 일원으로서 역할을 하며, 문화 다양성과 포용을 증진시키는 데 기여하는 것을 의미합니다. 한국 교회가 다언어 현상에 대한 이러한 태도를 취한다면, 이주민들은 교회가 안전하고 환영받는 공간이라는 느낌을 받게 될 것이며, 교회를 가까이 할게 될 것입니다. 이중언어 활용 관련 유머 하나를 소개합니다.

먹고살려면!
고양이가 쥐를 쫓고 있었습니다, 처절한 레이스를 벌이다가 그만 놓쳐 버렸습니다, 아슬, 아슬한 찰나에 쥐가 구멍으로 들어가 버렸습니다, 그런데 쥐구멍 앞에 쪼그리고 앉은 고양이가 갑자기 "멍멍! 멍멍멍!" 하고 짖어 댔습니다,

"뭐야, 이거, 바뀌었나?" 쥐가 궁금하여서 머리를 구멍 밖으로 내미는 순간에 그만 고양이 발톱에 걸려들고 말았습니다, 의기양양하게 쥐를 물고 가면서 고양이가 하는 말! 요즘 먹고 살려면 적어도 2개 국어는 해야지, ㅋㅋㅋ!

◇ 토의질문

1. 한국의 다언어 정책이 주로 이주민의 한국어 습득에만 초점을 맞추고 있는 현상은 바람직한가요? 호주, 유럽 등 해외 사례를 참고하여, 한국이 나아가야 할 다언어 정책의 방향과 구체적인 실천 방안에 대해 토론해 보세요.

2. 이중언어 교육이 일부 다문화가정 자녀들에게만 제한적으로 이루어지고 있는 현실을 어떻게 개선할 수 있을까요? 모든 학생들이 참여할 수 있는 포괄적인 이중언어 교육 시스템을 구축하기 위한 방안을 논의해 보세요.

3. 글로벌 시대에 다언어 능력은 중요한 경쟁력이 될 수 있습니다. 정부, 학교, 시민단체가 협력하여 한국의 다언어 교육 환경을 개선하기 위해 어떤 노력을 기울여야 할지 구체적인 방안을 토론해 보세요.

15

—

이주
동포의
귀환현상

1. 이주동포의 귀환현상이란?

2. 용어의 의미

3. 통계로 보는 이주 동포의 귀환과 외국인의 귀화 현황

4. 귀환과 귀화자의 증가하는 요인

5 성경에 기록된 백성들의 귀환과 희년의 의미

6. 이주 동포들의 정착을 위한 귀환법 제정을 논의할 때

7. 귀환 동포와 귀화자에 대한 한국교회의 역할

15

이주 동포의 귀환현상

한국은 2000년대 초까지만 해도 이주 개발국이나 후발 국가로 분류되었습니다. 그러나 지속적인 경제 성장을 견인 해줄 인력 부족이 심화하면서 제한적이지만 이주 수용국으로 전환되고 있습니다. 이러한 이주 흐름에 편승하여 그동안 전 세계에 흩어져 살던 동포들의 귀환과 국내에 거주하던 외국인의 귀화도 활발하게 이루어지고 있습니다. 특히 중국동포와 고려인 동포들의 귀환 행렬은 지속적으로 증가하여 2023년 12월 현재 100여만 명에 이를 정도입니다. 특히 동포들의 귀환은 국적회복을 전제로 이뤄진다는 점에서 한민족 통합이라는 큰 의미가 있습니다. 또한 외국인 귀화 희망자들도 매년 1만 명 이상 증가하는 추세입니다. 그들의 귀화 과정은 제도적으로 기본 요건을 충족해야 하고 법무부 장관의 허가가 있어야 하기에 쉽지 않지만, 꾸준히 증가하고 있습니다. 이들의 귀화 요인은 한국의 경제 성장과 무관하지는 않지만, 반드시 경제문제만은 아닙니다. 이에 본 장에서는 동포들의 귀환과 외국인의 귀화 현상에 주목하고, 우리 사회에 미치는 영향에 대해 논의해 보려고 합니다.

1. 이주동포의 귀환현상이란?

일제강점기나 전쟁 등의 상황으로 인해 외국에 거주하게 되었거나, 또는 해외로 이주하여 살던 사람들이 다시 한국으로 돌아오는 것을 말합니다.

2. 용어의 의미

1) 귀화란?

과거 한 번도 한국 국적을 가진 적이 없는 순수한 외국인이 국적법이 정한 요건을 갖춘 후 법무부 장관의 허가를 받아 국민이 되는 것을 귀화라고 합니다. 단, 영주권 전치주의의 도입(2018. 12. 20 시행)으로 영주 자격(F-5)을 먼저 취득한 후 귀화요건을 갖추고 절차에 따라 귀화를 신청할 수 있습니다. 귀화의 종류는 일반귀화, 특별귀화, 간이귀화가 있습니다.

(1) 일반귀화

일반귀화(국적법 제5조)는 우리나라와 아무런 혈연, 지연 관계가 없는 외국인이 신청할 수 있으며, 귀화요건은 국적법 제5조를 참고하시면 됩니다.

<귀화요건(국적법 제 5조)>

- 5년 이상 계속하여 대한민국에 주소가 있을 것
- 대한민국에서 영주할 수 있는 체류자격을 가지고 있을 것
- 대한민국의 「민법」상 성년일 것
- 법령을 준수하는 등 법령으로 정하는 품행 단정의 요건을 갖출 것
- 자신의 자산(資産)이나 기능(技能)에 의하거나 생계를 같이하는 가족에 의존하여 생계를 유지할 능력이 있을 것
- 국어능력과 대한민국의 풍습에 대한 이해 등 대한민국 국민으로서의 기본 소양(素養)을 갖추고 있을 것
- 귀화를 허가하는 것이 국가안전보장·질서유지 또는 공공복리를 해치지 않는다고 법무부장관이 인정할 것

(2) 특별귀화(국적법 제7조 1항, 시행령 제6조 제1항)

특별귀화란, 대한민국에 주소가 있고, 양계혈통 주의에 따라 부 또는 모 중 한 사람이라도 한국인 국적일 경우 그 자녀는 한국 국적을 신청할 수 있습니다.

※ 우수 인재(국적회복 포함)가 대상인 특별귀화제도는 과학, 경제, 문화 등 사회 각 분야에서 전문적인 지식과 기술 등 특정 능력을 보유하고, 대한민국에 특별한 공로(독립유공자, 국가 유공자로 훈장, 포장, 표창받은 자)가 있거나 국익에 기여할 것으로 인정되는 외국인은 국적 심의 위원회 심의를 거쳐 복수국적을 인정받을 수 있습니다. 귀화 시에는 국내에 주소가 있고, 외국 국적을 행사하지 않는다는 서약을 해야 합니다.

※ 귀화에 따른 수반취득 제도(국적법 제8조 제1항 및 제2항)는 외국인 미성년자녀가 대한민국의 [민법]상 부 또는 모가 귀화를 신청할 때 국적 취득을 신청할 수 있는 제도입니다. 이를 '수반취득'이라고도 합니다.

귀화요건
- 법령을 준수하는 등 법령으로 정하는 품행 단정의 요건을 갖출 것
- 국어능력과 대한민국의 풍습에 대한 이해 등 대한민국 국민으로서의 기본 소양을 갖추고 있을 것
- 귀화를 허가하는 것이 국가안전보장·질서유지 또는 공공복리를 해치지 않는다고 법무부장관이 인정할 것

(3) 간이귀화(국적법 제6조 제2항)

간이귀화란, 부 또는 모가 한국 국민이었거나, 한국에서 출생한 자로서, 부 또는 모가 한국에서 출생한 자, 성년이 된 이후에 한국 국민에게 입

양된 자, 배우자가 한국 국민인자로서 다음 요건의 어느 하나에 해당하는 사람은 아래의 귀화요건만을 모두 갖추면 간이귀화에 의해 국적을 취득할 수 있습니다.

대상요건
1. 그 배우자와 혼인한 상태로 대한민국에 2년 이상 계속하여 주소가 있는 사람
2. 그 배우자와 혼인한 후 3년이 지나고 혼인한 상태로 1년 이상 계속하여 주소가 있는 사람
3. 위 1. 또는 위 2.의 기간을 채우지 못하였으나, 그 배우자와 혼인한 상태로 대한민국의 주소를 두고 있던 중 그 배우자의 사망이나 실종 또는 그 밖의 자신에게 책임이 없는 사유로 정상적인 혼인 생활을 할 수 없었던 사람으로서 1. 또는 2.의 잔여기간을 채웠고 법무부장관이 상당하다고 인정하는 사람
4. 위 1. 또는 위 2.의 요건을 충족하지 못하였으나, 그 배우자와의 혼인에 따라 출생한 미성년 자녀를 양육하고 있거나 양육해야할 사람으로서 1. 또는 2.의 기간을 채웠고 법무부장관이 상당하다고 인정하는 사람

귀화요건
■ 대한민국의 민법상 성년일 것
■ 법령을 준수하는 등 법령으로 정하는 품행 단정의 요건을 갖출 것
■ 자신의 자산이나 기능에 의하거나 생계를 같이하는 가족에 의존하여 생계를 유지할 능력이 있을 것
■ 국어능력과 대한민국의 풍습에 대한 이해 등 대한민국 국민으로서의 기본 소양을 갖추고 있을 것
■ 귀화를 허가하는 것이 국가안전보장·질서유지 또는 공공복리를 해치지 않는다고 법무부장관이 인정할 것

2) 귀환이란?

국적법 제9조에 의하면 본래 대한민국 국민(시민)이었던 사람이 국적 상실, 국적 이탈 등을 해서 외국인이 되었으나 법무부 장관의 국적회복허가(國籍回復許可)를 받아 다시 원 국적을 회복하는 것을 말합니다. 그러나 국적회복이 안되는 경우도 있습니다.

(1) 국적회복을 허가받지 못한 경우
- 국가나 사회에 위해(危害)를 끼친 사실이 있는 사람- 품행이 단정하지 못한 사람- 병역을 기피할 목적으로 대한민국 국적을 상실하였거나 이탈하였던 사람- 국가안전보장, 질서유지 또는 공공복리를 위하여 법무부 장관이 국적 회복을 허가하는 것이 적당하지 아니하다고 인정하는 사람

3. 통계로 보는 이주 동포의 귀환과 외국인의 귀화 현황

1948년 국적법이 제정된 이후 2023년 말 현재까지 귀화 또는 국적회복 허가를 받아 귀환하여 대한민국 국적을 취득한 사람은 310,383명입니다. 귀화의 경우 2012년 이후 꾸준히 연평균 1만 명 수준을 유지하고 있고, 귀환자의 경우, 코로나19에 따른 국가간이동 제한의 영향으로 국적 회복자가 다소 감소한 2020년을 제외하면 꾸준히 연간 2,300명~3,000명 수준을 유지하다 2023년에는 최초로 4,000명을 초과하였습니다. 이러한 수치는 이주 배경을 가진 귀환자와 귀화자가 꾸준히 증가하므로 다문화사회로 점점 발전하고 있음을 보여줍니다.

2023년도 귀화자의 출신 국가는 중국이 47.4%(4,904명), 베트남 36.8%(3,807명)로 많은 비중을 차지하고 있습니다. 국적 회복자의 출신 국가로는 미국이 63.9%(2,684명)로 가장 많고, 캐나다가 15.9%(669명)로 그 뒤를 잇고, 65세 이상인 고령 동포의 복수국적 허용 등의 영향으로 미주지역 외국적 동포들의 국적회복 경향이 두드러지고 있습니다. 연령별로는 귀화자는 30대가 32.9%(3,339명)로 가장 많고, 국적회복의 경우 60대가 53%(2,228명)로 가장 큰 비중을 차지하고 있습니다.

<연도별 국적 취득자 증감 추이>

연도	2016	2017	2018	2019	2020	2021	2022	2023
인원	12,411	12,861	14,254	12,357	15,649	13,367	13,291	14,549

<연도별 국적 취득자 현황>

연도 \ 구분	계	귀화	국적회복
2014년	14,200	11,314	2,886
2015년	13,534	10,924	2,610
2016년	12,411	10,108	2,303
2017년	12,861	10,086	2,775
2018년	14,254	11,556	2,698
2019년	12,357	9,914	2,443
2020년	15,649	13,885	1,764
2021년	13,637	10,895	2,742
2022년	13,291	10,248	3,043
2023년	14,549	10,346	4,203

<국적(지역)별·유형별 국적 취득자 현황>

국가	유형	2019년	유형	2020년	유형	2021년	유형	2022년	유형	2023년
계	귀화	9,914	귀화	13,885	귀화	10,895	귀화	10,248	귀화	10,346
	회복	2,443	회복	1,764	회복	2,742	회복	3,043	회복	4,203
중국	귀화	4,371	귀화	7,932	귀화	5,145	귀화	4,480	귀화	4,904
	회복	181	회복	120	회복	185	회복	114	회복	98
베트남	귀화	3,867	귀화	4,076	귀화	4,225	귀화	4,431	귀화	3,807
	회복	39	회복	29	회복	14	회복	18	회복	23
필리핀	귀화	423	귀화	375	귀화	241	귀화	203	귀화	243
	회복	11	회복	7	회복	25	회복	11	회복	14
몽골	귀화	102	귀화	145	귀화	103	귀화	60	귀화	126
	회복	6	회복	10	회복	3	회복	6	회복	8
우즈베키스탄	귀화	78	귀화	138	귀화	97	귀화	119	귀화	113
	회복	6	회복	8	회복	12	회복	10	회복	13
일본	귀화	14	귀화	15	귀화	20	귀화	30	귀화	29
	회복	41	회복	54	회복	86	회복	94	회복	120
타이	귀화	52	귀화	68	귀화	78	귀화	89	귀화	110
	회복	3	회복	7	회복	6	회복	7	회복	9
파키스탄	귀화	48	귀화	26	귀화	34	귀화	26	귀화	13
	회복	0	회복	0	회복	0	회복	0	회복	0
기타	귀화	959	귀화	1,110	귀화	952	귀화	810	귀화	1,001
	회복	2,156	회복	1,529	회복	2,411	회복	2,783	회복	3,918

4. 귀환과 귀화자의 증가하는 요인

이주민의 증가로 귀화자나 귀환자의 증가 또한 당연한 것처럼 보이지만 세부적으로 들여다보면 다양한 요인이 있습니다.

1) 혼인귀화(국제결혼)

혼인귀화는 국적법 제6조에 그 규정이 있는데, 혼인귀화는 그 나라 사람과 결혼하는 방법으로 다른 나라의 국적을 얻어 국민이 되는 것입니다. 2023년도 전체 귀화자 10,346명 중 한국인과의 혼인을 통한 간이 귀화자(혼인귀화자)는 62.2% (6,431명)을 차지하고 있습니다. 아래 도표는 출신 국가별, 연도별 현황입니다.

국가 \ 연도	2019년	2020년	2021년	2022년	2023년
계	6,027	6,717	6,345	6,809	6,431
베트남	3,651	3,622	3,850	4,209	3,528
중국	1,174	1,924	1,550	1,666	1,762
캄보디아	332	291	254	250	316
필리핀	404	341	213	181	213
몽골	66	88	66	45	80
우즈베키스탄	42	52	46	66	64
타이	43	56	65	71	89
파키스탄	17	9	16	14	9
기타	298	334	287	307	370

혼인귀화는 베트남과 중국, 캄보디아 순으로 이뤄지고 있고, 베트남의 경우 조금씩 감소하는 추세입니다. 혼인귀화는 많은 사회적 문제를 안고 있습니다. 한때 인신매매로 불릴 정도로 금전거래가 목적인 결혼이 많았고, 최근에는 국적을 취득한 이후 이혼하고 본국인과 재혼하여 국적을 취득하게 하는 편법 혼인이 성행하고 있습니다. 또한 문화 사춘기를 극복하지 못하고 자녀를 데리고 본국으로 가버리는 경우도 많아 강제 가족 이산 현상도 나타나고 있습니다. 이러한 국제결혼의 어두운 면은 이주민 가정을 부정적 시각으로 인식하게 하는 요인이 되고 있습니다.

2) 고향 애착(정서적 동기)

2023년 말 통계에 나타난 귀환 동포의 경우 60대가 53%(2,228명)로 가장 큰 비중을 차지하고 있는 것은 젊을 때 해외로 이주했지만 나이가 들면서 고향에서 노년을 보내고 싶은, 고향 애착이 국적회복의 요인으로 보입니다. 또한 그 수치상으로도 매년 1천 명씩 증가하고 있습니다.

2019년	2020년	2021년	2022년	2023년
2,443명	1,764명	2,742명	3,043명	4,203명

고향 애착의 다른 표현은 '민족 애착'인데, 고려인 동포의 경우 올림픽 경기에서 모든 세대가 한국팀을 응원하겠다는 사람들이 과반수를 차지하고, 자녀의 배우자를 선호하는 비율도 한인과의 결혼을 선호하였고, 한인의 관습을 유지하는 것에도 대다 수가 동의하는 것을 볼 때 고려인의 민족 동일시와 민족 애착이 높은 수준인 것을 알 수 있습니다.[2] 이는 귀환으로 연결되고 있다고 볼 수 있습니다.

3) 법률 및 제도의 개선

정부는 1999년 8월에「재외동포의 출입국 및 법적 지위에 관한 법률」을 제정하여 동포들의 출입국을 자유롭게 하고 국내에서의 사회경제적 활동을 내국인과 동일한 수준에서 할 수 있도록 법적⋅제도적 장치를 마련하였습니다. (그러나 이러한 제도에도 불구하고 재외동포의 인적⋅물적 차원에서의 모국 진출은 재외동포의 투자 여력의 약화, 사회문화적 차이, 투자 환경의 미성숙으로 인해 기대에 못 미쳤다는 평가를 받고 있습니다.) 그 결과 동포 대상 방문취업(H-2)제도와 동포 비자(F-4) 체류자의 취업환경 등이 개선되었고, 계절근로자(E-8)와 특화비자 등 정책 대상에 포함되었고, 동포 유학생의 증가도 크게 신장 되었습니다.

특히 지난 2023년 6월 5일 재외동포청이 신설되어 735만 재외동포들의 기대가 한층 높아지고 있습니다. 동포들의 모국인 대한민국이 자국 출신 동포들을 지원하는 재외동포청을 신설하였다는 것은 이주국에서의 동포들의 위상 강화에 큰 도움이 될 뿐만 아니라 모국 진출의 교두보가 될 수 있다는 기대가 한층 더 커지는 계기가 되었습니다. 이는 자연스럽게 동포들의 귀환으로 발전하고 있습니다. 이러한 상황 변화에 따라 고령 동포의 귀환 연령을 현 65세에서 60세로 낮추어 국가 경제에 기여하게 해야 한다는 요구가 높아지고 있습니다. 이에 대해 윤인진 교수(고려대)는 "재외동포는 국제경쟁력 강화를 위한 귀중한 자원"이며, "재외동포의 경제활동은 모국의 GNP에 직접 포함되지는 않으나 이들의 경제활동은 소비 생활면에서나 생산 활동 면에서 모국 경제와 밀접한 관계"를 갖고 있으므로 재외동포의 본국 진출의 제도화 필요성을 주장하였습니다.[3]

그러나 동포의 귀환을 촉진하고 유인하기 위해서는 보다 적극적이고 실제적인 정책이 필요합니다. 즉 제도화의 핵심은 [귀환법 제정]이라고 생각합니다. 현재 국적법과 출입국관리법상 귀화와 귀환제도가 있기는 합니다. (간이귀화, 일반귀화, 특별귀화, 점수제를 통한 비자 전환 등) 하지만 처우에 관한 부분은 미미한 수준입니다. 한국은 이주의 필요성과 다문화사회를 인정하고 있음에도 재한외국인처우기본법 역시 원론적인 선언 수준에 그치고 있습니다.

4) 대한민국의 경제발전과 한류의 영향

한국의 발전을 한마디로 표현하면, '한강의 기적'이라고 말할 수 있습니다. 단순히 경제적 성장만이 아니라 한국은 경제 성장과 민주화를 동시에 이룬 국가로서 세계적으로도 그 유래를 찾을 수 없습니다. 또한 한류를 통해 전 세계에 전파한 대표적인 국가라고 평가를 받고 있습니다. 한국의 이러한 성과는 동포들을 포함한 외국인들의 이주를 촉진하고, 귀환과 귀화를 유인하는 결정요인이 되고 있다고 판단합니다. 실제로 필자가 만나는 이주민들 가운데는 일자리를 얻기 위해 한국에 왔거나 한국에서 살기 위해 성실하게 노력하는 이들이 많이 있습니다. 또 노동자들과 유학생들, 혼인이주자들도 한류의 영향을 많이 받았다고 말하는 것을 듣는 것은 이젠 흔한 일이 되었습니다. 특히 이들의 귀환이나 귀화 요인 가운데는 한국의 경제가 좋아지고 치안 등 사회환경이 좋기 때문이라고 생각하는 이들이 많습니다.

반면 동포의 귀환과 외국인의 귀화를 반기지 않는 국민들도 많다는 것은 이미 알려진 사실입니다. 동포의 귀환을 반기지 않는 국민들은, 그들이 맹목적으로 싫어서가 아니라 개인적인 성향이나 정서적 이유가 있기 때문으로 보입니다. 예를 들어 과거 한국이 경제적, 정치적으로 어려울 때 고난을 함께하지 않고 해외로 이주했다가 나라 형편이 좋아지니 도움을 받으려고 돌아왔다는 부정적인 인식이 있는 것입니다. 실제로 신도시 임대아파트에 캐나다에서 수십 년을 살다가 귀환한 동포가 입주하였는데 그를 바라보는 시선은 차갑고 정부 정책을 비난하는 이들이 적지 않았습니다. 그들은 국가발전을 위해 아무것도 기여한 것이 없는데 왜 아파트를 주고, 연금을 주냐는 것입니다. 형평성을 잃은 정책이라는 것입니다.

또한 한국의 경제 성장은 귀환과 귀화를 유인하는 동기이기도 하지만 반드시 그런 이유만은 아니라는 주장도 있습니다. 최대희는 한국으로 귀환한 재미 한인 이민자 4명을 대상으로 그들의 귀환 동기를 연구했는데 귀환의 '성공'과 '실패'를 일방적으로 경제적 요인을 중심으로 분류하는 것은 더 이상 적절하지 않다고 주장합니다. 귀환은 이주국 사회에서 이민자가 느끼는 소속감의 문제와 함께 고려되어야 귀환 동기에 접근할 수 있음을 보여준다는 것입니다. 귀환 이주의 원인을 단순히 경제적 '실패'의 결과라고만 규정한다면, 그 실패는 경제적 실패가 아니라, 오히려 사회 통합의 실패라고 해야 마땅하지 않느냐는 주장입니다.

참고로 한국의 경제 성장 요인을 네 가지로 분류해 보았습니다.[4]

첫째, 풍부한 노동력입니다. 한국은 영토가 좁고 자원이나 기술, 돈이 많지 않았지만, 인구는 많은 편이었습니다. (70년대) 이를 경제 성장에 이용한 것입니다. 그런데 지금은 반대 현상이 되었습니다.

둘째, 뜨거운 교육열입니다. '치맛바람'과 '기러기 아빠', '조기유학', '입시지옥' 등은 한국 사회의 교육 열풍을 비유한 것입니다. 물론 지나친 경쟁과 교육열은 사교육비를 증가시키는 등 부작용도 많았지만, 우수한 인재를 배출해 냈습니다.

셋째, 잘살아 보겠다는 강렬한 의지입니다. 필자는 전기도, 라디오 방송도 없는 시골 출신이지만 등·하교 길을 오가면서 즐겁게 불렀던 추억의 노래가 있습니다. "우리도 한번 잘살아 보세"입니다. 60, 70년대 당시 어린이부터 성인에 이르기까지 떼창 했던 유일한 국민가요(?)였습니다. 또 마을 청년들은 매일 밤 4H 회관에 모여 '잘 살기 위한 회의'를 하였습니다. 중학생 때 도시로 이주를 했는데 매일 아침마다 청소 차량에서 들려오는 노래도 "우리도 한 번 잘살아 보세"였습니다. 신나는 행진곡풍이라 따라 부르기도 쉬웠고, 가사도 희망적이어서 국민들의 마음을 하나로 모으는데 효과가 있었다고 생각합니다.

넷째, 종교의 힘입니다. 특히 기독교는 일제의 35년간의 강점기와 3년간 이어진 6.25전쟁으로 나라는 피폐해지고, 국민들은 희망을 잃었을 때 백성들의 상한 마음을 달래준 것은 종교의 힘이었습니다. 종교는 신앙과 사랑으로 국민들의 마음을 위로하고 하나로 모으는 데 큰 역할을 해 왔습니다. 특히 기독교는 전국 각지에 중, 고, 대학을 설립하고, 의료 기관을 세워서 국가의 보건 의료 정책에 크게 기여 해 왔습니다.

그러한 이유로 독립운동가인 김구 선생은 경찰서 100개 세우는 것보다 교회 하나를 설립하는 것이 더 중요하다고 말한 적이 있습니다. 그 이유는 소외되고 어려운 이웃을 위해 낮은 곳을 향했던 교회는 삶에 지치고, 희망을 잃은 국민들에게 용기와 희망을 주는 역할을 했기 때문입니다. 또한 전국 각지에 세운 미션스쿨은 글로벌 우수 인재를 배출하는 역할도 톡톡히

해 냈습니다. 또한 교회는 이념과 사상을 뛰어넘어 국가와 국민들이 어려움에 처할 때마다 봉사활동에 앞장서 왔습니다. 군목제도는 군인의 정신전력 강화에도 큰 역할을 해 왔습니다.

그러나 80년대 이후 경제 성장에 편승하여 세속화의 물결을 극복하지 못하고, 외형 화와 물량화에 치중하여 그리스도의 가르침과 사랑의 정신을 상실했다는 교회 안팎의 비판을 받고 있습니다. 특히 코로나19에 대한 교회의 태도는 한국교회의 對 사회관을 여실히 보여주는 사건이라 할 수 있습니다. 코로나19 이후 한국교회의 역량은 예전만큼 강하지 못합니다. 사회적 신뢰 지수가 많이 떨어졌다고 생각됩니다. 반면 이주민에 대한 선교 열정은 어느 시기보다 높아지고 있습니다. 현재까지는 이주민 사역자들이 앞장서고 있지만 점차 일반 교회들도 이주민 선교에 참여하게 될 것으로 보입니다. 다문화 시대를 맞아 다시 한번 부흥의 바람이 한국 사회에 불어오기를 기대합니다. 과거에는 민족 복음화가 중심이었다면 앞으로는 다문화, 다인종 중심의 복음화 바람이 불어오기를 기대합니다.

5. 성경에 기록된 백성들의 귀환과 희년의 의미

성경의 역사는 이주의 역사라고 해도 과언이 아닐 것입니다. 이주는 국경을 넘어 타국으로의 이주와 본국으로의 귀환 이주로 구분됩니다. 성경에는 개인적인 귀환 이주와 국가적인 귀환 이주 사례가 많이 있습니다. 후자의 경우 페르시아의 왕 고레스에 의해 이루어진 이스라엘의 3차 귀환이 대표적입니다. 필자는 [이주를 통한 하나님의 세상 경영]에서 이스라엘의 귀환 이주를 이미 담론주제로 다루었기 때문에 본 장에서는 "희년"과 관련하여 귀환 이주의 의미를 논하려고 합니다.

"희년"은 50년마다 빚이 탕감되고, 팔렸던 자신의 땅과 집과 몸을 회복하게 되는 해를 말합니다(레 25:23). 이는 레위기에서 토지의 영구 매매를 금지하는데 근거를 두고 있습니다. 최장 50년이 지나면, 즉 희년이 되면 토지를 다시 원래의 주인에게 돌려주도록 돼 있습니다. "토지를 영구히 팔지 말 것은 토지는 다 내(하나님) 것임이니라"(레 25:23)라는 구절에 근거한 것입니다. 희년은 쉽게 말해 '리셋(Reset)', 즉 모든 소유의 원상 복귀가 핵심입니다. 원상 복구는 소유의 복구 이상을 의미합니다. 노예 생활에서의 하나님의 자녀로의 신분의 회복을 의미합니다. 빚으로 눌려 살았던 굴곡진 인생에서의 회복을 의미합니다. 과연 희년 제도가 제대로 지켜졌는지는 알 수 없지만 우리나라에서는 대천덕 신부가 확산했고, 헌법 제23조 제3항 및 제122조에도 희년의 정신이 담긴 토지공개념이 포함되어 있습니다.

1) 희년 제도를 현대에 적용하는 사례[5]

'빚 탕감 운동'입니다. 경제의 글로벌화, 시장 경제화가 촉진되면서 양극화 현상은 극심해졌습니다. 이에 따라 10년 이상 채무국의 채무를 삭감해 주자는 캠페인이 있었습니다. 유럽과 미국 등의 NGO의 모임이 '주빌리 2000'이라는 연합체입니다. 세계 최빈국의 부채를 탕감하고 가난으로 고통받는 사람들을 구하자는 국제 연대운동인 주빌리 2000은 바로 희년에 기원을 둡니다.

2) 제50회 대한민국 국가 조찬 기도회에서 희년이 등장했습니다. '역사를 주관하시는 하나님'을 주제로 열린 국가조찬기도회에서 문재인 대통령은 국가조찬기도회 역사 50주년을 언급하며 '희년'을 강조했습니다.

대통령은 "약자는 속박으로부터, 강자는 탐욕으로부터 해방돼 건강한 공동체를 만드는 것이 성경 속 희년"이라며 "포용과 화합의 정신이 희년을 통해 나타난 하나님의 섭리라고 생각한다"고 밝혔습니다.

3) 최근 신학계에서는 공공신학, 복음의 공공성 등의 주제가 이슈로 떠오르고 있습니다. 복음은 개인 구원에만 집중된 것이 아니라 사회와 공적 영역에도 적용될 수 있다는 것입니다. 희년 정신은 복음의 공공성을 보여주는 대표적인 사례일 것입니다.

4) 예수 그리스도의 사역은 인류를 죄의 속박에서 벗어나게 하는 희년의 완성입니다.

"주의 성령이 내게 임하셨으니 이는 가난한 자에게 복음을 전하게 하시려고 내게 기름을 부으시고 나를 보내사 포로 된 자에게 자유를, 눈 먼 자에게 다시 보게 함을 전파하며 눌린 자를 자유롭게 하고 주의 은혜의 해를 전파하게 하려 하심이라 하였더라" (눅4:18)

6. 이주 동포들의 정착을 위한 [귀환법](Law of Return) 제정을 논의할 때입니다.

정부는 2023년 6월 [재외동포청]을 설치하고, [재외동포기본법]을 동년 11월에 시행했습니다. 하지만 우려되는 점은 이미 국내에 이주하여 살고 있는 동포들에게 재외동포청이 어떤 도움을 줄 수 있느냐에 관심이 많습니다. "재외"라는 의미가 국내가 아닌 국외에 거주하는 동포를 뜻하기 때문입니다. 정부는 국내에 이주한 동포들의 수가 100여만 명에 이른다는 사실을 주목하여 국내외 동포에 대한 균등한 법적인 처우를 해야 합니다. 그러나 국내 거주 동포들은 재외동포청이 해외에 거주하는 선진국 중심의 동포청이 될 것이라는 의심을 가지고 있습니다. 그 이유는 법무부가 전국에 15개에 이르는 동포지원센터를 지정해 놓았지만 20년이 되도록 어떤 정책 지침도 없고, 운영에 필요한 경제적 지원도 없었기 때문입니다. 정치인들은 선거철이나 국가가 어려울 때는 동포들의 손길을 기대합니다. 하지만 재외동포들의 조국으로의 귀환을 위해서는 어떤 계획도 갖고 있지 않습니다. 인구소멸(감소) 및 절벽 상황이 지속되는 한 동포들의 귀환이 인구감소를 막는 방패막이 역할을 할 수 있습니다. 그러한 이유로 동포들을 중요하게 여기는 국가가 늘어나고 있습니다. 이제부터라도 국회는 [동포 귀환법]을 제정하여 동포들이 조국 대한민국에서 안전하게 정착하여 기여할 수 있도록 법적 제도적 장치를 마련해야 합니다.

1) 해외 국가의 귀환 동포법 사례[6]

이스라엘과 독일의 귀환 정책(귀환법) 부분은 홍인화 박사의 논문을 참고하여 소개하려고 합니다. 이에 대해 필자는 홍인화 박사에게 직접 허락을 받았음을 알려드립니다.

(1) 이스라엘의 귀환법
• 정치적 배경

유대인의 귀환 요인은, 반유대주의를 극복하기 위해서 유대인의 영토를 가진 국가를 건설하려는 목적으로 시오니즘 운동에서 시작되었습니다. 지도자들은 유대인에 대한 부정적 이미지는 국가가 없기 때문이라고 판단했기 때문입니다. 과거 바벨론에서의 70년 포로 생활을 마치고 귀환했던 당시에는 하나님에 대한 불복종과 정치 지도자들의 악행을 회개한 것과 비교하면 너무도 차이가 있습니다. 유대인의 귀환 이주는 이스라엘로 돌아가 유대인의 정착촌을 개척하는 데서 출발하였습니다. 1917년 영국 외상 밸푸어는 유대인 로스차일드에게 편지를 보내어 유대인들이 영국전쟁 수행을 지원하면 유대인들이 팔레스타인에 국가를 세우는데 적극 협력하겠다고 밸푸어 선언했습니다. 1921년 최초의 모샤브(촌락공동체)인 나할이 건립되고 유대인이 늘어나자 2천 년 동안 팔레스타인의 주인이었던 아랍인들은 폭동을 일으키고 저항하므로 영국의 위임통치가 위협을 받기도 하였습니다. 그러나 미국의 지원으로 1948년 5월 14일 이스라엘이 건국하였습니다.

• 귀환 요인

이스라엘 민족은 2,000년 동안 전 세계에 흩어져 살았습니다. 선조인 아브라함은 하나님으로부터 가나안(팔레스타인)땅을 자신과 그의 후손의 땅으로 약속받았지만, 왕조시대 이후에도 후손들은 하나님과의 언약을 지키지 못하고 패역한 결과 2천 년 동안 전 세계에 흩어져 지내며 온갖 고통을 당하고, 미움을 받으며 살았습니다. 그러던 중 시온주의 운동이 일어났고, 마침내 1946년 유엔은 이스라엘이 독립 국가임을 승인하였습니다. 이스라엘의 유대인 귀환 정책은 유대인 국가 건설에 참여하는 의미입니다. 단순히 해외로 이주했다가 조국으로 재 이주하는 일반적인 귀환이 아닙니다. 그러한 이유로 유대인들의 귀환 이주는 이스라엘 국가 건설에 참여하는 귀환 이주입니다.

・귀환 동포의 수용정책

이스라엘은 1948년 팔레스타인 지역에 나라를 세우고 유엔총회의 결의에 따라 건국이 승인되었으며, 2년 후인 1950년 [귀환법]을 제정하였습니다. 유대인의 귀환은 타국에서 살기 어려워서 귀환하는 것이 아니라 유대 나라를 재건하기 위한 목표로 귀환하는 것으로 이해했습니다. 그래서 귀환자들은 이스라엘 도착 순간부터 기존의 내국인이 갖는 시민권과 동등한 권리와 이익을 보장받았습니다. [귀환법]은 '모든 유대인들은 이스라엘로 이주할 권리가 있습니다.'

다만 귀환권은 반유대주의 활동가, 공공안녕에 해를 끼칠 전과가 있거나 공중보건이나 국가 보안에 위협을 줄 가능성이 있는 사람에게는 그가 유대인이라도 부여되지 않았습니다. 또한 유대인의 혈통으로 태어났더라도 유대인의 종교인 유대교를 받아들이지 않고 다른 종교로 개종한 사람에게는 귀환 자격을 주지 않았습니다. 유대인의 정체성은 유대교의 종교 정체성과 밀접한 관계가 있다는 것을 의미합니다.

• 지원 대책 위주의 귀환법
이스라엘의 귀환 동포 지원 조직은 크게 둘로 나뉩니다.

* 유대인 기구
• 유대인 기구(전국 25개 흡수 센터)
세계에 흩어진 유대인을 대상으로 이스라엘방문을 통한 모국 체험과 청소년들의 유대인 정체성 유지 프로그램 운영 및 히브리어 언어교육, 지속적인 귀환 이주 권유와 정착지원(온라인 활용), 귀환하려는 유대인에게 간단한 일까지 지원(이삿짐 도착 확인, 거주지 제공, 히브리어 교육과 초기 장학금 지원, 숙식 제공, 각종 법률상담 등) 합니다.

• 유대 국가기금(Jewish National Fund)
전 세계 기부자들의 모금을 통해 형성된 유대 국가기금은 토지매입 자금 마련, 정착촌 건설 지원, 환경보호 지원합니다.

• 세계 유대인 총회(World Jewish Congress)
세계 유대인들의 요구를 한목소리로 내는 기구로서 세계 유대인총회 대표자들은 UN과 그 소속 위원회와 그 산하 단체들로부터 외교관 지위를 부여받습니다.

・유대인 항의 연합(United Jewish Peal)

1917년부터 뉴욕 기부자연합(Federation of Jewish Philanthropies of New York)과 조직을 함께 운영하며 공동으로 기획하고 자선 프로그램을 운영하며 유대인 사회의 집중적인 세력이 되어왔습니다. 뉴욕 기부자연합은 6만 명 이상의 기부자들로 구성되어 있으며, 뉴욕 기부자연합은 유대인들의 요구를 들어주는 데 자원을 사용하도록 자금을 지원합니다. 또한 유대인으로서의 생활과 학습에 대한 열정을 고취하고 세계 유대인공동체를 강화하는 데 주력하고 있습니다.

・1990년에 설립된 유대인 기부자 네트워크(Jewish Funders Network)는 자산이 수십억 달러에 이르며 유대 세계의 변화를 이룩하기 위한 네트워크의 힘과 창의성을 활용하려고 합니다. 유대인 기부자네트워크는 컨퍼런스를 지속적으로 개최하고 유대인공동체를 위해 시상제도를 운영하고 있습니다.

* 이민 흡수부
・이스라엘이 유대인 귀환 정책을 꾸준히 추진하는 또 하나의 이유는 이스라엘 인구의 20%에 달하는 아랍인이 포함되어 있기 때문입니다. 따라서 주변 아랍인들의 인구 유입을 차단하고, 유대인 인구 구성 성비에서 절대 우위를 차지하기 위함입니다. 유대 국가의 정체성은 혈통과 종교인 유대교를 통해 유지됩니다.

• 이민 흡수부(Ministry of Immigrant Absorption)

이민 흡수부의 본부 조직은 크게 기획부서, 집행부서, 독립부서로 나뉘어 있습니다.

이스라엘의 귀환 동포 정책은 귀환이주자를 이민 흡수 센터에 수용하여 국가가 관리하는 직접지원과 귀환이주자가 직접 직업, 거주지 등을 결정하고 본인이 요청하는 도움을 국가가 들어주는 간접 지원 방식으로 구분할 수 있습니다.

이민 흡수부는 귀환자의 귀환 과정과 정착 과정에서의 경제적, 사회적, 문화적 동화 및 지원 업무를 총괄한다. 이민 흡수부는 귀환 동포 지원정책과 관련되는 정부 기관, 지원 조직들의 업무분장과 총괄 업무를 담당합니다.

이민 흡수부의 행정 담당 부서는 주거지원과, 고용지원과, 사회복지과, 동화 촉진과 히브리어 교육과, 경제과 등으로 나뉘어서 각각의 지원 실무를 맡고 있습니다.

(2) 독일의 귀환법(기본법)

• 정치적 배경

세계 전쟁을 일으킨 책임이 있는 독일은, 패전 후 세계 각 지역에 독일계 소수민족으로 흩어져 모국의 가해 책임을 떠안으며 강제 추방을 당하는 등 힘든 형극의 고통을 감내해야 했습니다. 제2차 세계대전 이후 전승국들은 점령지역에서 독일 민족에 대한 강제 추방을 실시했습니다. 연합국들은 독일인의 강제 이주를 나치독일이 초래한 죽음과 테러에 대한 응징으로 생각한 것입니다. 지면의 제한으로 독일인들이 당한 어려움을 기록하기에는 빙산의 일각이지만, 1944년~1945년 사이에 독일인 약 5백만 명이 소련과 대치 중이던 제3제국 정부로부터 추방되었고, 체코슬로바키아, 폴란드, 루마니아, 유고슬라비아, 헝가리 등은 1945년~1948년 사이에 독일계 소수민족 1백만 명을 추방했습니다. 독일인 추방 피해자들은 독일로 귀환하는 도중에 여성, 아이, 노인을 태운 열차가 공습을 받았고, 피란 선이 어뢰를 맞아 침몰하는 등 전쟁과 기아, 질병으로 수백만 명이 목숨을 잃었습니다. 그러나 독일은 그들이 저지른 죄를 묵과하지 않고 피해를 입힌 국가를 찾아 참회하는 태도를 보이고 있습니다. 그 결과 1990년대 이후 폴란드 등 독일인을 강제 추방했던 국가들은 당시 독일인에 대한 강제 추방은 불법이었다고 인정했습니다. 따라서 독일인들의 귀환 이주는 당연하게 인정되었고, 진행되어 왔습니다. 독일인들의 귀화 요인은 여느 나라와 크게 다르지 않습니다.

①그들은 이산가족과 친척들과의 상봉을 위해 귀환하고 있습니다.

②사회, 경제적인 요인과 자유민주주의를 추구하기 때문입니다.

③유대교에 대한 종교탄압과 민족적 차별에 대한 저항 의식이 귀환의 요인이 됩니다.

④독일은 기본법 제11조에 국민의 거주이전의 자유를 명시하고 있으며, 제116조는 과거 독일 제국의 시민권 보유자는 물론, 피 추방자와 망명자 등 독일 민족의 배우자와 그 후손까지 모두 독일의 국적을 소지하지 않더라도 독일 민족으로서 귀환권과 시민권을 취득할 권리를 인정하고 있습니다. 국적법 제5조는 스스로 '나는 독일 민족이다'라는 선언만 해도 독일 귀환권

과 시민권을 부여합니다.

반면 귀환에 대한 제한 규정(독일 국적 상실 경우)도 있습니다.

① 이탈

② 외국 국적 취득

③ 외국으로의 입양

④ 국적 포기

⑤ 외국군대나 그와 유사한 무장단체 가입

⑥ 국적 포기 선언

⑦ 위법한 행정행위 적발 시

독일의 귀환 동포에 대한 지원은 초기에는 학교 교육과 직업교육 등 사회 통합을 위한 전폭적인 지원이 이루어졌으나 점차 재정압박과 거주 독일인들과의 갈등으로 제한적인 수용으로 정책의 전환이 이루어졌습니다. 아래 내용은 귀환자에 대한 지역 정착 단계입니다.[7]

단계	내용
1단계 연방수용소 (2~3일 체류)	- 독일입국 후 각 지역으로 이동하기 전 2~3일간 체류 - 등록 및 건강검진 실시 - 민간 종교자선단체를 중심으로 의복 등 지원 제공 - 중앙수용소까지 여행비 이삿짐운송비 제공
2단계 주중앙수용소 (2주 체류)	- 독일 16개 주에 인구비례에 따라 배치 - 각주 수용소 거주 - 1~2년 거주할 임시거주지 정해지기까지 2주간 체류

3단계 임시거주지 (1~2년 체류)	- 개별주택이 결정되기 전까지 거주 - 기숙사 혹은 개인/공동주택 등 다양한 형태의 공간 제공 - 이주민의 상황 단독 혹은 가족 동반에 따라 주거비용 지원 - 가족친지가 있는 경우 동거 허용
4단계 개인주택입주	- 지원정책에 따라 복지주택(Sozialwohnung), 임대주택 입주 - 생활에 필요한 가재도구 마련을 위한 재정지원 - 단독이주자 가족단위 이주자 등 조건에 따라 차등지급

• 정착지원금 지원은 다음과 같습니다.

종류	자격요건	급부수준	급부기간
정착금	- 거주국 임금근로자 - 정치적 또는 인종적 사유로 취업불능자	평균 임금의 63%	이주 후 최고 312일간
실업 보조금	- 독일어과정 - 직업교육 참여자	- 독신자: 이주자 평균 임금 56% - 부양가족 보유자: 58%	기간제한 없음
주) 이주 후 2개월 동안 직업교육 참여 또는 구직활동 여부와 상관없이 지급 출처: 국회 통일외교통상위원회, 1998, 『북한이탈주민현황과 대책방향』.			

독일은 2000년 국적법 개정 전까지 귀환 동포에 대해 의사소통이 불가능해도 국적 취득에 제재가 없었으며, 정착 과정에서 언어교육, 주거지원, 취업 지원을 해주었습니다. 또한 취업 능력을 향상시키는 간접 지원 방식은, 직업수행 능력 향상을 위한 교육훈련, 전 거주국에서 득한 연구 실적, 학위, 전문자격증의 인정과 같은 전문성 활용 제도와 창업지원 제도를 통해 이루어졌습니다. 특히 통일 이전 동독에서 이수한 고등학교 교육, 직업교육은 모두 인정했으나 대학 졸업 증명서와 국가 고시 및 교사 자격증은 추가 교

육을 받는 조건으로 제한적으로 인정했습니다. 연방 노동청은 이들의 취업 촉진을 위해 소요되는 제 경비를 무상 지원하거나 대부해 주었습니다. 그러나 국적법과 이민법 개정 이후에는 귀환자들은 더 이상 독일 정부에서 취업 알선 프로그램과 같은 지원을 기대하기 어려우며, 취업 알선은 민간기업 또는 공공기관이 이주민을 고용하도록 하는 정책으로 전환하였습니다. 국내 실업자와 맞부딪치는 사회적 갈등을 야기할 수 있는 귀환자에 대해 직접적인 지원은 하지 않고 시장기능에 맡기고 있습니다.

독일은 독일만의 현실에 기초한 우수 인재 정책을 추진하고 있습니다. '홈볼트 교수직'은 2008년 이래 연방 교육 연구부가 '독일을 위한 국제연구기금'을 조성하여 지원하는 재외학자 유치장려금입니다. '독일을 위한 국제연구기금'에 선정된 학자는 시상과 더불어 실험을 위주로 하는 학자에게는 5년에 걸쳐 총 500백만 유로, 이론에 치중하는 학자에게는 5년 동안 650만 유로의 상금이 지급됩니다.

★사회통합프로그램: 2005년 이민법 개정 이후 독일연방정부는 사회통합프로그램을 강도 높게 펴고 있으며, 언어습득의 의무를 요구하고 있습니다. 수강자가 직장의 제약이나 가사 활동과 육아로 인해 부득이한 경우에는 시간제 교육을 받을 수 있습니다. 통합교육의 중요한 부분이 독일어 교육 과정입니다. 독일어 과정의 학습 목표는 교육 참가자가 스스로 독일어로 의사소통할 수 있는 수준에 이를 수 있도록 합니다. 스스로 독일어를 구사하는 수준이란 경제활동, 교육, 의료 기관 출입 및 미디어 접근 등의 일상생

활에서 불편을 느끼지 않을 정도의 언어능력을 말합니다. 참가자들은 독일어로 글쓰기, 전화 응대하기, 구직활동 등, 실생활에 필요한 독일어를 훈련합니다. 귀환자의 문화를 존중하지만, 기본적으로 동화정책을 추진합니다. 귀환자는 600시간의 독일어 교육을 이수해야 합니다.

독일은 공적 의료보험에 가입하지 않은 이주민에게도 기존 가입자와 마찬가지의 의료혜택이 주어집니다. 수혜 조건은 이전 거주국을 떠나 2개월 이내에 독일에 입국한 자로서, 정식 거주를 허가받은 후 3개월 이내 발생한 질병에 대해서입니다. 기타 이주민은 공적 의료보험에 임의 가입 자격이 있으며 독일 이주 후 6개월 이내에 가입을 신청할 수 있습니다. 그리고 실업으로 인해 정착지원금 또는 실업 부조를 받고있는 이주민은 해당기간 동안 연방정부가 의료보험료를 대신 부담합니다. 상병 중이거나 출산한 이주민에 대해서는 의료혜택 이외에 추가로 실업보험의 정착지원금 수준에 상응하는 상병급여 또는 모성 수당이 지급됩니다. 이주민에 대한 의료 및 상병급여 업무는 해당 지역의 지역의료 보험 조합에서 수행하며, 전액 연방정부에서 부담합니다. 이에 따른 행정관리비는 주 정부에서 부담합니다.

7. 귀환 동포와 귀화자에 대한 한국교회의 역할

성경은 바벨론 포로 생활에서 귀환한 유대인들의 귀환 역사를 기록하고 있습니다. 동포의 귀환은 국적회복을 통해서 이루어진다는 점에서 귀화와 차이가 있습니다. 고려인 귀환 동포들은 일제 강점기에 연해주에서 강제 이주를 당해 중앙아시아 전역에 흩어져 유랑하던 이들이며, 귀환 중국 동포는 중국 정부의 소수민족 정책에 의해 대부분 동북 삼성지역(흑룡강성, 요녕성, 길림성)에 거주하다가 이주한 이들입니다. 또한 귀화자들은 한국인과의 혼인, 유학, 노동, 난민, 투자, 사업 등으로 이주한 이들입니다. 혼인 귀화자의 경우 가족 결합이라는 귀화 목적이 분명하지만, 다른 유형의 경우는 국내에 장기 거주(F-4)하거나 방문취업 등 노동 이주가 계기가 되어 귀화를 택했다고 할 수 있습니다. 귀화자들 가운데는 부모와 함께 이주한 중도 입국 청소년들과 난민, 노동자의 자녀들이 있습니다. 이들은 대한민국의 영주권이나 국적을 취득하여 함께 살아갈 청소년들입니다. 그러므로 교회는 이들의 정착을 위해 모든 역량을 총집결하여 지원해야 합니다.

첫째: 귀환이나 귀화자들이 편견과 차별의 벽을 느끼지 않도록 인권을 존중하고 배려하는 일입니다. 가장 이상적인 것은 친정엄마나 친언니처럼 마음으로 받아주고 눈높이를 맞추는 것입니다. 최근에 프랑스 올림픽 탁구 경기에서 중국에서 귀화한 이은혜, 전지희 선수가 여자탁구에서 16년 만에 메달을 따서 국익에 크게 기여했습니다. 그런데 이은혜, 전지희 선수는 자신의 성과를 하나님과 한국교회에 돌리며, 사회 정착과 선수 생활에 성도들의 도움이 컸다고 고백하여 큰 울림을 주었습니다. 특히 전지희 선수는 탁구 국가대표 출신이며 내몽골 선교사로 활동 중인 양영자 선교사를 따라 한국에 왔다는 것을 밝혀 교회와 기독교인의 역할이 매우 중요하다는 것을 다시 한번 깨닫는 계기가 되고 있습니다. 전지희 선수는 중국 내몽골 자치주 출신으로, 개신교 신자였으며, 2004년 당시 내몽골 선교사였던 양영자

선수를 만난 것이 한국으로의 귀화에 영향이 미친 것입니다.

둘째: 필자가 자주 강조하는 것이지만 교회 안에 공부방이나 작은 도서관을 설치하여 한국어 교육과 성경을 가르치는 프로그램을 지속적으로 운영하는 일입니다. 특히 이주민을 위한 상담 프로그램은 이들의 정착과 실생활에 큰 도움이 될 수 있습니다. 이주민들은 한국인들이 모르는 고충이 많습니다. 진로, 결혼, 건강, 자녀 교육 외에도 문화의 차이, 편견과 차별, 제도 등에 도움을 줄 수 있습니다.

셋째: 교회 안에 대안학교를 설립하여 자녀들의 교육과 사회화에 적극 앞장서는 일입니다. 필자는 시골에서 도회지로 이주한 이후 선교사가 설립한 중, 고등학교를 다녔는데, 신앙교육은 청소년 시기의 가치관 형성에 큰 영향을 미친다는 점에서 매우 중요한 일입니다. 교회 안에 학교를 설립하는 일은 큰 부담이 될 수도 있으나 뜻을 같이하는 모임을 만들어 기도로 시작하고, 지역 노회나 지방회에 속한 지역교회들이 협력할 수 있다면 부담을 줄일 수 있습니다.

넷째: 귀환 동포나 귀화자들은 한국에서는 나그네들입니다. 이들에게 필요한 것은 당장에는 한국어 습득과 안전한 일자리일 것입니다. 그러나 그들을 든든하게 지켜주는 힘은 신앙심에서 나옵니다. 나그네들에게 하나님의 복음을 전하는 교회가 되기를 바랍니다. 더 나아가 가정에 초대하여 한국 가정생활의 모습을 보여주고, 공통점을 나누며, 차이를 극복하기 위한 친구

가 되는 것도 필요합니다. 이주민 중에는 한국인 성도들을 가정으로 초청하여 본국의 음식을 대접하는 것을 큰 영광으로 생각하는 이들이 많습니다..

◇ 토의질문

1. 이스라엘의 귀환법과 독일의 귀환법을 비교해볼 때, 한국은 어떤 방향으로 귀환법을 제정해야 할까요? 재외동포의 특성과 한국의 상황을 고려하여, 실현 가능한 귀환법의 구체적인 내용을 토론해 보세요.

2. 귀환 동포와 귀화자의 증가는 인구 감소 문제 해결에 도움이 될 수 있습니다. 하지만 이들에 대한 지원을 반대하는 국민들도 있습니다. 이러한 갈등을 해소하고 사회통합을 이루기 위한 정책적 방안을 논의해 보세요.

3. 새로 설립된 재외동포청이 해외 거주 동포뿐만 아니라 국내 이주 동포들에게도 실질적인 도움을 줄 수 있는 방안은 무엇일까요? 이스라엘의 이민 흡수부 사례를 참고하여 구체적인 정책을 제안해 보세요.

글을 마치며

　신앙인에게는 우연이 없는 것 같다. 모압 여인 룻이 시어머니 나오미를 따라 베들레헴에 이주한 후 이삭을 줍기 위해 보아스의 밭에 들어간 것을 성경은 '우연'이라고 기록했다. 하지만 유력한 기업무를자인 보아스와 룻을 통해 다윗의 혈통으로 이어지고 예수그리스도의 가계를 잇게 된 것은 결코 우연이 아니다. 아니 우연 속에 감추어진 하나님의 은혜이다. 우리는 수많은 사람과 만나고 헤어지면서 세상을 살아간다. 모든 사람이 소중하고 귀하다. 하나님이 언제 어떻게 역사하실지 모르기 때문이다. 지난 20여년 동안 수많은 사람을 만났다. 그 중에는 이민정책을 담당하는 공무원, 이주민을 돕는 선교사, 이주 외국인, 결혼 이민자, 중도입국 청소년, 난민 등 수없이 많다. 돌이켜 보니 모두가 소중하고, 하나님이 만나게 한 사람들이다.

　필자가 이 책을 쓰게 된 것도 그 중의 한 사람인 이해동 목사다. 2003년 노량진 cts tv 강당에서 열린 국제선교포럼에서 '초국가시대의 이민정책'을 발표한 것이 계기였다. 몽골인 유학생 사역자인 이해동 목사께서 책으로 한 번 써보면 좋겠다는 제안을 했을 때는 그냥 인사 정도로 생각했는데, 크리스챤 신문인 가스펠투데이의 제안을 수락하고 1년 6개월 동안 연재한 것을 모아 책으로 엮어 세상에 내놓게 되었다. 이 책이 다문화사회에 어떤 도움이 될지는 모르겠지만 하나님은 세상을 경영하시는 분이시기에 기쁜 마음으로 평소에 느꼈던 이민정책에 대한 생각을 글로 옮기게 되었다.

이 책의 제목은 [이주민은 우리의 미래입니다]이다. 너무 과한 제목이다. 그러나 전체적인 글의 성격은 필자의 생각을 담은 한국 이민정책 담론에 가깝다. 한국의 경제성장을 빗대어 [한강의 기적]이라고 말한다. 한국의 경제성장은 세 가지로 정리된다. 첫째 풍부한 노동력, 둘째 뜨거운 교육열, 셋째 경제적 위기를 극복하겠다는 강한 의지력이다. 결국 가장 중요한 것은 '사람'이다. 한국은 세 번의 인구절벽과 코로나 팬데믹을 겪으면서 이주민들이 한국 사회에서 얼마나 소중한 자원인지를 깨닫게 되었다. 특히 단순한 인력만으로 평가할 수 없는 무한한 다문화 자원을 가지고 있다. 다만 우리가 그들이 가진 내외적 자원을 제대로 평가하고 활용하지 못하는 것이 아쉬울 뿐이다.(이주민을 경제적 논리로 '자원'이라는 표현에 거부감을 느끼는 분들이 혹 있을지 모른다. 그런 분이 있다면 이주민이 가진 '능력'으로 이해해 주면 좋겠다)

필자는 지난 2007년부터 20년여 동안 정부 정책에 여러 모양으로 참여하였으며, 대학과 사회단체, 정부 기관에서 강의하였고, 이민사회 현장에서 이주민들과 함께해 왔다. 또한 외교부 선교회와 이주민 자녀들을 위한 대안학교를 설립하고 20년동안 운영하였으며, 다민족 사역의 한 가운데서 살아왔다. 대학 동기들은 대부분 목회자들이다. 그들은 처음에는 목사가 어떻게 다문화 사역을 하느냐, 당장 그만두고 한국인 목회를 하라고 불편해하는 이도 있었다. 또 포천을 떠나 서울이나 큰 도시로 가라는 이도 있었다. 하지만 나에게는 이 일을 해야만 하고, 포천을 떠나지 못할 이유가 있다. 신학생 때 중국선교사로 헌신하기로 다짐했는데 지키지 못했고, 대만에서 잠시 선교사역을 했을 때 피치 못할 사정이 생겨 다시 오겠다고 약속했으나 지키지 못했다. 특히 대만에서 사역할 때 대만교회 장로님으로부터 선교사님은 어떻게 대만에 오셨느냐는 질문을 받은 적이 있다. 그때 "중국 본토 선교사로 가려고 준비하던 중에 기회가 되어 잠시 훈련을 받기 위해 왔습니다" 라고 솔직히 말했다. 그때 장로님이 하신 말이 십수년이 지난 지금까지도 가슴속에 생생하게 남아있다. "선교사님, 대만에도 선교사님이 필요합니다." 대만을 떠난지 수년 후 두 분의 장로님이 한국으로 나를 찾아오셨다. 당시 교회를 개척한지 얼마되지 않아 선교사로 떠나지는 못했지만 23년 전 하나님은 국내에 이주한 외국인들을 섬기는 사역자로 아무 연고도 없는 경기도 포천으로 보내셨다. 그 이후 아무리 힘들고, 좋은 조건이 오더라도 포천을 떠나지 않겠다는 결심을 했다. 포천은 군대를 다녀온 남자들이라면 모르는 이가 없을 정도로 군사지역으로 유명한 곳이지만 현재는 2만 명이 넘는 외국인 노동자가 일하는 산업지역이다. 특히 이주민들도 많아서 사역 단체도 15개 이상이 활동하고 있다. 필자는 이주민 자녀들을 위한 대안학교를 설립하고, 사회통합프로그램(KIIP)을 운영하며 복음을 전하고 있다. 하나님은 대만은 아니지만 포천에서 외국인들을 섬기고 복음을 전하는 일을 맡기셨다고 믿는다. 하지만 언젠가는 빚을 갚으러 그곳으로 가야 한다는 숙제도 잊지 않고 있다.

필자가 이주민 선교에 처음 관심을 갖게 된 것은 2002년경 외교부 선교회 사목으로 외교관들과 성경공부 모임을 갖게 되면서 부터이다. 매주 점심시간을 이용해 성경을 가르치는데 어느 날 한 외교관이 앞으로 우리나라가 다문화사회가 될 것이라고 말했다. 그 외교관의 말은 나의 뇌리에서 떠나지 않고 맴돌았다. 당시 언론에서도 국제결혼 등 외국인에 대한 기사를 종종 다루고 있었던 터라 관심을 갖게 되었다. 필자가 다문화 이주민 사역에 관심을 갖게 된 결정적 계기는 2005년 하인스 워드의 방한이었다. 미군 아버지와 한국인 어머니 사이에서 태어난 하인스는 미국에서 최우수 풋볼 선수로 선정되어 고국인 한국을 방문한 것이다. 이를 계기로 한국 사회는 다문화 열풍이 불었다. 이미 국내에는 백만 명이 넘는 외국인이 노동자로, 국민의 배우자로 거주하고 있었다. 이 사실을 나만 모르고 있었다. 이를 계기로 많은 생각을 했다. 한국의 5천 년 역사에서 이처럼 많은 외국인이 구름떼처럼 몰려온 때는 없었다는 생각을 하게 되었고, 하나님이 한국교회에 새로운 사명을 맡겨주신 것이라고 확신이 생겼다. 다가올 다문화사회의 미래를 생각할 때, 한국교회가 어떻게 이주민들을 맞이하고 선교할 것인가를 심사숙고할 숙제로 다가왔다.

필자는 선교회 회원들에게 결심한 바를 알렸다. "하나님께서 이처럼 많은 외국인들을 한국에 보내주신 것은 이들을 선교하라는 것입니다. 과거 한국교회는 조선

시대 말과 일제 강점 시기 그리고 6.25전쟁 시기에 독립운동과 나라 세우고 지키는 일에 앞장서 왔습니다. 이제 하나님이 외국인들을 한국에 보내신 것은 이들에게 복음을 전하라는 하나님의 뜻이 아니겠습니까? 특히 여러분들은 해외 경험이 많은 외교관들이며 지식이 많은 분들입니다. 여러분들의 다양한 경험을 대안학교를 세워서 가르친다면 이보다 더 훌륭한 교육은 없을 것 같습니다. 이주민 자녀들의 교육이 잘 이루어진다면 이들의 가정은 한국 사회에 안정적으로 정착할 것이고 결국은 국가적으로도 큰 힘이 될 것입니다. 이 일은 기독교인인 우리가 할 일입니다." 20년 전 이 말은 박홍근 홈패션 이선희 권사를 통해 대안학교로 열매를 맺게 되었다. 법인을 설립하기위해 후원자 100명을 찾아다니는 중에 누군가 박홍근 홈패션 이선희 대표를 만나보라고 했다. 즉시 찾아가 면담을 요청하고, 20분 정도 이주민 자녀들을 위한 대안학교를 설립하기 위해 법인을 설립하려는데 후원을 해 달라고 부탁했다. 이선희 권사는 말이 끝나기도 전에 말했다. "목사님 우리 회사에도 외국인이 많은데 그들을 위해 학교를 세운다니 송우리에 있는 우리회사 건물을 무상으로 사용하세요. 1층은 전시장이니 지하와 3층을 쓰세요. 어떤 분이 세를 놓으라고 하는데 월세를 받아 부자되는 것도 아닌데요" 정말 기적 같은 일이 일어났다. 그후 필자는 어느곳을 가든지 이선희권사의 이 말을 전하고 있다. 그 건물 3층에서 센터와 대안학교를 시작하였다. 2025년 5월이면 20주년이 된다. 5월은 20일 특히 대안학교를 설립하기 위해 설립준비위원들이 압구정동 소망교회 교육관 2층에서 설립 추진 예배를 드린 날이다. 법인 설립 허가가 법무부로부터 나온 날은 한 달 후인 6월 18일이다. 법무부 비영리 1호 사단법인 허가를 받아 교육 중심의 활동을 시작하게 되었다. 실명은 밝힐 수 없지만 법인 허가가 나오기까지 힘써주신 관계자분들께 감사드린다. 난생처음 법 근처에도 가보지 못했는데, 사단법인 서류를 만드느라 고생이 많았다. 법무사에 맡기면 됐지만 비용을 아끼느라 포천에서 서울을 몇 번씩 오가며 규격에 맞는 도장을 새기고, 글자를 오려 붙이며, 직접 준비했다. 당시 법인 주소를 서초구에 두었기 때문이다.

필자는 이 글을 마무리 하기 전에 하고 싶은 말이 있다. 건강한 다문화사회를 위해서는 어떠한 관점이 필요한가를 생각해 보았다. 하나의 시각으로만 이 사회를 보지 말자는 것이다. 다문화사회는 복합문화사회이며, 서로 다른 특성과 능력을 가진 사람들이 모여 사는 큰 모자이크 사회이다. 이러한 점에서 학문적으로도 다양한 연구와 관점이 필요하다. 신앙적 관점을 예로 든다면, 사람을 영혼 구원의 관점에서만 보면, 모든 사람은 죄인이기에 복음을 전하고 하나님의 자녀로 살 수 있도록 가르치면 된다는 생각에 머무를 수 있다. 하지만 전인적인 관점에서 보면 영혼 구원뿐만 아니라 그의 삶 전체가 온전히 회복되도록 도와야 한다. 사람은 대부분 각자의 문화와 종교적 배경을 가지고 있다. 그러므로 다양한 분야에 대한 성경적 이해와 관점이 필요하다. 이것을 다문화 신학으로 표현하는 것이 적절할지는 모르겠으나 필자는 이러한 관점으로 이민정책의 다양한 현상을 15개 주제의 글로 옮겨 보았다.

너무도 많은 사연, 너무도 넘치는 사랑을 받았기에 그 은혜를 담기에는 지면이 부족하다. 모든것이 하나님의 은혜다. 그동안 함께해 준 모든분들께 감사한다. 그리고 우연을 가장한 하나님의 은혜는 참으로 놀랍기만 하다.

2025년 3월 15일 새길 신상록 목사

주

이 책을 시작하며

1 성경은 인간의 이주와 이주 목적을 가장 구체적이고, 정확하게 밝히고 있다는 점에서 [이주 바이블]입니다.

2. 양미경. 2017, 동국대학교 박사학위논문, '인재순환 관점의 해외 우수인재 유치정책 연구 = From Brain Drain to Brain Circulation'

3 위키백과, 대한민국, 코리아(Korea)란 영문 국호의 어원은 동아시아의 중세 국가인 고려에서 유래하였다. 고구려가 5세기 장수왕 때 국호를 고려(高麗)로 변경한 것을 918년 건국된 중세 왕조 고려(高麗)가 계승하여 '고려'라는 국명이 아라비아 상인등을 통해 전 세계에 알려졌다

4 세계지도에 표시된 국가는 237개국이지만 국제법에 의해 인정되는 국가는 242개국이다. (2022. 06, 기준)

5 이혜경. 2022, '이민정책론: 이민과 이민정책 개념',박영사,p.16.

6 정의당 의원들의 발의로 촉발된 포괄적 차별금지법은 기독교계를 보수와 진보진영으로 분열시키는 요인으로서 보수측의 주장은 동성결혼의 길을 열어주는 것이며 평등이란 미명하에 이단, 사이비를 대처할 수 없는 위험스런 상황을 만들 것이라고 한다. 진보측은 성서 전체를 관통하는 사랑과 평등의 가치는 인권과 배치되지 않는다고 주장한다.

1장 이주의 사회화 현상

1 송샘** 이재묵*** '다문화사회 이주민의 정치참여 활성화를 위한 민주시민교육'이 논문은 2017년 한국정당학회 연례학술회의에서 저자들이 발표한 발제문을 자료와 논의를 추가하여 추후에 수정·보완한 것임을 밝힘 p.71.

2 Ward(2001)는 시간이 경과함에 따라 결혼이주여성은 현지사회적응도가 높아진다는 결과 제시

3 두 문화 간의 상호작용으로 일어나는 문화변동. 나바호족은 18세기 에스파냐 식민주의자들과의 빈번하고 다양한 접촉을 통해 의복과 금속세공술 같은 에스파냐문화의 여러 요소를 받아들여 그들 고유의 문화 속에 독자적인 방식으로 통합하였다. 1820년 하와이에 선교사가 들어와 원주민들에게 양복과 원피스를 누구에게나 맞는 넉넉한 크기로 만들어 입혔는데, 이것이 오늘날 하와이의 '무무'라는 옷의 기원이 되었다. 하와이는 기후가 덥기 때문에 옷이 오히려 시원하게 해주어 현재 세계적으로 유명한 옷이 되었다. 이와 반대로 실패사례는 남아메리카 아마존강(江) 유역의 자파테크족에게 이곳에 처음 도착한 유럽인 신부들이 강제로 옷을 입힌 결과, 기온이 높고 습기가 많은 이 지역의 기후 때문에 원주민들이 피부병에 걸렸으며, 사회계층을 나타내는 문신도 몸에 표시할 수가 없어 가치관의 혼란과 사회질서의 문란을 가져왔다.

[네이버 지식백과] 문화접변 [acculturation, 文化接變] (두산백과 두피디아, 두산백과)

4 이병수, 2018.11.22., "지구촌과 난민: 한국사회와 교회의 역할" (2023년 8월 현재 고신대학교 총장)

5 출처 : 폴리뉴스 Polinews(https://www.polinews.co.kr)

6 강상우교수, 고구려대학교 ' 사회적 책임에 대한 신학적 토대에 대한 소고 : 성경은 그리스도인에게 사회적 책임에 대해 무엇을 말해주고 있는가?', p.7.

2장 이주의 경제화 현상

1 외교부, 보도자료, 2023.03.28.

2 차용호, 2023. 08.20. 이민정책론, '비자와 외국인의 거주 고용', p.109. Wadsworth et al.(2023)에 따르면, 외국인 유입의 노동시장 효과를 정확히 측정하기는 어려운 일이다. 경제적 차이의 효과가 외국인 유입의 결과인지 아니면 다른 요인의 결과인지 알기 어렵다. 외국인이 특정 지역으로 유입되어 일부 내국인 근로자가 해당 지역을 떠나 다른 지역 또는 외국으로 이주할 수도

있고, 이 경우 특정 지역에서 발생한 외국인 유입의 노동시장 효과가 전국적으로 분산되어 특정 지역의 노동시장 분석을 정확히 측정하기 어렵게 된다.

3 강동관 외, 2011년 8월, '외국인 노동자가 국내 경제에 미치는 영향',p.25-26.

4 최병두, 2009년 3월. '이주노동자의 유입이 지역경제에 미치는 영향', 초록.

5 이규용,2022. '이민정책론:노동 이민과 경제',p.305.

6 머니투데이, 2023. 01. 08. 'K창업 대박' 꿈꾸고 한국 온 외국인들…"1년 만에 짐쌉니다"

7 출입국외국인정책본부 체류관리과, 보도자료, 2023. 8. 24 시행

8 체류 기간이 5년 이상(합법적인 취업 기간)인 경우만 E-7-4(숙련기능인력)신청이 가능했으나 2023년 8월 24일 부터는 3만 5천 명(기존 2000명에서 5000명 확대)으로 대폭 확대되고, 한국어 능력이 되면 '4년 체류 기간+한국어 능력 시험인 사회통합프로그램 3단계 이상을 이수한 경우 ' 취업 기간을 충족한 경우로 보아 신청이 가능하게 되었다.

9 취업 정보 제공, 이력서 작성 도움, 면접 스킬 향상을 위한 훈련, 자격증 취득, 한국어 교육 지원, 일자리 매칭지원 등

10 머니투데이, 2023.06.19., '값싼' 임금 외국인은 옛말…한국 오는 순간 '몸값 4배' 뛴다. "최저임금 외국인=내국인 법제화 하면서 임금 폭등" 본국에서 월 50만 원 받던 외국인 한국에 오면 4배인 200만 원 받는 고임금으로 탈바꿈 된다. 같은 기간 외국인 근로자의 월평균 임금은 200만~300만원 미만이 40만 5100명으로 전체의 51.1%를 차지했다. 300만원 이상(30.1%), 100만~200만원 미만(15.0%), 100만원 미만(3.8%)이 뒤를 이었다. 신세돈 숙명여대 경제학과 교수는 "대원칙은 기업과 노동자의 협의"라며 "국가가 나서서 임금을 일률적으로 결정하는 것은 무리가 있고 기업의 상황과 개인의 역량에 따른 자율적 결정이 이뤄져야 한다."

11 최병두, 한국지리학회, 2007. 이주노동자의 유입이 지역경제에 미치는 영향, Impacts of Immigrant Workers on Regional Economy in S. Korea,

12 전라북도: 중소기업 구인난 해소를 위한 외국인 근로자 정책 개선 건의

13 고용노동부 보도자료, 2023.01.03. '서울경제, '불법체류 41만명<日의 5배>…외국인력 선발·

관리 깜깜이" 등 기사 관련

14 법무부 출입국 홈페이지, '외국인 계절근로자 프로그램'은 어떤 제도인가요?
파종기·수확기 등 계절성이 있어 단기간·집중적으로 일손이 필요한 농·어업 분야에서 합법적으로 외국인을 고용할 수 있는 제도. 일손이 필요한 기간이 짧아 '고용허가제*'를 통한 외국인 고용이 어려운 농·어업 분야에 최대 5개월 간 계절근로자 고용을 허용
* 연중 상시 외국인 근로자가 필요한 축산 분야 등을 대상으로 외국인 고용 허가

15 공공형 계절근로사업은 농협이 외국인 근로자를 고용해 일손이 필요한 농가에 공급하는 사업이다.

16 법무부, 2022. 07. 25. 지역특화형 비자 시범실시 공고 안내,- 지역 맞춤형 비자 정책으로 지역인재 확보와 국가균형발전 도모 -

17 한겨레신문, 2023.03, '15년간 280조 쓰고도 저 출산 반전 실패…맞춤형 접근 필요'

18 위키백과사전, 중국인 배척법(中國人排斥法, 영어: Chinese Exclusion Act)은 1882년 5월 6일에 체스터 A. 아서 미국 대통령이 서명한 법률이다. 중국인 노동자의 이주를 금지시킨, 미국 역사상 자유 이민에 대한 가장 무거운 제한의 하나였다.

19 이주민들이 고용주가 되고 한국인이 노동자가 되는 현상은 주로 이주민들의 저임금 노동력에 대한 수요가 높고, 한국 내 노동시장의 구조적 문제, 특히 3D 산업과 저임금 노동에 대한 한국인의 기피 현상과 관련되어 발생합니다.

20 차용호., 이민정책론, '외국인 거주, 고용의 경제적 효과', p.106.

21 차용호., p.107.

22 박영범 교수(한성대), 중앙일보, 2021.5.

23 파이낸셜뉴스, 2023.04.26.

3장 이주의 사회화 현상

1 서울신문. 2025. 02.11."대통령 지키자" "멸공!" 韓서 정치활동 하는 외국인들…합법일까?

2 [한국리서치] 이주외국인 '사회구성원으로 수용' 66.2%-'인권 존중된다' 36.2%

3 출처 : 폴리뉴스 Polinews(https://www.polinews.co.kr)

4 위키백과, 한국은 2010년 5월부터 "선천적인 복수국적자"와 출생 후 "만 20세 이전에 부모의 귀화에 의해 외국 시민권을 자동 취득하고 6개월 이내 국적보유신고한 자"는 한국 내 외국 국적 불행사 서약을 하고, 남성은 병역 의무를 이행하는 조건 하에 복수국적을 허용하도록 대한민국 국적법이 개정되었다. 여성은 만 22세 전까지 외국국적 불행사서약을 할 수 있으며, 남성은 만 22세가 지났어도 군복무 후 2년 내에 외국국적 불행사서약을 할 수 있는 기회가 추가로 주어진다. 결혼이주자, 특별귀화자, 국적 회복자 등

5 박진완, 2019.10.,'독일에서의 외국인 선거권 인정논의', p.8.

6 이규영, 김경미, '다문화사회에서 이주민의 정치 참여: 독일의 사례를 중심으로', 한국유럽학회

7 위키백과사전, 1948년 5월 14일, 세계 시오니즘 단체 경영이사, 그리고 팔레스타인 유대인 기구의 대통령 다비드 벤 구리온은 "에레츠 이스라엘에서 유대 국가를 수립하고 이스라엘 국가로 한다"고 선언했다.

8 출처 : 포천일보(http://www.pcib21.com)

9 필리핀 출신 국회의원을 지낸 이스자민씨의 경우, 경기도 의원을 지낸 몽골 출신 이라씨 등

10 박천웅박사, 2013. 09. 03. 한국교회의 이주민선교 역사와 향후 과제

4장 기후위기로 인한 이주 현상

1 박세환, 2023.04.14., '불평등한' 기후변화? 그 이유는 심해 수면의 용승, 강수 구역 변동 등 자연적 요인으로 발생

2 연합뉴스, 2023. 11. 1.

3 IOM(2022) 세계이주보고서: 기후, 환경변화가 이주 및 노동시장에 미치는 영향 연구

4 한겨레 신문, 2024. 01. 03. 과학저널리스트 가이아 반스, "더 북쪽으로, 기후위기가 세계를 '

집단 이주'시킬 것"

5 IOM 세계이주보고서(2022)는 연간 약 1천만 명 이상의 이주민이 발생 되었다고 함.

6 위키백과, 생물지리학적으로 매우 가치가 높지만 현재 극심하게 훼손되었거나 장차 사라질 위기에 처한 지역들을 일컫는 용어이다.

7 GP3 Korea의 Mission 비영리 공익단체

8 2023년 6월 현재 투발루 인구 1만 2000여 명 중 약 1/5이 이민을 갔으며, 가디언지는 이들 대부분이 가까운 뉴질랜드로 이주했으며 생계의 어려움을 겪고 있다고 전하고 있다.

9 탄소중립 : 대기 중에 배출된 온실가스를 흡수, 제거하여 실질적인 배출량이 0이 되는 상태.

　우리나라의 2018년 온실가스 총배출량(LULUCF 제외)은 1990년도에 비해 149.0% 증가했고 2017년도보다는 2.5% 증가했습니다. 1990년대는 경제성장에 따라 온실가스 배출량도 크게 늘었고 1998년 외환위기의 영향으로 온실가스 총배출량은 14.1% 감소한 이후로 2000년대는 경기가 회복되면서 온실가스 배출량이 꾸준히 증가했습니다. 탄소중립은 이렇게 인간활동에 의해 배출된 온실가스가 전 지구적 이산화탄소 흡수량과 균형을 이뤄 대기 중 이산화탄소의 농도가 더 이상 높아지지 않게 하는 것을 의미합니다. 우리나라 뿐만이 아니라 전세계에서 지속적으로 배출되고 있는 온실가스로 인해 기후 문제가 발생하고 있습니다. 국제사회에서는 기후문제의 심각성을 인식하고 문제 해결을 위해 선진국에 의무를 부여하는 '교토의정서'에 이어 선진국과 개도국이 모두 참여하는 '파리협정'을 채택했습니다. 파리협정은 산업화 이전 대비 지구 평균온도의 상승을 2℃보다 아래로 유지하고 더 나아가 1.5℃로 억제하는 것을 목표로 하고 있으며, 우리나라는 국제사회의 노력에 동참하고 건강하고 넉넉한 미래를 만들어가기 위해 2020년 10월 28일 '2050 탄소중립 선언' 및 12월 10일 '2050 탄소중립 비전'을 선포했습니다.

10 김홍종, 2021. 12. 24. '글로벌 탄소중립 시대의 그린뉴딜 정책과 시사점' 대외경제정책연구원 연구보고서.

11 SF0℃ Solutions for Our Climate 제27차 기후변화총회, 18년 57위·19년 58위·20년 53위·21

년 60위 CCPI 전문가 "재생에너지 30%로 상향해야"

12 보도자료, 기후솔루션

13 한겨레 신문, 20208.24.'한국교회 2050 탄소중립 로드맵' 발표

14 크리스챤투데이, 2024. 4.18. 기후환경운동 위한 '탄소중립 국제선언 백령선언'2024년 4월 18일 합동 측 총회 소속 기후환경위원회 소속 50여명의 목회자들은 백령도를 방문하고 하나님이 창조하신 청정자연을 유지하고 있는 백령도를 지구를 살릴 '생명선'으로 선포하는 제막식을 하였다. 그러나 '선언'에 그치고 구체적인 실천방안이 제시되지 않아 아쉬움으로 남았다.

5장. 이주의 다종교화 현상

1 생활법령정보, 2023년 6월 15일 기준

6장. 이주의 다문화사회 현상

1 처음 필자에게 다가온 다문화 사회는 미지의 세계로 가는 호기심과 두려움 자체였다. 당시 외교통상부 선교회지도 목사로 사역 중이던 2003년경 한 외교관에게서 '머지않은 장래에 한국이 다문화 사회로 변할 것이라는 말을 처음 들었고, 2005년에 한국을 방문한 '미국 풋볼선수로 최우수상을 받은 하인스워드 열풍'이 일었다. 하인스 워드는 그해 어머니와 함께 내한했는데 어머니는 미국 병사를 따라 도미했지만 남편과 헤어지고 아들 하인스를 훌륭하게 키워낸 일화가 전해지면서 당시 언론의 큰 주목을 받았다. 당시 언론은 하인스워드의 성공을 대표적인 다문화 모델로 묘사했는데 그 영향인지 '다문화 현상'이 밀물처럼 다가왔다. 이미 90년대를 전후로 외국인 노동자가 유입되던 때이고, 중국 동포와 구소련동포들도 국교 정상화를 계기로 이주민이 유입되기는 했으나 다문화 사회라는 인식은 크게 심어주지 못한 상태였다. 필자가 다문화국제학교를 시작하게 된 계기도 그 영향을 받았다고 할 수 있다. 그 후 한국 사회는 다문화 사회현상이 사회 전체를 회오리 바람처럼 휘감아 갔다.

2 중앙일보, 2023. 5. 7. 7. 한국교육개발원 교육통계에 따르면, 2022학년도 4월 기준 국내 대학

의 유학생 수는 16만6892명으로 역대 최대를 기록했다.

3 Kbc, 2023. 03. 23. 외국인 유학생 20만 명↑..유학생 가장 많은 대학은?

4 법무부 출입국 6월 통계월보 자료, 조선일보, 2023. 08.17.

5 육성형 이민정책이란, 해외 우수 학생을 유치하여 대학과 기업이 학비를 지원하고 졸업 후 기업에 취업하여 근무하게 하는 제도

6 성비락(몽골국립대학교 외국어문화대학 한국학과장), '한국과 몽골 교류와 문화비교, 2008. 08. 8. 31. 18개 종족으로 구분. 할하몽골, 카자흐, 브리야트 등. 그러나 사회주의 영향으로 비교적 평온함을 유지함. 종족간 갈등으로 아픈 과거도 있음. 몽골사람은 비교적 공존의 원리를 잘 앎.

7 출처: 외국에서 들어온 성씨(姓氏)-새만금일보 - http://www.smgnews.co.kr/141564

8 여성가족부 2022.03. 21. '2021년 국민다문화수용성 조사 결과'

‣ 2018년에 비해 청소년은 상승하고 성인은 하락하여, 청소년과 성인 간의 격차가 더 커져

‣ 연령대가 낮을수록 다문화수용성이 높아

‣ 코로나19 이후 '외부에 대한 개방성' 떨어지며 다문화수용성에 부정적 영향

‣ 다문화교육·활동 참여자의 수용성이 미참여자보다 높게 나타나

9 서울신문, 김헌주, 김정화, 2018. 07, 30.

10 KWMA(한국해외선교협의회)는 전 세계에 파견되어 선교하는 해외선교사를 지원하는 네트워크이며, KIMA(한국이주민선교연합회)는 2019년 12월 26일 오륜교회에서 창립되었으며, 국내에서 이주민을 대상으로 복음을 전하고 목회하는 이주민 선교사(사역자)를 실제적으로 전국적인 연합체이다.

7장. 이주의 안보화현상

1 KBS 뉴스, 2023. 07.08. '이주노동자 집단 폭행한 10대들…외면 당한 구조 요청' // 2023년 6월 27일 낭테르에서 나엘 메르주크(Nahel Merzouk)[4]이라는 17세 알제리계 프랑스인 소년이

경찰의 교통 검문에 불응하고 도주하다 총격에 맞아 숨진 사건으로 인해 알제리계 10대를 중심으로 촉발된 폭력 시위다. 그리고 이번 총격 사망 사건은 2023년 들어 교통 단속 과정에서 발생한 세 번째 총격 사망 사건이기도 하다. // 이용승, 2014. '국제이주와 인간안보', vol.19, no.2, 통권 37호 pp. 137-169 (33 pages), 고려대학교 일민 국제관계연구원 발행

2 인간안보(Human Security)는 기존 국가 중심의 안보 개념의 보완적 개념으로, 각 개인의 안전, 풍요, 행복 추구 등을 안보화시킨 개념이다.

3 한겨레신문, 2023. 08.24. 문정인 교수 "미는 모든 것 얻고, 일은 얻은 게 많고, 한국은 안보 위험 떠안아"

4 경향신문, 2023. 07. 10. '미등록 이주민 이유로…'포천 집단폭행' 피해자는 구금되고, 가해자는 풀려나고'

5 한국리서치, '여론 속의 여론' 팀이 지난해 12월 23~25일 전국 만 18세 이상 남녀 1,000명을 대상으로 마약과 관련한 전반적 인식을 알아보기 위한 조사를 진행했다. 전체 응답자 76%는 한국사회의 마약문제는 심각하다고 생각하고 있고, 인구 10명중 8명이 한국은 마약청정국이 아니라고 응답하였다.

6 연합뉴스, 2023. 06.18.'외국인 밀집지역에서 마약 유통·투약한 외국인들 무더기 적발'

7 조선일보, 2023.04.14. '대한민국 10대들의 마약리포트2] 충격적인 그들의 마약암수율'

8 김성건, 2016. '파리테러 사건을 계기로 본 글로벌 사회의 종교갈등' The 2015 Paris Terror Attacks and Religious Conflict in a Global Society

9 국가비상사태 상황에서 경찰은 '공공질서와 안녕'에 위협이 되는 행동을 한다고 여겨지는 사람을 법원의 영장 없이 가택연금하거나 집을 수색할 수 있었다. 대테러법은 더 나아가 구체적 범죄 혐의가 없어도 이슬람 극단주의에 동조된 것으로 의심되는 사람의 이동을 제한·감시하도록 했다. 경찰에 지목된 용의자는 집이나 거주지 주변 동네, 도시 밖으로 최대 1년까지 나갈 수 없고, 매일 한번씩 행적을 보고해야 한다. 만약 지정된 범위를 넘어 문 밖이나 도시 밖으로 나가면 전자팔찌가 채워진다. 경찰은 또 법원의 영장을 받아 테러범에 연루된 것으로 의심되는 시

민의 집을 수색하고, 4시간까지 구금해 물건이나 개인정보를 압수할 수 있다. 공항, 기차역, 항구와 국경 지역 반경 10km 지역까지 경찰의 불심검문을 허용한다. 2020년 말 처벌조항은 종료

10 셍겐조약은 유럽에서 조약 가입국 간 국경검문을 철폐해 사람과 물자의 이동을 자유롭게 하고 범죄 수사도 협조하도록 하는 조약이다.

11 MBC 뉴스, 2022.03.16. 난민 앞에 유럽연합의 '두 얼굴'··"유색 인종 국경서 버스 탑승 거부도"

12 구연정, 숭실대, 2018, 유럽의 반이민주의와 통합유럽의 정체성의 위기-독일의 예를 중심으로

13 김원동, 2021, vol.22, no.2, 통권 49호 pp. 5-46 (42 pages), '브렉시트의 원인과 특성에 대한 탐색 : 영국인의 유럽인 정체성·유럽회의주의·인종차별을 중심으로'

8장. 이주의 게토화현상

1 박성철, 2023. 09.03., 공항에 갇힌 21명의 사람들

2 서울경제, 2016. 03. 29. '베네치아 게토 500주년, 새로운 증오가 자란다'

3 차용호 외 6, 이민정책론, [법문사] 제3장 비자와 외국인의 거주 고용, '(2) 외국인이 특정 지역에 집적하는 이유', p.122.

4 Ibid p.119.

5 Ibid.

6 신정완, 2014. '스웨덴 거주 이주민의 사회적 배제의 실태와 원인', [산업노동연구] 20권 2호, 2014;1-30, p.2-3.

7 1887년 2월 7일 당시 클리블랜드(Grover Cleveland) 대통령의 서명으로 발효된 일반토지할당법(General Allotment Act)은 흔히 최초 입안자의 이름을 따서 도스법(Dawes Act)이라고 부른다.

8 안용훈, 대구가톨릭대학교, '미 연방정부의 인디언원주민 정책', p.4-17.

9 이혜경, 국제이민협력, 이혜경 외 7인, 이민정책론, 서울: 박영사: 469-500

10 레인보우 스페이스, <정부의 다문화 정책1>, 다문화 이중언어특구 지정 무엇이 문제인가?

11 재외동포신문(http://www.dongponews.net)

12 박봉수, 가스펠 투데이, 2018. 9.26. '한국교회가 게토화 되어간다'

9장. 이주의 계층화 현상

1 중앙일보, 박성재, 2023. 04. 유럽을 보라, 이민은 해결책 아니다…섣부른 확대는 국가 재앙 '이민 확대 정책 실패를 인정한 유럽' 2010년 10월 앙겔라 메르켈 당시 독일 총리는 집권 기독민주당(CDU) 청년 당원 모임에서 "다양한 문화적 배경의 사람들이 더불어 사는 '멀티 컬티(다문화) 구상'이 작동하지 않는다"고 말하며 다문화사회 건설 시도는 완전히 실패했다고 밝혔다. 데이비드 캐머런 영국 총리는 2011년 2월 "서로 다른 문화가 독립해서 공존하는 영국식의 다문화주의는 영국의 가치 안에서 발전하지 못했다"라고 선언했다. 영국이 2016년 6월 국민투표에서 '브렉시트'를 선택한 데에는 외국인 이민자들에 대한 불만이 결정적인 구실을 했다. 니콜라 사르코지 프랑스 대통령은 2011년 2월 방송에서 "프랑스에서 다문화주의 정책은 실패했다."라고 공언하며, "우리는 그동안 우리나라에 이주하는 사람들의 정체성에 대해 신경을 썼지만, 정작 이들을 받아들이는 우리들의 정체성에 대해서 충분히 고민하지 않았다"라고 밝혔다.

2 대한민국청소년기자단, 2018. 10.12. '사우디아라비아의 많은 변화, 여성들 새 삶 출발하나?'

3 아파르트헤이드 정책이란, 아파르트헤이트(아프리칸스어: Apartheid)는 과거 남아프리카 공화국의 아프리카너 주도의 극우 국민당 정권에 의하여 1948년에 법률로 공식화된 인종분리 즉, 남아프리카 공화국 백인정권의 유색인종에 대한 차별 정책을 말한다. 1990년부터 1993년까지 벌인 남아공 백인 정부와 흑인 대표인 아프리카 민족회의와 넬슨 만델라 간의 협상 끝에 급속히 해체되기 시작했고, 민주적 선거에 의해 남아프리카 공화국 대통령으로 당선된 넬슨 만델라가 1994년 4월 27일에 완전 폐지를 선언하였다.

4 한겨레 2020.12.24. '비닐하우스 숙소'에서, 귀국 20일 앞둔 이주노동자 싸늘히 식었다' 사

인은 간경화

10장. 이주의 세계화 현상

1 차용호, 2015, 한국이민법, 세계화와 서비스 무역, p.891-892
2 이혜경, 2016, 이민정책론, 이민과 이민정책의 개념, p.10-11.
3 2016년 신상록 박사학위 논문에서 인용

12장. 이주와 사회통합 현상

1 2017. 03. 18. 송인한 연세대 교수의 [삶의 향기] 다름을 위한 통합
2 이상호, 2023.06.12. 포천 좋은 신문, '에펠탑에 얽힌 세 가지 재미난 일화', 현재 프랑스 파리의 대표적 상징물인 '에펠탑'은 건립 당시 파리의 아름다움을 해치는 흉물스러운 철탑이라는 수모를 당했으나 자주 보면서 호감도가 생긴 것이라고 한다. 이처럼 싫어하거나 무관심한 대상이라도 반복 노출되면 호감도가 증가하는 현상을 '에펠탑 효과'라고 한다.
3 현재 출입국 관립법상으로는 가족 이민은 허용하고 있지 않으나 국민 배우자의 입국은 절차상 '가족 재결합'이다. 또 국내 거주 과정에서 점수제에 따른 체류자격의 변동 시 가족을 동반할 수 있다.

13장. 이주의 다민족화 현상

1 한겨레, 2007. 08. 10. 유엔, 한국 '단일 민족국가' 이미지 극복 권고
2 체코슬로바키아의 틀 안에서 독립이 1969년부터 주장되었고, 체코 공화국과 슬로바키아는, 1992년 주민투표로 결정하여 1993년에 국제법에 의해 즉각적으로 실행 되었다.(분리 독립)

14장. 이주의 다언어 현상

1 에스놀로그 Ethnologue), http://www.ethnologue.com》

2 중국, 일본, 미국, 베트남, 싱가포르, 필리핀, 말레이시아, 호주, 인도네시아, 캐나다, 몽골, 러시아, 인도, 캄보디아, 미얀마, 우즈베키스탄, 태국, 네팔 등 30여 국가

3 김범수, 아시아리뷰 제9권 제1호(통권 17호), 2019:3-37, [나의 고향은 어디인가? 중앙아시아 고려인의 디아스포라 정치] 2009년 9월 29일 자 국민일보에 실린 기사는 정체성 문제로 고민하는 고려인 3세와 4세의 이야기가 실려있다. '문제는 언어다. 조선족과 달리 고려인 청장년층은 한국말로 의사소통이 불가능하다. 생존을 위해 익힌 러시아어 실력은 뛰어나지만, 한국말 구사력은 극히 미약하다. 심지어 우즈베크어도 잘 모른다. 역사적 환경 탓에 '러시아 중심주의'가 견고하게 자리 잡고 있다. 음식과 관혼상제 등 기타 풍습은 상당 부분 유지하고 있다고는 하지만 '말'을 상실한 고려인들의 민족 정체성은 시간이 갈수록 희박해질 수밖에 없다.'

4 선주민으로 표현하는 것은 '부적절한 표현'입니다. 하지만 '원주민'이라 하기에도 맞지 않는 표현입니다. 이주민을 외국인으로 표현하기 위해 그와 구별되는 표현으로 '선주민'으로 표현한 것입니다.

5 경향신문, 2023. 05. 09, 최성용 서울여대 명예교수, "다문화 시대, 이중언어 교육의 필요성"

6 이재분·박균열·김갑성·김선미·김숙이·이해영·류명숙. 다문화가족 자녀의 결혼이민 부모 출신국 언어 습득을 위한 교육 지원 사례 연구. 한국여성정책연구원·한국교육개발원. 2010. 49~78쪽.

7 아시아타임즈, 2022. 06. 02., '해외의 이중언어교육 사례와 한국의 이중언어교육 방향성에 대해' 트위터, 페이스북

8 중앙일보, 2023. 5.23., "일본 이미 한국 앞질렀다"…쇄국주의도 버렸다, 이민 몸부림 [이제는 이민 시대]

9 이머전 교육(immersion education)은 영어 등 외국어를 가르칠 때 일반 교과목 내용을 해당 외국어로 가르치는 언어교육 방법을 말합니다.

10 제3차 다문화가족 기본계획(2018-2022), 학업 및 글로벌 역량 강화 지원: 이중언어 인재 육성 사업 내실화(여성가족부, 교육부), 다문화 학생 대상 '이중언어 말하기 대회' 개최, 이중언어

교재 보급, 국제교류 프로그램(청소년 국가 간 교류 및 해외자원 봉사단 등) 참여 활성화(여성가족부, 외교부), 이중언어 재능이 있는 다문화 청소년 참여 기회를 확대하고 코이카 드림 봉사단 선발 시 다문화 청소년 가산점 부여

11 조선에듀, 2020. 01. 30. 서울교육청, 남부 3구 다문화 교육환경 조성… 이중언어특구 지정 빠져

12 이복남, 2004, EU 언어 정책: 언어 교육을 중심으로. EU 연구. 2004. 15호. 241~259쪽.

13 이복남. 유럽연합 다언어 주의 정책의 성과와 한계: 공용어 운용을 중심으로. 유럽 연구. 2010. 제28권 제2호. 209~232쪽.

14 출처 : 재외동포신문(http://www.dongponews.net)

15장. 이주 동포의 귀환 현상

1 출입국외국인정책본부, 2023년도 귀화, 귀환자 통계 연보

2 윤인진, [코리안디아스포라] 독립국가연합의 고려인 사람: 언어 상황과 민족 정체성, p.140-145.

3 윤인진, 고려대 교수 "재외동포 본국진출의 제도화 필요성과 과제" 평화문제 연구소

4 KIIP 5단계 교재, 26 경제 성장, p.26. 일부 편집인용.

5 빛과 소금, 2024. 3. 26. " 성경 속 희년이 무엇이고, 우리 삶에 어떻게 적용할까요?

6 홍인화, 2016. [이스라엘과 독일의 귀환정책 비교연구] 박사학위 논문, P.50-58.

7 출처: 허문영 외, 2010, [해외 난민 지원 사례와 북한 이탈 주민에(게) 주는 시사점], 북한이탈주민재단, p.51. 재인용

이주민은 우리의 미래
- 초국가시대의 이주현상이해

지은이.	신상록
초판.	2025년 8월 6일
발행처.	이시대
출판사 신고번호.	2025-199호
주소.	서울 강남구 일원로 14길 25
발행인.	이해동
편집.	김용의
표지디자인.	인권파트너스
이메일.	all4mn@naver.com

본 도서의 저작권은 이시대에 있습니다.
무단 전재와 복제를 금합니다.